HISTÓRIA DOS MERCENÁRIOS
DE 1789 AOS NOSSOS DIAS

Proibida a reprodução total ou parcial em qualquer mídia
sem a autorização escrita da editora.
Os infratores estão sujeitos às penas da lei.

A Editora não é responsável pelo conteúdo da Obra,
com o qual não necessariamente concorda. O Autor conhece os fatos narrados,
pelos quais é responsável, assim como se responsabiliza pelos juízos emitidos.

Consulte nosso catálogo completo e últimos lançamentos em **www.editoracontexto.com.br**.

Walter Bruyère-Ostells

HISTÓRIA DOS MERCENÁRIOS
DE 1789 AOS NOSSOS DIAS

Tradução
Patrícia Reuillard

Histoire des mercenaires © Editions Tallandier, 2011

Direitos para publicação no Brasil adquiridos pela
Editora Contexto (Editora Pinsky Ltda.)

Montagem de capa e diagramação
Gustavo S. Vilas Boas

Preparação de textos
Daniela Marini Iwamoto

Revisão
Lilian Aquino

Dados Internacionais de Catalogação na Publicação (CIP)
(Câmara Brasileira do Livro, SP, Brasil)

Bruyère-Ostells, Walter
  História dos mercenários : de 1789 aos nossos dias / Walter Bruyère-Ostells; tradução Patrícia Reuillard. — São Paulo : Contexto, 2012.

  Título original: Histoire des mercenaires : de 1789 à nos jours.
  Bibliografia.
  ISBN 978-85-7244-743-0

  1. Mercenários - História I. Título

12-12318   CDD-355.35409

Índice para catálogo sistemático:
1. Mercenários : História 355.35409

2012

EDITORA CONTEXTO
Diretor editorial: *Jaime Pinsky*

Rua Dr. José Elias, 520 – Alto da Lapa
05083-030 – São Paulo – SP
PABX: (11) 3832 5838
contexto@editoracontexto.com.br
www.editoracontexto.com.br

Sumário

Os mercenários, vítimas da Revolução? 7
Choque de culturas, movimentação das armas 13
Mercenários românticos (demais) 27
Pela nação e pela liberdade 49
Na estrada rumo à aventura 71
O mundo como campo de batalha 91
A ideologia a tiracolo 105
A guerra no coração das sociedades 125
Os Cães de Guerra 145
Um retorno dos *condottieri*? 159
Bombas-h ou mercenários? 171
As empresas de guerra, um próspero mercado 195
O comércio da guerra 207

Epílogo 227
Bibliografia 233
O autor 239

Os mercenários, vítimas da Revolução?

> "O quê?! Essas cortes estrangeiras
> Ditariam sua lei em nossos lares!
> O quê?! Essas falanges mercenárias
> Abateriam nossos intrépidos guerreiros!"

Esta terceira estrofe do hino nacional francês, A Marselhesa, mostra claramente a ruptura representada pela Revolução Francesa na longa história da atividade mercenária, associada à prática guerreira desde a mais alta Antiguidade. Como dizia Bob Denard, um dos mais célebres Cães de Guerra da Guerra Fria, a "atividade mercenária é a segunda profissão mais antiga no mundo". Porém, no final do século XVIII, essa corporação é desvalorizada pela *Grande Nação*. A Revolução Francesa deseja substituí-la pelo alistamento militar como princípio básico da organização das forças armadas de um Estado.

A concretização dessa importante mudança explica o ponto de vista habitualmente negativo que recai sobre os mercenários. Desde 1789, eles são percebidos como homens sem fé nem lei, que se vendem a quem pagar mais. No entanto, constituíram por muito tempo a espinha dorsal dos exércitos europeus. A partir de 1453, os soberanos franceses e os cantões suíços assinam "capitulações" para o recrutamento dos mercenários a serviço da Coroa. Na verdade, a Monarquia francesa apenas segue a longa tradição guerreira ocidental desde a Antiguidade. Já no final do século v a.C., o ateniense Xenofonte narra as campanhas que liderou à frente de seus "dez mil mercenários". Mais tarde, Cartago emprega inúmeros soldados da fortuna (mercenários) para enfrentar Roma na Primeira Guerra Púnica, a ponto, aliás, de arcar com o peso de um novo conflito, a "Guerra dos Mercenários" (241-238 a.C.), para reprimir essas forças suplementares descontentes com sua desmobilização! Na Idade Média, o condestável* Bertrand Du Guesclin assume esse papel na Espanha, levando os célebres e experientes soldados ao campo de batalha castelhano: o capitão francês consegue entronizar Henrique de Trastâmara ao depor seu irmão Pedro I de Castela, o Cruel. Aragoneses ou castelhanos, brabanteses ou alemães, esses guerreiros livres formam "grandes companhias". Até irem para a Espanha, elas serviam-se da Guerra dos Cem Anos para submeter a sangue e fogo o reino da França a seus próprios interesses. Assim, suas façanhas sangrentas valeram a alguns de seus chefes o codinome de "carniceiros".

A Época Moderna é marcada, em seguida, pela lenta construção do Estado. Progressivamente, os reis impõem seu monopólio de fazer a guerra: "A guerra faz o Estado e o Estado faz a guerra", dizia Charles de Tilly. Todavia, as forças que os soberanos utilizam estão ainda longe de ser totalmente controladas ou estatizadas.[1] Na Renascença, ao contrário, os *condottieri* fazem e desfazem os príncipes italianos – que os empregam por meio de um contrato, a *condotta* – e acabam por comandar os principados mais poderosos, a exemplo dos Sforza. Filho de camponeses, Muzio Attendolo torna-se *condottiere* e ganha rapidamente o codinome de Sforza devido à sua força excepcional. Seu filho, Francesco, lidera seus mercenários e, antes de mudar de lado, combate pelos Visconti de Milão contra o papa. Casado com uma filha ilegítima do duque de Milão, ele sitia a cidade por sua conta em 1450 e é reconhecido duque pela população. Sua dinastia governa o principado lombardo até 1532.

---

* N. T.: Título honorífico de alguns dos maiores senhores da corte (infantes, duques, marqueses), que assumiam funções militares.

Os mercenários, vítimas da Revolução?

Durante toda a Época Moderna, o papel dos mercenários permanece crucial. Lansquenetes e retres* alemães são as principais forças dos imperadores Habsburgos na Guerra dos Trinta Anos. Por sua vez, exilados irlandeses, chamados de "Gansos Selvagens", servem fielmente ao rei Luís XV e destacam-se na Batalha de Fontenoy, em 1745. Nos conflitos entre a França e a Inglaterra, os corsários diferenciam-se dos vulgares piratas e bucaneiros. Por meio das *cartas de corso* (origem do nome) assinadas pelo rei, eles realizam missões em todos os oceanos contra o inimigo inglês e angariam fortunas pessoais mais do que confortáveis. Alguns, como Jean Bart, tornam-se lendas da Marinha francesa: encarregado por Luís XIV de travar uma luta sem misericórdia contra as frotas inglesa e holandesa, o corsário de Dunquerque ataca várias vezes as costas da Grã-Bretanha e quase captura o soberano inglês Guilherme d'Orange. Com um título de nobreza e condecorado com a ordem de São Luís, Jean Bart termina a carreira como chefe de esquadra.

De modo geral, nas monarquias do Antigo Regime, os regimentos são privatizados de fato, já que cabe aos nobres que os comandam organizar o recrutamento das tropas. Assim, eles apelam regularmente para mercenários. Os cadetes da mais alta aristocracia também podem servir a regimes estrangeiros com sua tropa, a exemplo do príncipe Eugênio de Saboia no reinado de Luís XIV. No de Luís XV, Maurício da Saxônia, filho natural de um Eleitor da Saxônia,** torna-se um mercenário de grande envergadura. Jovem e afortunado, Maurício leva uma vida desregrada, entre intrigas amorosas e duelos de honra. Expulso pelo pai, ele orgulha Luís XV durante a campanha de sucessão da Áustria, de 1745 a 1748. No entanto, desde o início do século XVIII, a Suécia de Carlos XII constitui uma exceção: é o exemplo mais precoce do desejo de um Estado de criar um exército nacional. Brutalmente interrompida pela derrota na Batalha de Poltava, em 1709, essa experiência abre o debate sobre a reorganização das forças armadas. As controvérsias são particularmente intensas na França na época do

---

* N. E.: *Lansquenetes* eram os soldados de infantaria mercenários alemães que atuaram entre os séculos XV e XVI. *Retre* é o termo que designa especificamente os cavaleiros alemães mercenários que serviam à França na Idade Média.
** N. E.: Título dado aos príncipes alemães que participavam da eleição do imperador do Sacro Império Romano Germânico.

Iluminismo. A supressão da venalidade no Exército e o fim da possibilidade de os coronéis serem proprietários de seu regimento, instituída por Luís XV, inicia uma inflexão em 1762. Mas as transformações efetivas das tropas francesas só ocorrem com a Revolução.

Por fim, a imagem desvalorizada do mercenário é uma construção mental muito recente, induzida pela Revolução Francesa. A queda da Monarquia em 1792 parece coincidir com o desaparecimento de seus soldados da fortuna. Quando a Assembleia Nacional decide dissolver todos os corpos mercenários a serviço da França em julho de 1791, ela preserva, contudo, a helvética, que serve à Monarquia há mais de 350 anos. Enquanto os demais membros são licenciados, os guardas suíços constituem o núcleo da Casa Militar do rei, mas caem com a Monarquia, na tomada do Palácio das Tulherias, em 10 de agosto de 1792. A família real vai buscar a proteção da Assembleia Nacional, e 950 mercenários helvéticos defendem o palácio contra cerca de 12 mil *sans-culottes*. Quando um punhado de revolucionários descobre uma porta aberta e entra no palácio, os guardas suíços do rei abrem fogo e repelem os sitiantes. A revolta parece em seguida voltar-se para o pátio Caroussel, mas, por volta das dez horas, um grupo de voluntários marselheses, esperando pelo exército, consegue novamente penetrar nas Tulherias. Os homens, que ficaram no palácio, são mortos pela multidão, ainda que a retirada da guarda real seja ordenada. Luís XVI determina que os suíços deponham as armas e, quando se dirigem aos seus quartéis, são atacados pelos revolucionários. Cerca de sessenta guardas são massacrados no Hôtel de Ville, para onde foram levados. Outros serão assassinados nas prisões, durante os massacres de setembro, alguns dias mais tarde.

A partir da proclamação da República, os historiadores estabeleceram com frequência uma distinção entre os voluntários estrangeiros (geralmente agrupados em legiões) e os mercenários "clássicos". No entanto, nem sempre essa diferenciação é evidente. No sentido estrito, o termo latino *mercenarius* designa um "soldado contratado mediante dinheiro" ou um "doméstico que se paga".[2] Logo adquiriu o sentido de militar que serve a uma organização ou a um governo estrangeiro mediante remuneração. Poderíamos definir o mercenário como um prestador de serviços que, independentemente das causas, motivações, acontecimentos, meios de recrutamento e de retribuição, coloca

Os mercenários, vítimas da Revolução?

uma força armada à disposição de um empregador (público ou privado). Esses combatentes não nacionais foram-se espalhando pelo mundo juntamente com a globalização do comércio e dos conflitos. Por essa razão, adotaram o lema *Orbs patria nostra* ("O mundo é nossa pátria").

A definição ampla que acabamos de formular não permite uma distinção clara entre um voluntário estrangeiro e um mercenário. Todo prestador de serviços detentor de uma força armada empregado por estrangeiros seria um mercenário? Como classificar, então, os conselheiros militares? Os agentes de segurança? Os estrangeiros que servem em corpos francos? Apoiado nos princípios enunciados pela Revolução Francesa, o século XIX não se questiona muito. A situação evolui após 1945 como também as ambiguidades de certas legiões (por exemplo, a Legião Francesa dos voluntários enviada ao *front* russo pela Alemanha nazista). Além disso, a partir dos anos 1960 e da multiplicação dos combatentes estrangeiros nas guerras da descolonização, a comunidade internacional sente a necessidade de estabelecer uma definição legal e precisa da atividade mercenária.

Para a ONU, o termo refere-se a toda pessoa especialmente recrutada no país ou no exterior para combater em um conflito armado. O mercenário assume uma participação direta ou indireta[3] nos combates, mediante uma remuneração elevada ou com vistas a obter um ganho pessoal. Além disso, ele não tem a nacionalidade, não reside em nenhuma das nações em conflito, nem é membro de uma das forças armadas. Tampouco foi oficialmente enviado por outro Estado. Feito esse esclarecimento sobre a posição do soldado da fortuna, a comunidade internacional choca-se com um segundo obstáculo. Deve-se criminalizar essa atividade em nome dos princípios correntes desde 1789? Veremos que essa questão é ainda mais pertinente no final do século XX, devido às mudanças no mundo dos soldados da fortuna.

Desacreditados na era da "nação em armas", destinados às operações paralelas no século XX, eles têm má reputação no mundo contemporâneo. Na realidade, quase sempre houve contestações. Já na Renascença, nos textos de Maquiavel, *A arte da guerra* ou *O príncipe*, por exemplo, a escalada do sentimento patriótico é acompanhada do desejo de construir um verdadeiro exército nacional. Porém, a Revolução Francesa constitui realmente uma ruptura essencial, pois, desde a Batalha de Valmy, ela parece traduzir-se pelo triunfo do povo em armas contra os mercenários do Antigo Regime. Essa organização das forças militares dos Estados, contudo, parece estar recuando hoje em dia; a terceirização das ações armadas encontra-se no cerne dos conflitos do início do século XXI (Iraque, Afeganistão). Pode-se prever o retorno de conflitos privados? Nossa época estaria fechando o ciclo dos Estados-nações, como leva a pensar o desaparecimento da mobilização de alistados? Ou, ao contrário, assiste-se atualmente a uma maior transparência na utilização de soldados da fortuna desde 1789? A uma delimitação da nebulosa mercenária e à sua inscrição nas regras do Direito internacional?

Notas

[1] J. Thompson, *Mercenaries, Pirates and Sovereigns, State-Building and Extraterritorial Violence in Early Modern Europe*, Princeton University Press, 1994.
[2] F. Gaffiot, *Dictionnaire latin-français et français-latin*, Paris, Hachette, 1934.
[3] Missões contemporâneas de enquadramento e de consultoria.

Choque de culturas, movimentação das armas

Graças à vitória na Batalha de Valmy, a Revolução Francesa é "o início de uma nova era para o mundo", nas palavras de Goethe. A nação francesa deseja agora criar um exército de soldados-cidadãos para defender seu território. Este é o sentido frequentemente dado à declaração da "pátria em perigo", de 1792. Na realidade, esse grito decorre da falta de soldados, sobretudo de oficiais, provocada pela emigração dos nobres a partir de 1789. A dissolução das tropas mercenárias no ano anterior (principalmente suíços e irlandeses) é outro motivo. As vitórias da Revolução Francesa e do Império vão impor o modelo do alistamento militar no continente europeu ao longo do século XIX. A Coroa britânica, ao contrário, continua a servir-se de "soldados da fortuna", e a continuidade dessa tradição será uma especificidade britânica. Assiste-se, então, ao nascimento de um choque entre culturas militares. França e Inglaterra enfrentam-se impiedosamente de 1792 a 1815, nas guerras europeias. Porém, por detrás desse aparente abismo, a França continua a empregar mercenários e logo forma legiões constituídas de não nacionais: a Legião Estrangeira Francesa é criada em 7 de junho de 1792.

A serviço da República

Em julho de 1791, a Assembleia Nacional decide dissolver todos os corpos mercenários a serviço da França. Mas, quando se veem confrontados com uma coalizão de todas as monarquias europeias, os revolucionários precisam de uma solução que respeite o princípio da supressão da atividade mercenária e, ao mesmo tempo, a real necessidade de homens experientes, ainda que estrangeiros à "Pátria em perigo". Desde a declaração de guerra em 20 de abril de 1792, a nação francesa esclarece que "adota de antemão todos os estrangeiros que, abjurando a causa de seus inimigos, vierem se mobilizar e dedicar seus esforços à defesa de sua liberdade; ela até mesmo favorecerá, por todos os meios ao seu alcance, o estabelecimento deles na França".[1] Deste modo, enuncia-se a ideia de oferecer compensações aos combatentes que assumirem a causa francesa, embora o conceito de mercenário se apague diante daquele de "voluntário"; a prática, contudo, é quase a mesma. Aliás, alguns meses mais tarde, em resposta à ameaça premente ao território e ao manifesto do duque de Brunswick, a República dá um novo passo. O decreto de 2 de agosto de 1792 anuncia: "Considerando que, se a causa da liberdade diz respeito a todos os homens e se é dever e interesse de todos devotar-se à sua defesa, também a nação francesa não deve deixar de dar provas, ainda que a título de compensação, de seu reconhecimento e interesse aos guerreiros estrangeiros que se alistam em suas fileiras". Mais adiante, o artigo II define as "provas de reconhecimento": "Os suboficiais e soldados, após terem declarado abraçar a causa da liberdade, receberão a título de compensação pelos sacrifícios que fizerem uma pensão vitalícia no valor de cem libras." Por fim, o texto esclarece que esses estrangeiros poderão alistar-se livremente no exército francês, acumulando o pecúlio concedido pela República ao soldo.

Miranda é, incontestavelmente, o mais célebre dos estrangeiros que pegam em armas pela República e conquistam, de passagem, a nacionalidade francesa. Aliás, o nome do pioneiro das independências latino-americanas está gravado no Arco do Triunfo, em Paris. Nascido em 1750 na atual Venezuela, então colônia espanhola, Francisco de Miranda encontra-se em Paris desde o início da Revolução Francesa. Tendo vindo buscar apoio das potências europeias, esse ardoroso defensor da emancipação da América do Sul tem experiência militar, pois combateu na África do Norte, nas Antilhas e na Guerra da Independência americana. Amigo dos girondinos, ele conhece bem o general Dumouriez, comandante em chefe do exército do Norte em 1792, que lhe propõe o grau de general de brigada para unir-se às suas tropas.

Presente na Batalha de Valmy, Miranda prova seu valor de "soldado da fortuna": "No dia seguinte à minha chegada, fui encarregado por esse general [Dumouriez] de fazer um reconhecimento dos inimigos, que encontrei nos vilarejos de Mortome e Briknai. Consegui repeli-los com uma força de dois mil homens contra dez mil, tanto Infantaria quanto Cavalaria."[2] Miranda servirá sob as ordens de Dumouriez até a Batalha de Neerwinden, que marca a defecção de seu protetor, o qual tentará imputar a derrota ao venezuelano, que comandava a ala esquerda do Exército francês. Dumouriez "teve a falta de pudor e a covardia de atribuir às suas tropas os erros que decorriam apenas de sua imperícia ou má vontade. Devo declarar aos meus contemporâneos e à posteridade que, tendo um rio à retaguarda, só restava a essas tropas, privadas de quase toda sua Artilharia, com grande parte dos cavalos mortos e lutando em desvantagem numérica, passar por três pontes muito distantes [...], a confusão da retirada não surpreende e iguala-se àquelas enfrentadas pelas melhores legiões [da história]...".[3] Todavia, a reputação de Miranda sofre de fato com os acasos da Revolução em Paris. Preso várias vezes devido às amizades girondinas, ele acaba sendo expulso durante o Consulado.

Como Miranda, os patriotas de inúmeros países vêm se alistar nas fileiras da República. Em um segundo momento, eles passam a ser agrupados em legiões por nacionalidades: legião belga; legião franca estrangeira, amplamente composta por holandeses; legião germânica, criada graças ao apelo do célebre jacobino prussiano Anarcharsis Clootz; legião franca alóbroge, com saboianos e piemonteses. À medida que as tropas revolucionárias avançam em regiões estrangeiras, criam-se novas legiões. A Itália encontra-se muito bem representada, e os patriotas da península participam plenamente do sucesso da Grande Nação. A legião lombarda entra para a lenda revolucionária na Batalha de Arcole; a legião cisalpina participa da queda da monarquia napolitana, enquanto batalhões de Veneza ou de Brescia vêm engordar as fileiras do exército que ocupa a Roma pontifical. Quando

Bonaparte combate ao pé das pirâmides, seu exército engloba uma legião de 1,5 mil malteses, uma legião grega e uma copta.

A fim de manter a ilusão de que a República não remunera tropas mercenárias, essas unidades são consideradas exércitos estrangeiros "no exílio" que vieram solicitar a assistência das autoridades francesas. Esse é oficialmente, por exemplo, o *status* das unidades polonesas criadas em 1796, na Itália, quando Dabrowski é autorizado a criar uma legião polonesa ligada ao Exército da República lombarda. Na verdade, duas unidades combatem primeiramente na Itália contra a Áustria. Esse inimigo arrebata os "soldados da fortuna" poloneses, pois o Império habsburgo ocupa tanto a Itália quanto uma parte da Polônia. Após demonstrarem seu valor, os numerosos refugiados poloneses são autorizados a incorporar-se a uma segunda tropa, a legião polonesa do Danúbio, em 1799. Porém, dentre todos os estrangeiros que combatem pela República, os irlandeses são uma exceção.

Os "Gansos Selvagens" não morrem

Os "Gansos Selvagens" irlandeses já têm, de fato, uma prestigiosa tradição a serviço dos Bourbon desde seus feitos na Batalha de Fontenoy. Inclusive algumas famílias instalaram-se na França. O ponto de vista da Revolução inverte-se quando ela compreende a vantagem de apoiar-se no desejo irlandês de autonomia da Grã-Bretanha. Ela assume então a tradicional política de apoio à Irlanda da Monarquia. Em 1796, o general Hoche prevê um desembarque na Irlanda para atacar a Inglaterra, ideia dada por um advogado separatista irlandês, Theobald Wolfe Tone, que lhe enviou um memorial. Hoche é então autorizado a formar uma brigada estrangeira, principalmente de irlandeses. Após o fracasso da expedição do general Humbert, essa tropa é licenciada, mas inúmeros irlandeses emigram para a França para escapar da repressão britânica ao levante. Em 1803, Napoleão oficializa o recrutamento de várias centenas desses homens e cria uma legião irlandesa. A eles juntam-se escoceses e, depois, poloneses ou prussianos, frequentemente desertores do campo contrário. Em 1807, a legião irlandesa conta com aproximadamente 1,5 mil homens.[4]

Divididos em dois batalhões em 1807, uma parte desses combatentes acantona-se na Holanda, enquanto a outra é enviada para reprimir o levante de Madri (maio de 1808). Estacionados em Flushing, os soldados irlandeses na Holanda tomam parte da defesa da província da Zelândia, após o desembarque britânico de Walcheren, em agosto de 1809. Os quarenta mil homens do corpo expedicionário inglês tomam rapidamente a cidade de Flushing. Incapazes de repelir os sitiantes, as forças imperiais comandadas pelo general Monnet capitulam e são deportadas para a Grã-Bretanha. No entanto, os irlandeses se destacam ao recusar esse destino. Alguns conseguem escapar: o chefe de batalhão Lawless e o tenente O'Reuilly alugam um navio e forçam o bloqueio naval do porto. Lawless leva de volta à França a águia da bandeira do batalhão irlandês, que ele não quer ver cair em mãos inglesas.[5] Os batalhões enviados à península ibérica participam das campanhas na Espanha e em Portugal, sob as ordens do marechal Masséna.

A partir de 1809, com o nome de regimento irlandês, os homens que não desertaram diante dos horrores da Guerra da Espanha continuam a servir na península. Na verdade, essa tropa é cada vez mais cosmopolita, e a nacionalidade mais numerosa é a prussiana. Transferido para a Alemanha em 1813, o regimento irlandês serve pela primeira vez sob as ordens diretas de Napoleão na Batalha de Bautzen. Durante a retirada imperial, a unidade é dizimada principalmente no combate sobre o rio Bóbr em 27 e 28 de agosto. Perseguido por forças russo-prussianas, o 5º Corpo do Grande Exército precisa combater enquanto atravessa esse curso d'água. Grande parte dos irlandeses é vencida pelo inimigo, mas alguns conseguem atravessar a nado: "Oito oficiais e trinta homens do regimento irlandês, com o comandante Ware e a insígnia que salvou a águia do regimento, tiveram a boa sorte de conseguir sair do leito do rio. Mas tiveram de correr em um pântano na outra margem por cerca de um quilômetro sob fogo inimigo."[6] Após essa campanha desastrosa, a tropa continua oficialmente a existir até sua dissolução por Luís XVIII, em setembro de 1815. Na Segunda Restauração, os irlandeses não podem integrar-se ao Exército francês, como o restante dos estrangeiros.

Os suíços a serviço da França eterna

Quando a Assembleia Nacional abole todos os corpos mercenários em 1791, os suíços são a única exceção. Porém, após a tomada do Palácio das Tulherias e a queda da Monarquia, são licenciados como todas as outras unidades mercenárias. Ao mesmo tempo, a Assembleia Nacional percebe quão desvantajoso é privar-se dos serviços desses profissionais. Por essa razão, propõe-se que incorporem os regimentos de Infantaria que a República está formando. A maioria dos oficiais e soldados suíços aceita essa incorporação; consequentemente, os helvéticos vão ter um destino semelhante ao das outras tropas estrangeiras na Revolução e no Império. Na qualidade de aliados da França, servem nos exércitos franceses. Os cantões comprometem-se a fornecer a Napoleão quatro regimentos de quatro mil homens, recrutados e equipados pela Suíça, mas pagos pela França imperial.

Em 1815, os suíços distinguem-se novamente dos outros estrangeiros que servem à França, pois a queda do Império significa, pelo menos em parte, o retorno aos costumes do Antigo Regime: a Casa Militar do rei é restabelecida e os guardas suíços reencontram seu lugar. Mais uma vez, os mercenários recrutados nos cantões mostram-se fieis a seu juramento. A Companhia dos Cem Suíços toma o rumo do exílio no início do Governo dos Cem Dias, logo após seu soberano. No ano seguinte, quando Luís XVIII retorna a Paris, os suíços são honrados e colocados na vanguarda da Casa Militar, que entra na capital. A partir de janeiro de 1816, uma nova capitulação é assinada entre a Monarquia e os cantões.

Em seu último ato de fidelidade aos Bourbon, os suíços encontram-se à frente da defesa do palácio do Louvre em 1830. Em 27, 28 e 29 de julho, a população parisiense, frequentemente contida por veteranos das guerras napoleônicas, levanta-se contra a política ultraconservadora de Carlos X. Durante os Três Gloriosos,* o marechal Marmont comanda o exército encarregado de esmagar os revolucionários. Diante do Louvre, ele dispõe dois batalhões suíços que devastam as primeiras colunas de insurretos que se encontram às portas do palácio. Os mercenários do rei estão prestes a reno-

---

* N. T.: Nos dias 27, 28 e 29 de julho de 1830, ocorrem os chamados *Três Gloriosos*: revolução em favor de um novo regime na França, a Monarquia de Julho, que sucede a Segunda Restauração.

var o sacrifício de 10 de agosto de 1792, mas, no mesmo instante, Marmont toma conhecimento de que as tropas regulares passaram para o lado do povo na Place Vendôme: é o exército inteiro que se volta contra seu chefe e contra o rei. O marechal ordena, então, a retirada de suas unidades para os Champs Elysées, inclusive os suíços. Nos dias seguintes, a Monarquia de Julho instala-se e um de seus primeiros gestos é licenciar as unidades suíças a serviço da França. Rompe-se definitivamente a longa tradição que unia os cantões à realeza francesa.

As outras unidades estrangeiras do Grande Exército

Além dos irlandeses e suíços, inúmeros outros regimentos estrangeiros serviram nos exércitos napoleônicos. Todavia, grande parte deles, mesmo sob a imposição da derrota, responde às cláusulas estabelecidas entre o Império e seus aliados. Por essa razão, não se pode considerá-los exatamente como tropas mercenárias: são contingentes da Confederação do Reno e dos outros Estados alemães, italianos, dinamarqueses e do grão-ducado de Varsóvia. Os "reinos irmãos" da Espanha ou da Holanda são igualmente instados a fornecer tropas a Napoleão. Porém, ao lado desses contingentes aliados, o Grande Exército é formado por numerosos corpos disparates, que o transformam numa verdadeira "torre de Babel": caçadores croatas, legiões copta, grega, maltesa, síria, sapadores jônios, ou ainda tártaros lituanos e croatas albaneses.[7]

A Albânia, por exemplo, fornece um regimento à França a partir de 1807. No total, 1,6 mil albaneses servem nas tropas imperiais. Estão distribuídos em dois batalhões albaneses que compreendem oito companhias de cem homens cada um. Eles entram nesses corpos sem assumir nenhum compromisso e podem deixá-lo a qualquer momento. As unidades de "pioneiros" são igualmente regidas por condições específicas e agrupam prisioneiros voluntários dispostos a pegar em armas, negros e mulatos, refratários. Formados a partir de 1803, os pioneiros são os caçadores africanos. Passam a receber oficialmente o soldo do reino de Nápoles em 1806, com a denominação de *Royal-Africain*. Servem com bravura na Rússia em 1812, na Alemanha em 1813 e também nas fileiras de Joachim Murat para a campanha de 1814. Instituídos em 1810, os voluntários estrangeiros pioneiros servirão, por sua vez, essencialmente na Espanha.

Os mamelucos[8] escapam a essa lógica da diplomacia europeia. Já em 1799, Bonaparte levou para a França dois mamelucos, os célebres Rustam e Ali, da campanha do Egito. Mas, após a retirada definitiva do exército do Oriente, em 1801, inúmeros mamelucos acompanham as tropas francesas. São rapidamente incorporados ao Grande Exército, tornando-se um corpo prestigioso da Guarda Imperial. Assim, esses homens precedem Napoleão em suas entradas oficiais nas cidades tomadas do inimigo. A vestimenta singular desses soldados faz parte de sua reputação. Em sua obra sobre as tropas estrangeiras a serviço da França, Eugène Fieffé faz uma descrição muito romântica do desfile dos mamelucos: "Aliás, seu aspecto dava à Guarda uma fisionomia bem particular, enquanto lembrava à nação façanhas que enalteciam seus instintos poéticos e cavalheirescos. Ao ver o turbante ornado com um penacho asiático e com o crescente oriental, as cimitarras brilhantes, as escopetas que eles carregavam como carabinas, as pistolas e punhais com cabo de marfim atravessados na cintura, os estandartes em cuja extremidade tremulava um rabo de cavalo negro, adornado com uma bola dourada de cobre, ao ver os ricos arreios que enfeitavam sua montaria, a sela de cepilho alto e os estribos turcos, todos esses adereços de seda e de ouro, todas aquelas maravilhas que pareciam feitas para guerreiros mouros, parecia que estávamos vivendo um sonho que, repentinamente, trazia de volta os últimos abencerrages."[9]

Mas sua fama não repousa apenas na magnificência de suas vestimentas. Eles destacam-se em Austerlitz quando repelem os cavaleiros da Guarda do czar que adentram as fileiras do 4º Regimento de Infantaria de Linha. Seu comandante, o general Rapp, descreve longamente esse combate em suas memórias: "A cavalaria russa estava no meio de nossos quadrados e, com sabres, atacava nossos soldados. Um pouco na retaguarda, discerníamos as massas a pé e a cavalo que formavam a reserva [...]. Precipitamo-nos sobre a artilharia, que foi vencida. A cavalaria esperou-nos determinada e foi derrotada na mesma investida. Ela retirou-se em desordem, assim como nós, sobre nossos quadrados desfeitos. Um esquadrão a cavalo veio em meu reforço. Consegui receber as reservas que chegavam para socorrer a Guarda russa. A carga foi terrível [...]. Tudo se misturava. Combatíamos corpo a corpo. Enfim, a intrepidez de nossas tropas vence todos os obstáculos. Os russos fogem e debandam."[10] Os mamelucos estão também presentes na Batalha de Eylau ou na Espanha. Goya imortalizou sua participação na repressão ao levante de Madri em maio de 1808 (*Dos de Mayo*). Por fim, em 1814, uma parte dos mamelucos segue o imperador na Ilha de Elba. Porém, desde o início do Império, inúmeros franceses substituíram os autênticos mamelucos do Oriente nessa tropa de prestígio. Mergulhados na miséria na Restauração, cerca de cinquenta deles optará por partir novamente para as terras otomanas em 23 de junho de 1817.[11]

Os poloneses, entre fidelidade napoleônica e esperança nacional

Ao lado dos mamelucos, os poloneses recebem a honra de constituir a Guarda pessoal de Napoleão durante o exílio na Ilha de Elba, prova de seu incontestável apego ao imperador. No início do Império, os remanescentes de diferentes unidades polonesas encontram-se principalmente na Itália e precisam ser reorganizados. Por outro lado, o renascimento de um pequeno Estado polonês, o grão-ducado de Varsóvia, em 1807, atrai novos voluntários para os exércitos franceses. Napoleão constitui inicialmente uma legião polonesa ou polaco-italiana. Sob as ordens do general Grabinski, essa legião serve à Westfália, e depois à França em 1808, com o nome de lanceiros do Vístula. Nesse mesmo ano, os poloneses provam seu talento militar na Espanha, onde abrem a rota de Madri a Napoleão na Batalha de Somosierra, em 30 de novembro de 1808. Nela, treze mil espanhóis encontram-se emboscados em um desfiladeiro por onde deve passar o Grande Exército. O imperador ordena à Cavalaria da Guarda que assuma a posição contrária e, ao general Pire, que lhe responde "Impossível, sire", ele replica: "Impossível, impossível, não conheço essa palavra." A réplica de Napoleão ficou para a posteridade sob a fórmula: "Impossível não é francês". Em todo caso, também não é polonês, já que é a Cavalaria ligeira polonesa que se lança em uma magnífica carga que provoca pânico entre os espanhóis! Alguns minutos mais tarde, o tenente Niegolewski diz a Bessières: "Príncipe, estou morrendo, e aqui estão os canhões que tomei." Curado, logo vê Napoleão colocar em seu peito a cruz que o imperador carregava em seu próprio uniforme. Quarenta e sete poloneses são mortos ou feridos de um total de 150, mas dois dias depois o Grande Exército está às portas da capital espanhola.

No terrível cerco de Saragoza, os regimentos do Vístula perdem cerca de 1,4 mil homens, ou seja, um terço do contingente, mas também se cobrem de glória, principalmente pela tomada do convento Santa Engracia, em janeiro de 1809. Com o pretexto de socorrer uma insurreição lituana, a invasão da Rússia em 1812 atiça novamente o fervor napoleônico dos poloneses. Com 98 mil soldados, eles formam o maior contingente estrangeiro do Grande Exército a penetrar nas terras do czar. Após terem se destacado na Batalha de Moscou, os lanceiros do Vístula, impecáveis, cobrem a retirada do Grande Exército: "[Eles] ainda tinham uma atitude tão marcial quanto a própria Velha Guarda."[12] Somente 26 mil soldados poloneses sobrevivem à terrível campanha. O príncipe Poniatowski salva até mesmo a vida do imperador e é o ultimo a deixar o território do inimigo russo. Perderá a vida um ano mais tarde servindo à França. Os poloneses entram definitivamente na lenda da epopeia imperial nos sóbrios anos de 1814-1815. No primeiro dia do combate de Arcis-sur-Aube, em janeiro de 1814, Napoleão abriga-se em um quadrado de seus fiéis poloneses, declarando que, com eles, sente-se em segurança apesar do perigo iminente. No ano seguinte, em Waterloo, os poloneses ainda fazem assaltos tão terríveis quanto vãos contra a Infantaria inglesa. Liberados de seu juramento a Napoleão, com seu país dividido entre as monarquias vitoriosas no Congresso de Viena de 1815, os poloneses são todos licenciados por Luís XVIII. O rei não tem nem recursos, nem vontade de manter esses mercenários aparentemente tão bonapartistas.

Na realidade, os voluntários poloneses ligam seu destino ao do imperador dos franceses mais por entusiasmo pela Revolução Francesa e na esperança de ver ressuscitar a Grande Polônia do que por admiração. Assim, o general Grabinski interpela Napoleão nos dias que seguem à vitória na Batalha de Marengo, em 1800: "Você na Itália, eu na Itália; você no Egito, eu no Egito; você Cônsul, eu nada."[13] Para além da amargura do soldado de fortuna por não ter tido o mesmo destino de seu mestre, percebem-se opiniões muito igualitaristas.

La Tour d'Auvergne, um quê de Antigo Regime

Napoleão organiza um outro corpo original, o regimento de La Tour d'Auvergne, em 30 de setembro de 1805, em Wissemburg. A própria denominação dessa tropa indica uma concepção de Antigo Regime, pois o regimento carrega o nome de seu chefe e, ao mesmo tempo, a vontade de Napoleão de levar a cabo seu projeto de "reconciliação nacional". De fato, o imperador pretende inicialmente reunir nessa tropa ex-contrarrevolucionários das Guerras do Oeste na França, ou imigrantes que abraçaram sua causa. Ele confia seu comando a um ex-imigrante, o conde Godefroy de La Tour d'Auvergne, cuja família remonta à época das Cruzadas. O recrutamento logo se amplia já que se admitem prisioneiros russos. Finalmente, o regimento receberá o nome de 1º Regimento Estrangeiro, em 1811, e contará até oitocentos soldados. Somente os dirigentes devem ser franceses, os outros são mercenários, recrutados independentemente de qualquer convenção com um Estado aliado. O coronel de La Tour d'Auvergne comanda inicialmente "seu" regimento no reino de Nápoles, onde trava uma luta difícil contra os bandidos de Calábria. Aliás, todas as campanhas desse regimento acontecerão na península italiana, até a última vitória no Mincio, contra os austríacos, em 8 de fevereiro de 1814.

Uma particularidade britânica

Em comparação com o modelo francês difundido no resto do continente pela Revolução e depois pelo Império, o exército britânico continua a recrutar tropas mercenárias para aumentar seu contingente nas longas guerras continentais. Como reza a tradição do Antigo Regime, esses mercenários são agrupados em regimentos conforme sua região de origem: corpo albanês, formado em 1799; legião anglo-italiana (1811-1814); batalhão Bentinck, constituído em 1799 por imigrantes holandeses; *corsos rangers*, organizados pelo futuro guardião de Napoleão em Santa Helena, Hudson Lowe, em 1803.[14]

Um regimento dessas unidades é confiado, em 1795, a Édouard Dillon, ex-oficial da brigada irlandesa do Exército do príncipe de Condé. Encarregados originalmente da proteção da Córsega, uma parte desses mercenários são monarquistas franceses, alemães, corsos e italianos. No início de 1797, o regimento Dillon[15] tem cerca de mil homens. Após a evacuação da Ilha da Beleza pelos ingleses, o corpo parte para Port-Mahon e depois para o Egito. Comandados por Franck-Théobald Dillon, irmão de Édouard, os irlandeses participam do desembarque de Abukir. A chalupa de seu chefe naufraga, mas ele alcança a terra e une-se ao ataque. O regimento destaca-se em combate, perdendo 360 homens, entre mortos ou feridos, em 13 de maio de 1801, e mais 160, no dia 21. Em seguida, é parcialmente dizimado pelas cargas da Cavalaria francesa diante de Alexandria. Após uma nova campanha de recrutamento, o regimento Dillon internacionaliza-se um pouco mais e chega a contar com 22 nacionalidades diferentes em suas fileiras.

No Império, ele atua em diferentes teatros de operações do Mediterrâneo, de Gibraltar à Sicília, antes de desembarcar nas costas espanholas em 1812. Com a queda do Império, Édouard Dillon deseja que seus anos de combate no Exército britânico servindo à causa de Luís XVIII sejam reconhecidos. Ele escreve ao general Dupont, ministro da Guerra do rei: "Monsenhor, tomo a liberdade de acrescentar ao estado de meus serviços alguns detalhes que dizem respeito ao regimento que acabo de comandar por vinte anos." Após traçar o histórico da tropa, ele afirma: "Jamais propus um *'emploiement'* nesse regimento sem buscar as ordens do rei, o que foi frequentemente um recurso para súditos cujo destino S.M. deseja melhorar. Todos os oficiais franceses serviram nesse regimento, portanto, pelas ordens do rei. O comandante em chefe julgou oportuno muitas vezes instalar ali oficiais de S.M. britânica e estrangeiros de diferentes nações [...]. Não achais justo que esses oficiais que, após um serviço ativo de vinte anos, vão se encontrar, pela redução desse regimento, privados de todo recurso, não sejam totalmente rejeitados do serviço de sua pátria?"[16] Embora Luís XVIII não dê uma resposta positiva à expectativa de seu chefe de ver o regimento Dillon retomar atividades sob as cores francesas, ele o nomeia (assim como Franck-Théobald) tenente geral. Pelo exemplo de Dillon, vê-se que a tradição da atividade mercenária consegue sobreviver aos ideais proclamados pela "Grande Nação". Assim como ele, combatentes passam de um campo a outro, alimentando a imagem dos soldados da fortuna sem fé nem lei. No entanto, o fim das guerras continentais em 1815 ameaça deixar desempregados esses profissionais do combate.

Choque de culturas, movimentação das armas

Notas

1. Apud E. Fieffé, *Les Troupes étrangères au service de la France*, Paris, Dumaine, 1854, 2v.
2. F. Miranda, *Miranda à ses concitoyens: discours que je me proposais de prononcer à la Convention nationale le 29 mars dernier*, Paris, Barrois l'Aîné, s.d., 26 p.
3. Idem, p. 17.
4. J. G. Gallaher, *Napoleon's Irish Legion*, Carbondale and Edwardsville, Southern Illinois University Press, 1993, 281 p.
5. Idem.
6. M. Byrne, *Memoirs of Miles Byrne*, Shannon, Irish University Press, 1972, 3v.
7. G. C. Dempsey, *Napoleon's Mercenaries: Foreign Units in the French Army under the Consulate and the Empire 1799-1814*, London, Greenhill Books, 2002, 350 p.
8. Originalmente, esse termo refere-se a "escravos" comprados.
9. Apud J. Savant, *Les Mamelouks de Napoléon*, Paris, Calmann-Lévy, 1949, 489 p.
10. Rapp (general), *Mémoire du général Rapp, aide de camp de Napoléon*, Paris, Bossange, 1823, 439 p.
11. J. Savant, op. cit., p. 102.
12. H. von Brandt, *Souvenirs d'un officier polonais*, Paris, G. Carpentier, 1877, 2v., p. 315.
13. Anedota contada por K. Zaboklicki, Da ufficiale napoleonico a protagonista del Risorgimento bolognese, em *Rassegna storica del Risorgimento*, Roma, Istituto per la Storia del Risorgimento Italiano, 1993, anno LXXX-IV, p. 475-491 (tradução do trecho da p. 478).
14. R. W. Gould, *Mercenaries of Napoleonic Wars*, Brighton, Tom Donovan, 144 p.
15. Idem.
16. Carta de 8 de agosto de 1814, cujo texto integral encontra-se no site da família Beaumont du Repaire (http://lesitebeaumont.free.fr/dillon/index.html).

Mercenários românticos (demais)

O século XIX é marcado pela construção de Estados-nações nos continentes europeu e americano. Na efervescência dos movimentos nacionais e liberais, os jovens Estados estão em busca de soldados experientes para criar e liderar os exércitos em formação. Ora, o fim das Guerras Napoleônicas, em 1815, deixa na miséria muitíssimos homens cuja única habilidade é combater. "Eu estava em Paris sem emprego [...], a rotina ordinária de meus dias era tediosa e cansativa; depois de ter passado uma parte de minha vida no tumulto dos campos, incapaz de outras ocupações, decidi deixar a Europa por não suportar mais esse estado de ócio", relata o chefe de esquadrão Millard antes de partir para o Novo Mundo.[1] Muitos são então recrutados para as forças das diferentes revoluções e/ou guerras de independência. Alguns veteranos aceitam qualquer contrato se a remuneração estiver à altura de suas exigências; outros só entram para exércitos cujas convicções compartilham.

O campo de batalha sul-americano

As guerras de independência na América do Sul começaram antes da queda do Império napoleônico em 1815. Usando como pretexto a usurpação do trono espanhol por José Bonaparte, as colônias recusam-se a obedecer à metrópole e buscam a separação. Em Nova Granada (atual Venezuela), a luta de emancipação é liderada por Simón Bolívar. O Libertador sofre um fracasso esmagador quando tenta montar uma expedição no Haiti, em 1816, e deve a sobrevivência de suas forças unicamente a uma campanha vitoriosa das legiões europeias. Refugiado na Ilha Margarita, ao largo da costa da Venezuela, proclama a independência. Na realidade, a República reduz-se aos territórios da "cidadezinha de Angostura, da Ilha Margarita e de alguns lugarejos do interior".[2] Bolívar carece enormemente de quadros experientes para dirigir suas milícias patriotas. Por sorte, o fim das Guerras Napoleônicas coloca à sua disposição um grande número de oficiais europeus sedentos de glória ou sem dinheiro.[3]

Alguns desses oficiais oferecem-lhe seus serviços espontaneamente, como o francês Emmanuel Gervais Serviez, que tentou em vão entrar para as tropas dos Estados Unidos até ser contratado, em 1812, para instruir os recrutas do exército de Cartagena. Após ocupar diferentes postos de comando e demonstrar sua fidelidade a Bolívar, é nomeado chefe supremo dos exércitos da República da Grande Colômbia em 1816. Serviez destaca-se, então, na retirada de Tunja até as terras de Casanare, onde morre assassinado. O Libertador chegou a pensar que o general Paez, com inveja de Serviez, pudesse estar envolvido nesta morte prematura.[4]

Todavia, Bolívar deseja organizar um recrutamento mais sistemático de mercenários. A partir de janeiro de 1817, conta com um agente em Londres, Luis Lopez Mendez.[5] Os europeus recrutados são reunidos no 1º Regimento de Hussardos da Venezuela. Bolívar deseja muito fortalecer sua autoridade vacilante à frente dos patriotas e conta com o apoio desses soldados da fortuna.[6] Esta é a razão do lema que escolhe para eles – "Sempre fiéis à autoridade suprema!" – ou seja, a ele mesmo. Esses mercenários misturam-se aos soldados locais e, deste modo, Bolívar pretende repetir a amálgama realizada pelo grande Carnot na época da Revolução Francesa. Essas fileiras têm franco sucesso, particularmente junto aos alemães licenciados do serviço francês em 1815. No total, os mercenários atraídos para os exércitos bolivarianos somaram entre mil e dois mil homens.[7] Ao chegarem, ficam sob as ordens do capitão alemão Georges Elsam.

Mercenários românticos (demais)

No entanto, em junho de 1818, Bolívar muda de opinião e prefere limitar o apelo a esses soldados da fortuna estrangeiros que se misturam aos autóctones nas milícias. Agora privilegia o recrutamento de corpos de trezentos a quatrocentos homens já constituídos e distintos dos voluntários sul-americanos. Essa reorganização acentua a posição específica dos mercenários europeus e diminui a esperança de vê-los misturarem-se à sociedade patriótica sul-americana. Essas unidades bolivarianas são principalmente alemãs (os hanovrianos do tenente-coronel Strenowiz) ou britânicas (o corpo de James Rooke).[8] Também chamada de Legião de Albion, a tropa inglesa destaca-se nas vitórias de Boyacá, em 1819, ou de Carabobo, em 1821. Após essa batalha, Bolívar chama seus soldados de "salvadores da minha pátria".[9]

Um terceiro agrupamento de combatentes de fortuna é em seguida organizado pelo general irlandês Devereux, "filho do general [das Guerras Napoleônicas] Devereux, de quem fora ordenança". "Jovem e entusiasta, ele partiu para Buenos Aires para oferecer seus préstimos à nova República. Não conseguindo o que imaginara, não permaneceu muito tempo e foi oferecer seus serviços a Bolívar."[10] Liderando um forte contingente,[11] Devereux chama a atenção, sobretudo, por suas exigências financeiras e honoríficas: reivindica 175 dólares por mercenário trazido ao solo sul-americano. Após a insurreição de seus homens em Riohacha, em junho de 1820, a tropa é licenciada, e Bolívar decide cessar definitivamente qualquer novo recrutamento do outro lado do Atlântico. Todavia, Devereux continua a servir nas tropas bolivarianas até 1823 com o posto de tenente-general, antes de ser enviado como embaixador extraordinário na Europa para defender a causa dos patriotas. Embora tenham um papel particularmente decisivo de 1816 a 1818, o contingente de mercenários europeus dispersa-se muito depressa, e bem poucos continuarão a servir nas fileiras bolivarianas;[12] a maioria decepciona-se com a acolhida e com o soldo. Além disso, quase todos combatem com o próprio uniforme, o do Grande Exército.

No cone sul da América do Sul, o recrutamento de soldados experientes também é expressivo. Refugiado nos Estados Unidos, Beauchef torna-se um dos atores militares mais importantes da independência chilena: "Um dia, Bellina-Skupieski me chama e informa que acaba de chegar em Nova York um enviado das Províncias Unidas do Rio da Prata para contratar oficiais experientes nas diferentes armas. Esse enviado foi apresentado ao rei José Bonaparte, que o recomendou ao coronel Bellina-Skupieski. Imediatamente, o enviado propôs servir durante a Guerra da Independência como coronel-major, posto equivalente ao de general de brigada, o que é aceito. Além disso, encarregou-o de lhe apresentar os oficiais subalternos que julgar capazes."[13]

Em 1816, Beauchef desembarca em Buenos Aires. Nomeado vice-diretor da Academia Militar do Chile em 1817, ele participa da tomada de Valdivia em 1819, o que lhe vale a admiração de Lord Cochrane. A seguir, colhe um novo sucesso no combate do Toro, ainda que a relação de forças seja muito desigual. Em suas memórias,[14] o francês relata que o coronel espanhol Bobadilla dispõe de 500 homens contra somente 150 patriotas. Entretanto, a dura ofensiva que impõe a seu adversário lhe permite vencer: "Percebo então um oficial da Cavalaria, miro e atinjo-o. Imediatamente ordeno carga à baioneta. Esse grito é repetido por todos os soldados e precipitamo-nos sobre eles aos brados de 'Viva a pátria!'. Três ou quatro de meus tambores batem a carga, e enfrentamos o inimigo, assustado com nossa impetuosidade, corpo a corpo."[15] Ele faz 300 prisioneiros, sendo 14 oficiais, ao passo que perde apenas 11 homens. Talvez Beauchef esteja vangloriando-se quando comenta: "Acredito que esta seja a maior façanha da guerra da independência do Chile."[16]

Em seguida, ele lidera campanhas de pacificação no sul. Em 1826, Beauchef participa da expedição à Ilha de Chiloé, último reduto espanhol no território do atual Chile, e serve até 1828. Assim como Beauchef, casado com a filha de uma pessoa ilustre de Valdivia, parece que o "enxerto" pega muito mais nos exércitos de liberação, pois inúmeros oficiais europeus integram-se nas sociedades locais. Na verdade, é a Marinha dos novos Estados que precisa particularmente de soldados da fortuna.

Cochrane e Aury, mercenários dos mares

As Marinhas dos jovens Estados sul-americanos não contam, de fato, com quadros suficientes e, assim, são lideradas por inúmeros mercenários europeus que passam de um posto de comando a outro: Lafond de Lurcy,

Mercenários românticos (demais)

Brion, Lafitte. Mas dois nomes destacam-se. Nascido em 1781 ou 1788 em Paris, Louis Aury entra na Marinha de guerra francesa em 1802 como cadete, mas a notícia da acessão de Napoleão ao trono o teria levado à demissão. Ele passa quatro anos economizando quatro mil dólares para comprar um navio chamado "Vengeance" (Vingança), que coloca, como corsário, à disposição das novas Repúblicas sul-americanas. Em 1813, com pavilhão venezuelano, ele recebe a missão de atacar os navios espanhóis no Caribe e de apresentar-se em Cartagena, onde as forças patriotas são sitiadas pelo general espanhol Morillo. Aury evacua então centenas de homens, mas alguns barcos de sua flotilha, sobrecarregados, naufragam: "Ele expusera sua pessoa e seus próprios vasos de guerra a muitos perigos [...]; em suma, prestara grandes serviços à República", reconhece Ducoudray.[17] Aury reencontra Bolívar, retirado no Haiti, mas desentende-se com o Libertador: "Somente Aury opunha-se à ideia de confiar plenos poderes a Bolívar e propôs nomear uma comissão de três ou cinco pessoas para compartilhar essa autoridade com Bolívar. Este indignou-se com a proposta e declarou que jamais consentiria uma divisão de poderes como essa. Como nenhuma voz discordante fez-se ouvir, os artigos foram adotados."[18]

Em 1816, Aury assume o controle da Ilha de Amélia e faz dela o centro de suas atividades de corsário. Acolhe inúmeros aventureiros franceses, ingleses ou irlandeses, na expectativa de servirem como mercenários em uma ou outra das muitas causas da região. Além dessas forças de apoio, ele forma 130 mulatos chamados de "negros de Aury". Não consegue, entretanto, impedir os Estados Unidos de assumirem o controle de sua ilha. Liderando 14 navios, parte em auxílio do almirante bolivariano Brion. Quando este é violentamente atacado na embocadura do Orenoco por uma força espanhola muito superior em número, Aury consegue libertá-lo sem que o Libertador lhe agradeça. Sua nova base passará a ser a Ilha Providência, no arquipélago San Andrés, ao largo da atual Nicarágua. Comandados pelo mercenário italiano Coddazzi, quatrocentos homens de Aury expulsam os espanhóis da capital Santa Catalina em 4 de julho 1818.

Conseguindo uma *carta de corso* das Províncias-Unidas do Rio da Prata (atuais Argentina e Chile), Aury tenta liberar o Panamá do domínio espanhol. Sua primeira expedição contra o Forte de San Felipe, em Honduras, é um sucesso; agora almirante, tenta liberar a província vizinha do Choco, esperando que Bolívar reconheça sua ação e o integre nas forças da República da Nova Granada. Em 1819, Bolívar parece enfim reconhecer oficialmente os méritos de Aury. Porém o corsário fica furioso, pois julga humilhante o posto de capitão de navio oferecido pelo Libertador. Contrariado, permanece como franco-atirador sem tirar proveito dos serviços prestados à Grande Colômbia.

Aury dedica-se então a equipar o arquipélago da Providência com hospital e pequenos centros de comércio. Para a defesa, ele restaura o velho forte espanhol. Mesmo não se opondo à vontade dos habitantes de fazerem parte da República de Nova Granada, Aury assegura de fato a governança do arquipélago e sua proteção até morrer, em 1822, em Santa Catalina.

Outro mercenário dos mares destaca-se entre os corsários que servem às Repúblicas sul-americanas: lorde Thomas Cochrane. Nascido em 1775, ele constrói sua reputação de marinheiro nas guerras contra o Império francês. Porém, pego em flagrante delito de agiotagem em 1814, é destituído. Responde então ao apelo do diretor supremo do Chile, Bernardo O'Higgins, que lhe oferece o posto de comandante da Marinha nacional. O "lobo dos mares", apelido dado por Napoleão, reorganiza as forças navais chilenas a partir de 1818. Sua reputação facilita o recrutamento de outros oficiais experientes, britânicos ou americanos.

Em fevereiro de 1819, chega à cidade de Valdivia, que se encontra em mãos espanholas, com dois navios e trezentos homens: "O almirante [...] dá o sinal do desembarque para grande alegria dos soldados, que se sufocam uns sobre os outros. Além dos meus 250 homens, 60 soldados da Marinha estão sob as ordens do major Miller [...]. Temos a bordo da escuna uma boca de fogo de 18 de apoio. O major Miller avança para a praia com seus 60 homens. O almirante canhoneia o destacamento espanhol que saiu da fortificação e destrói os rochedos, o que os irrita muito. Atiram na direção da embarcação de Miller, mas não acertam ninguém."[19] Após esse desembarque bem-sucedido, a cidadela espanhola cai rapidamente e Cochrane reencontra suas tropas: "A escuna é canhoneada do Forte de Niebla, do lado norte, e da Ilha Mancera. O almirante aciona sua boca de fogo de 18 e destrói uma peça, ao passo que a escuna não é atingida. Logo ela encontra-se fora de alcance. O almirante lança âncora perto de Corral, desce à terra e é recebido com aclamações dos oficiais e dos soldados."[20]

Porém seu mais belo feito talvez seja a captura, em agosto de 1820, do Esmeralda, florão da armada espanhola atracada no porto de Callao, no Peru. "Com 2 oficiais ingleses e 240 voluntários de sua esquadra, ele parte de madrugada, aborda uma das canhoneiras do inimigo e, dirigindo-se ao oficial espanhol, com uma pistola carregada, diz: 'Silêncio, ou estás morto.' Depois, lorde Cochrane aborda o Esmeralda com a mesma audácia de um lado, enquanto os dois oficiais ingleses escalam-no do outro. Uma sentinela que tenta dar o alerta é morta no ato. Portando sabres, os ingleses tomam a popa do vaso. Em vão, os espanhóis dirigem-se à proa para se defender. Lorde Cochrane força-os a se render e, depois, cortando os cabos, carrega sua presa."[21] Após ter deixado o serviço chileno em 1822, Cochrane une-se ao pavilhão brasileiro contra Portugal. Servirá ainda à causa grega como comandante em chefe da Marinha dos separatistas em 1827-1828.

O entusiasmo helênico

Em 1821, os gregos levantam-se contra os otomanos, aos quais estão submetidos desde o século XV. Os soberanos cristãos da Europa ficam incomodados com o levante grego, pois, para eles, o sultão representa a legitimidade, princípio que defendem ardentemente desde a Revolução Francesa e a "usurpação" do trono francês por Napoleão Bonaparte. O temor de uma ingerência russa no Mediterrâneo oriental leva também a Inglaterra à neutralidade. Consequentemente, os insurretos gregos só podem contar com voluntários europeus. Os primeiros chegam em 1821 e reúnem-se em torno do coronel Baleste no corpo regular. Essa pequena tropa de soldados de profissão logo distingue-se dos insurretos por sua experiência de guerra, pois os gregos tinham pouca familiaridade com o combate no campo de batalha. Em Peta, em 1822, "era a primeira vez que os gregos [...] combatiam em linha. Um instante de inquietação parecera surgir entre eles, vendo seus oficiais obrigá-los a suportar a fuzilaria inimiga sem responder a ela".[22]

Rapidamente, a causa helênica angaria ampla adesão da opinião pública do espaço atlântico, da Europa aos Estados Unidos. O filelenismo,* defendido pelos intelectuais, ganha popularidade, e o poeta Lord Byron torna-se o porta-bandeira dos filelenos combatentes. Morrendo em Missolonghi, o líder dos românticos ingleses também dignifica o voluntariado das causas liberais e nacionais estrangeiras. Em 1825, um viajante europeu interroga um grego sobre a morte do poeta: "Ele responde que, assim que souberam que um grande efêndi inglês estava chegando para socorrê-los, esperaram sua vinda assim como jovens andorinhas esperam pela mãe, e depois acrescentou: 'E ele veio e nos deu sua fortuna, e sua vida; quando morreu, nós nos sentimos como homens atingidos por uma cegueira repentina, nada podia igualar a dor causada por sua perda' [...]".[23]

Outras figuras encarnam também o papel dos estrangeiros ao final do combate helênico pela independência. Ex-coronel do Grande Exército, Fabvier dirige, por exemplo, o corpo regular grego a partir de 1824 e organiza os quadros militares do futuro Estado independente; seus companheiros formam os futuros oficiais locais do Exército nacional. Fabvier destaca-se particularmente na defesa de Atenas em 1826-1827: "Ordeno que se escolham quinhentos homens [...]. Desembarcamos. Cada um recebe um saco com 25 libras** de pólvora; os oficiais usam pederneiras. Com a coluna formada por pelotões, beijamos o solo, o solo de Miltíades [...]. Logo vemos as trincheiras turcas. Um brado eleva-se de toda a linha: 'Gâvur (Infiéis)'. Oito mil turcos estão de pé. O primeiro pelotão já recebeu as ordens. Baionetas baixas, ele salta nas trincheiras. Suas duas seções vão à direita e à esquerda e contam cem passos, matando o que encontram. Elas voltarão e formarão a retaguarda. Durante esse tempo, a cabeça da coluna escala com dificuldade o paradorso da trincheira: onde [...] explodem os obuses, as descargas e a fuzilaria. O digno chefe de batalhão Robert tem as duas pernas atingidas por uma descarga de tiros, o sargento-mor é morto, 28 homens caem, eu mesmo fico levemente ferido. Eu estava no flanco de minha tropa, vendo-a transpor esse parapeito escarpado [...]. Percebo algumas hesitações [...]. Num tom

---

* N. E.: O *filelenismo* diz respeito ao movimento de interesse e simpatia pelos patriotas que lutavam pela independência da Grécia contra os turcos.
** N. T.: 11,34 quilos.

alto e severo, digo 'a passo', a coluna regula-se pela distância escalonada de pelotões e chega em ordem aos entrincheiramentos dos gregos, logo seguida pela retaguarda, que traz os feridos."[24]

Conselheiro do primeiro presidente grego, Capodistria, com quem mantém uma importante correspondência, Fabvier não hesita em vestir-se como grego, mas sempre recusará o soldo e a adoção da nacionalidade grega. Nem mesmo utiliza o posto de general, que detém como comandante do corpo regular, demonstrando assim sua independência, para além de um real engajamento ideológico fileleno.

Portugal abre-se aos mercenários

Mal termina a guerra da independência grega, descortina-se aos combatentes profissionais dispostos a vender sua espada às causas liberais europeias um novo campo de batalha: Portugal, sobre o qual D. João VI reina até 1826. Em 1822, seu filho Pedro subiu ao trono imperial da ex-colônia brasileira que se tornou independente. Por essa razão, seu filho mais velho não pode suceder-lhe. Assim, Dona Maria II, filha de Pedro, é proclamada rainha; mas, como ainda é criança, seu tio Miguel assume o país como regente. Enquanto D. Pedro e Dona Maria encarnam a esperança de liberalismo, Miguel governa de modo autoritário e muito conservador. Em 1828, ele usurpa o trono de sua sobrinha, o que provoca uma resistência liberal na Ilha Terceira, nos Açores. Depois, em 1831, as circunstâncias levam D. Pedro I a abdicar do trono brasileiro em nome do filho, D. Pedro II. No ano seguinte, o pai da soberana legítima de Portugal dirige-se à Ilha Terceira para comandar os liberais.

Como o Exército está nas mãos dos conservadores miguelistas, D. Pedro lança um apelo na Europa para constituir uma tropa capaz de rivalizar com os oitenta mil homens de seu irmão. Apoiado por Guilherme IV da Inglaterra e por Luís Felipe, ele recruta combatentes em Paris e em Londres e consegue formar um corpo expedicionário de 7,5 mil homens, que desembarcam na cidade do Porto em junho de 1832. Na verdade, os mercenários estrangeiros representam apenas oitocentos soldados, pois uma parte dos portugueses uniu-se a D. Pedro. Mas muitos habitantes percebem seu exército como uma unidade estrangeira. É verdade que os conservadores denigrem-na tanto quanto possível. Eis o que escreve o ministro miguelista Santarém ao embaixador da França, Lesseps, em uma carta de 4 de julho de 1832: "Este reino encontra-se ameaçado por uma agressão premeditada por uma expedição da natureza mais injusta e mais odiosa, composta principalmente por elementos desordeiros de diferentes países estrangeiros, abastecida em diferentes países estrangeiros de armamentos, navios, soldados, tripulações, material de armas, munições e de víveres provenientes desses mesmos reinos estrangeiros, e que forma quase toda a força militar e naval dos rebeldes portugueses."[25] Os primeiros tempos da campanha revelam-se muito difíceis para a tropa a serviço de D. Pedro.

Rapidamente sitiado no Porto pelas forças absolutistas de Miguel, o exército liberal parece ter caído então numa armadilha. Seu comandante em chefe, Solignac, é um ex-general do Grande Exército[26] que serviu a Portugal sob as ordens de Junot. Por ter um bom conhecimento do país e devido a uma divergência financeira com o marechal Soult, ministro da Guerra na França, ele deixou-se convencer por D. Pedro. Assumiu o posto de marechal em janeiro de 1833 e foi seguido por britânicos, ex-companheiros de Wellington, seu adversário em Portugal na época do Império. Solignac quase não alcança resultados; na realidade, tem muita dificuldade em manter a autoridade sobre seus subalternos britânicos e é finalmente substituído em abril de 1833 por Napier, oficial da *Navy* que se destacou no desembarque de Wellington em Portugal, em 1808, e durante a guerra anglo-americana de 1812. Comandados por ele, os liberais resistem ao cerco miguelista durante todo o ano de 1833.

A partir de junho, o desembarque de outras forças pedristas no Algarve alivia a pressão sobre a cidade do Porto. A campanha só termina na primavera de 1834, quando Miguel renuncia definitivamente ao trono. Pela Convenção de Évora Monte, de 26 de maio de 1834, os liberais impõem Dona Maria, e Miguel é forçado ao exílio. Assim, o apoio dos mercenários parece ter sido determinante nessa guerra civil. Com efeito, mais do que os prestigiosos Solignac ou Napier, as fileiras de D. Pedro contam com jovens oficiais bem formados e talentosos, como o francês Suarce: sob suas ordens, os voluntários do 2º de Infantaria Ligeira efetuam 32 saídas contra os absolutistas durante o cerco de Faro e tomam-lhes 8 peças de artilharia.

Aliás, no campo oposto, Miguel também apelou para outro francês, Bourmont. Monarquista ligado a Napoleão, general a partir de 1809, esse oficial teve uma carreira brilhante durante a Restauração. Após a tomada de Argel em 1830, recebeu o bastão de marechal. Essa ascensão, ligada aos Bourbons, obriga-o a exilar-se após os Três Gloriosos e a aceitar o papel de mercenário em Portugal. Em seguida, servirá à causa do pretendente carlista na Espanha.

Soliman Pacha e o nascimento do Egito moderno

Na verdade, toda a bacia mediterrânea é atingida pelo fluxo de soldados da fortuna após 1815. O Império Otomano busca sua ajuda, mas o Egito é o caso mais surpreendente, porque, desde 1805, o país é governado pelo vice-rei Mehmet Ali, cujo percurso assemelha-se ao de um mercenário. Filho de um comerciante de tabaco albanês, ele faz parte do contingente enviado por La Porte em 1801 contra as tropas francesas. Mal pagos, os albaneses rebelam-se contra o paxá em 1803, que nomeia em seu lugar o comandante Tahir. Esse chefe é assassinado pouco depois por membros de elite do Exército otomano, os janízaros. É nesse contexto em que o Egito escapa à autoridade de Constantinopla que Mehmet Ali consegue alçar-se a líder do ex-reino dos faraós. Embora sua ascensão se apoie nos 15 mil mercenários albaneses dos quais fazia parte, ele terá dificuldades, uma vez no poder, para conter essa tropa indisciplinada.

Para fortalecer sua autoridade, Mehmet Ali, fundador do Egito moderno, vai apoiar-se em outro soldado da fortuna, hoje conhecido como Soliman Pacha. Na verdade, esse homem nasceu Joseph Sève, em 1788, mas se converteu ao Islã em 1824. Após ter servido no Grande Exército, no qual termina sua carreira como oficial de ordenança dos marechais Ney e Grouchy no governo dos Cem Dias, Sève é licenciado durante a Segunda Restauração. De início, pensa em vender seus serviços ao xá da Pérsia, mas é finalmente recrutado por Mehmet Ali, que lhe confia a reforma do Exército egípcio em 1819. No ano seguinte, cria-se uma Escola de Infantaria para formar os novos quadros turcos ou egípcios.[27] Elevado ao posto de coronel, Sève busca outros veteranos franceses: Cadot, Caisson e Domergue. A partir de 1823, esses homens enquadram a nova tropa de Mehmet Ali, seguidos por outros soldados da fortuna europeus. Um observador francês relata: "O Exército formou-se por regimentos de 5 batalhões, cada um com 800 homens por batalhão, o que dava um efetivo de 24 mil homens. A organização dos batalhões era calcada no Exército francês."[28] Segue a fundação de uma Escola de Cavalaria, em 1824, e a formação de uma Comissão das Pólvoras para a Artilharia.

Ao mesmo tempo, o novo Exército de Mehmet Ali passa pela prova de fogo. Às voltas com a insurreição grega, o sultão Mahmud II pede ajuda ao seu vice-rei do Egito. Em 1823, o filho de Mehmet Ali, Ibrahim Pacha, desembarca em Moreia. Elevado à dignidade de Bei, Soliman, ex-Joseph Sève, enfrenta ex-companheiros de armas, agora filelenos. A tropa egípcia mostra então todo seu valor ao tomar Navarino, Patras e Tripolitza. Após a reconquista do Peloponeso, Ibrahim Pacha e seu chefe de estado-maior, Soliman Bei, quase conseguem abafar a insurreição grega, que é salva pela intervenção das potências europeias a partir de 1827. Ferido durante a tomada da ilha de Esfactéria, Soliman Bei é nomeado governador de Tripolitza.

Entretanto, ele continua atuando após a guerra da independência grega. Mehmet Ali julga que sua participação na Grécia não foi devidamente valorizada por La Porte e trava campanha contra seu soberano. De 1831 a 1833, Soliman Bei destaca-se ao lado de Ibrahim Pacha na Palestina, principalmente devido às duas vitórias contra o general otomano Hussein Pacha em Homs e em Bailan. Como recompensa por seus feitos de guerra, Soliman torna-se então general em chefe do Exército egípcio e é elevado à dignidade de paxá. Em 1839, desempenha mais uma vez um papel decisivo na vitória de Nezib contra as forças otomanas. Enquanto o exército turco agrupa-se nas colinas, o ex-oficial napoleônico realiza um movimento audacioso para contornar o entrincheiramento dos otomanos. Sua manobra põe em fuga as forças do sultão. Essa batalha consagra Mehmet Ali, cujo poder sobre o Egito passa a ser hereditário. Ela marca igualmente o fim da carreira de Soliman Pacha, que morrerá em 1860, no Cairo.

As águias do Exército sikh

O prestígio dos soldados da velha guarda do Grande Exército chama-os a servir mais longe ainda. Assim, qual não é a surpresa do oficial britânico

Mercenários românticos (demais)

Osborne, durante uma revista de tropas em 1838, em Lahore, capital do reino do Pendjab (noroeste da atual Índia, na fronteira com o Paquistão), quando vê a Infantaria sikh alinhar-se em três fileiras e atender a ordens dadas em francês? Ele observa também que as bandeiras da unidade de elite do Exército sikh são todas tricolores, com uma águia na extremidade do mastro: surpreendente referência napoleônica, tão longe dos campos de batalha do imperador. Na realidade, o Exército que tem diante de si foi moldado por mercenários que venderam seus serviços no Oriente.[29]

De fato, persuadido de que está próximo o dia em que os britânicos vão atacar seu reino, o marajá de Lahore, Ranjit Singh, propõe um contrato atraente a esses veteranos das guerras europeias. Preocupado em fortalecer seu peso militar e político diante da poderosa Companhia das Índias Orientais, o marajá lança-se em uma política de expansão para norte (Caxemira) e oeste (atual Paquistão). Para tanto, recruta cerca de duzentos mercenários europeus: franceses, italianos, gregos, espanhóis, prussianos, britânicos desertores do exército das Índias, russos e até mesmo três americanos. Mas os principais são veteranos do Grande Exército. Ex-capitão dos hussardos da velha guarda, Jean-François Allard e seu companheiro Jean-Baptiste Ventura são encarregados, em 1822, de formar uma tropa de elite, logo apelidada de Legião Francesa. Os dois mercenários são muito experientes: ex-ordenança do marechal Brune, Allard supervisionou anteriormente a reorganização do Exército persa; Ventura já o acompanhava nesse primeiro contrato no Oriente. Em 1827, Allard chama outros dois veteranos para acompanhá-lo. Claude-Auguste Court e Paolo Avitabile são recebidos em Lahore com todas as honras e imediatamente nomeados generais de brigada. Por volta de 1830, o Exército sikh tem aproximadamente dez mil homens – um terço de suas forças – sob comando francês.

Formadas pelos veteranos franceses, as tropas do Penjab cumprem seu objetivo. Seu grande valor tem papel fundamental na sobrevivência do reino sikh, espremido entre as possessões britânicas e o Afeganistão muçulmano, onde o exército inglês faz incursões frequentes. Aliás, Allard serve de conselheiro diplomático a Ranjit Singh, explicando-lhe as incessantes intrigas das autoridades locais britânicas instaladas em suas fronteiras. *Expert* em reflexões geoestratégicas europeias, Allard não cessará de encorajar o marajá a tomar Sind e o porto de Karachi. Finalmente, são os britânicos que se adiantam a Ranjit Singh, hesitante em empreender uma nova campanha militar. Após a morte de Allard em 1839, Ventura comanda a Legião Francesa até 1843, antes de voltar para a França.[30]

A modernização da Artilharia sikh também deve muito a Claude-Auguste Court. Aperfeiçoando os canhões existentes, Court angaria a admiração do britânico Osborne, que confiará que "a precisão desses canhões é extraordinária". Com o ex-tenente do exército napolitano de Murat, Paolo Avitabile,[31] ele permite a Ranjit Singh assumir o controle da região de Peshawar, muito disputada entre sikhs e afegãos. De resto, Avitabile vai prestar seus principais serviços ao marajá de Lahore, administrando essa região sensível como governador civil e militar, à sua maneira, até a morte de Ranjit Singh em 1839.

Garibaldi, o *condottiere* republicano

Porém, o mercenário mais célebre desta primeira metade do século XIX é, sem dúvida, Giuseppe Garibaldi. Seduzido pelo ideal republicano e unitário professado por Giuseppe Mazzini, ele ingressa na *Giovine Italia* já em 1833 e participa, no ano seguinte, da insurreição de Gênova. Condenado à morte por essa tentativa revolucionária, Garibaldi exila-se por muito tempo na América do Sul. Como numerosos veteranos do Grande Exército, a prestação de serviços de Garibaldi para nações distantes responde a necessidades materiais. Primeiramente, ele integra as fileiras do exército da República do Rio Grande do Sul, que acaba de proclamar sua independência e rejeita a autoridade central do imperador do Brasil.

De 1837 a 1839, o exilado italiano recebe *cartas de corso* da nova República para seu navio Mazzini. Em 1838, é nomeado comandante da Marinha do movimento separatista... que se reduz a duas grandes embarcações. Mas Garibaldi torna-se célebre por uma série de escaramuças contra a Marinha brasileira que cruza ao largo. O *condottiere* moderno participa principalmente da guerrilha terrestre. O futuro herói da construção italiana conservará para sempre uma lembrança emocionada dessa época de sua vida: "Eu cavalgava com a mulher do meu coração [sua esposa Anita] ao

Mercenários românticos (demais)

meu lado [...]. Carregava uma espada e uma carabina na sela à minha frente. Minha Anita era meu tesouro, não menos ardente que eu mesmo pela sacrossanta causa dos povos e por essa vida aventureira."[32] Verdadeiro arquétipo do combatente romântico, ele repele um batalhão em Galpão de Charqueada, depois participa da tomada de Laguna, na província de Santa Catarina. Após a reconquista da cidade pelos inimigos, Garibaldi ataca com seus marinheiros as forças imperiais perto de Forquilhas.

Em junho de 1842, Garibaldi passa a servir o Uruguai. Fundada em 1830, essa República separou-se da Argentina após uma longa guerra de libertação. O ditador argentino Rosas não desistiu de reintegrar o Uruguai ao território submetido à sua autoridade. De início, Garibaldi recebe o comando de uma pequena frota. A partir de 1842, para auxiliar a província de Corrientes, no interior, ele sobe o rio Paraná e consegue forçar as barragens argentinas em Costa Brava. A esquadra adversária é comandada por outro mercenário, de origem irlandesa, Guillermo Brown.[33] Diante de um inimigo em número bem superior, os navios comandados por Garibaldi são finalmente vencidos, em 16 de agosto de 1842, perto da pequena localidade de Costa Brava: "Havia muitos mortos e ainda mais feridos. O restante dos homens, muito enfraquecidos, não conseguia retomar fôlego com os porões invadidos pela água: no entanto, ainda tínhamos pólvora e as balas de que precisávamos para combater, não para vencer, não para nos salvar, mas pela honra. A honra!"[34] Finalmente, Garibaldi prefere incendiar seus navios a vê-los caír nas mãos do inimigo.

No ano seguinte, ele entra para a História durante o cerco de Montevidéu, fundando a Legião Italiana. Garibaldi narra o combate de Cerro, uma colina fortificada perto de Montevidéu: "Naquele dia, a legião italiana precisava vencer. Pouco importava que muitos dos nossos fossem feridos; avançávamos decididamente. Por fim, quando chegamos ao alcance das baionetas do inimigo, ele fugiu, e nós continuamos a persegui-lo. O centro e a ala esquerda também foram vitoriosos, de modo que fizemos 42 prisioneiros inimigos. A partir daquele dia, a legião italiana seguiu sua carreira gloriosa, causando admiração em todos".[35] Em seu entusiasmo em defender a República Uruguaia de Rosas, Garibaldi consegue recrutar, segundo seus cálculos, entre quinhentos e setecentos homens.[36] Sem recursos para investir em verdadeiros uniformes, os mercenários de Garibaldi vestem pela primeira vez suas famosas camisas vermelhas, a roupa barata dos operários dos abatedouros argentinos.

Em 1846, a Batalha de San Antonio del Salto constitui o principal feito dos 168 "voluntários" do *condottiere* republicano. No posto avançado da cidade, os *camisas vermelhas* conseguem conter o avanço de um exército argentino de mil homens. Os mercenários italianos resistem, sem recuar, às violentas cargas de oitocentos cavaleiros e trezentos infantes argentinos e conseguem também carregar a baioneta, a tempo de as tropas uruguaias retirarem-se em ordem da cidade.[37] "Como o inimigo fracassou em sua primeira tentativa, ele voltou à carga várias vezes: enviou seus dragões e o restante de sua Cavalaria com um corpo importante de Cavalaria, que fazia tremer o campo. Tentava fazer-nos recuar a qualquer preço, mas sem resultado: nossos soldados sentiam tanto o dever sagrado de combater por sua própria honra que estavam convencidos de sua coragem e sangue-frio. De fato, também se pode combater sem prestar atenção ao número dos adversários."[38] Na verdade, durante a defesa de Montevidéu, de 1843 a 1851, os ecos da glória de Garibaldi chegam à Europa,[39] e o chefe dos *camisas vermelhas* recebe a alcunha de "herói dos dois mundos", comparação elogiosa com La Fayette.

O renome construído em suas aventuras sul-americanas permite a Garibaldi impor-se, a seguir, como chefe militar dos republicanos italianos no decorrer do *Risorgimento*. Derrotado pelos franceses que defendiam o papa em 1867, Garibaldi retira-se até o anúncio da queda do Segundo Império, em 1870. A proclamação da Terceira República, em Paris, e sua situação militar catastrófica diante dos exércitos prussianos mobilizam novamente o "voluntário" Garibaldi. Ele envia um telegrama ao chefe do governo francês: "Coloco à sua disposição o pouco que resta de mim." Sem esperar resposta, o "velho leão de Caprera" desembarca em Marselha. É nomeado "comandante em chefe de todos os corpos francos dos Vosges de Estrasburgo a Paris" por Gambetta, que organiza a Defesa Nacional. Assim, com a concordância das autoridades francesas, uma nova legião italiana combate os inimigos da República. Constituída por alguns milhares de homens, voluntários italianos e franceses mal equipados, a tropa de Garibaldi persegue os quarenta mil soldados do general Werder no outono de 1870. Em 20 de novembro, ela imobiliza um corpo de Infantaria prussiana em Châtillon-sur-Seine. Garibaldi organiza, em seguida, a resistência em torno de Dijon. Em 21 de janeiro, inicia-se um sangrento combate diante da cidade, que repele os prussianos. Bismark fica furioso quando toma conhecimento da perda de uma bandeira... a única de toda a guerra de 1870! Porém, a rendição de Paris coloca as autoridades francesas de joelhos, assinando o armistício. Eleito deputado por seis departamentos franceses sem ter-se candidatado, o velho *camisa vermelha* prefere voltar para a Ilha de Caprera para uma aposentadoria definitiva.

Os mercenários de São Pedro

Garibaldi tornou-se um personagem lendário da construção nacional italiana graças à expedição dos Mil Contra o Reino de Nápoles e, depois, contra os Estados pontifícios. Em 1867, ele é derrotado em Mentana por uma tropa mercenária conservadora, o Exército da Santa Sé e seus zuavos pontificais. Desde 1849, na Suíça, as capitulações puseram fim à longa tradição helvética da atividade mercenária, proibindo-a. Todavia, abre-se uma exceção ao soberano pontífice. A busca da unidade italiana empreendida por Vítor-Emanuel II, rei de Piemonte-Sardenha, inquieta Roma. Uma reorganização e uma modernização do exército pontifício parecem indispensáveis. O camareiro pontifício de Pio IX, o cardeal Xavier de Mérode, sugere ao papa o nome do general francês La Morcière para fazer essa reforma militar. Após ter servido na Argélia durante a Monarquia de Julho, esse aristocrata bretão mostrara-se um dos mais firmes oponentes de Napoleão III na Segunda República. Banido logo após a proclamação do Segundo Império em 1852, ele volta para a França em 1858, mas amofina-se no castelo da família. Em 1860, esse católico intransigente aceita assumir o comando das tropas pontifícias – 6,5 mil homens mal equipados e indisciplinados –, que não combatiam desde 1797.

O objetivo é aumentar esse número para 25 mil soldados. Para isso, Mérode lança um apelo a todos os católicos da Europa em defesa do trono de São Pedro. Seu pedido de ajuda tem uma repercussão formidável, e dezenas de milhares de jovens vêm alistar-se nas fileiras de Cristo. Os belgas e os franceses constituem um corpo de atiradores franco-belgas, os austríacos formam cinco batalhões de *bersaglieri*, os irlandeses agrupam-se no batalhão Saint-Patrick. Rapidamente, os efetivos pontifícios somam dez mil soldados. Ora, um exército piemontês com sessenta mil homens, comandado pelo general Cialdini, ruma para os Estados pontifícios, ao encontro de Garibaldi, que tomou Nápoles, no sul. Os voluntários católicos são heroicos em Castelfidardo em 18 de setembro de 1860: "[Eles] deram meia-volta, esperaram o inimigo a 15 passos, receberam-no com um fogo bem dirigido e correram para ele à baioneta. Surpreso com tanta audácia e segurança, e ainda que bem superior em número, o inimigo recuou cerca de duzentos passos, o que permitiu que nossos soldados ganhassem novamente a posição de onde tinham partido." Ainda assim, o exército pontifício é derrotado: "O inimigo havia perdido muitos homens, mas nossas perdas eram consideráveis, e relativamente mais sensíveis do que as deles."[40] Após a capitulação de La Moricière em Ancône, os prisioneiros de guerra estrangeiros são simplesmente devolvidos a seus países mediante a promessa de não combaterem mais o Piemonte, mas cerca de dois terços dos atiradores franco-belgas morreram ou ficaram gravemente feridos nesses combates.

Em janeiro de 1861, La Moricière forma uma nova tropa de mercenários, que chama de Zuavos Pontificais,[41] pois seu uniforme inspira-se totalmente no das tropas que ele comandara na Argélia. Reduzida a seiscentos homens quando criada, essa nova unidade contará com mais de três mil combatentes às vésperas da queda de Roma em 1870.

Ainda que o exército piemontês tenha-se comprometido a não atacar o papado, a sorte de Roma não está garantida, porque, às escondidas, Vítor-Emanuel II de Piemonte incita Garibaldi e seus *camisas vermelhas* a tomar a cidade de assalto. Garibaldi deseja "pôr abaixo o barracão pontifical". Em outubro de 1866, o republicano italiano tenta tomar Roma; explode uma caserna de zuavos e invade os Estados do Papa. Enfrenta, porém, uma forte resistência do Exército da Santa Sé: "A coluna pontifícia [...] compunha-se de [tropas de] linha, de zuavos, de duas peças de canhões e de um pelotão de dragões, no total cerca de 325 homens. A cidade [de Bagnorea, perto de Viterbe] foi tomada após um combate acirrado que durou três ou quatro horas. A Providência protegeu-nos; tivemos um único homem morto e três feridos, um deles o oficial M. de Mirabal. Os partidários de Garibaldi perderam muitos homens; contam-se cem mortos ou feridos entre eles e cento e dez prisioneiros: bela captura."[42]

Após ter apoiado as primeiras campanhas de Vítor-Emanuel II, o imperador Napoleão III mostra-se preocupado em não afastar os católicos franceses e oferece apoio militar à Santa Sé. É um exército franco-pontifício que derrota as tropas de Garibaldi em Mentana, em novembro de 1867. Desde a morte de La Moricière, em 1865, Charette, sobrinho-neto do célebre contrarrevolucionário da Vendeia, comanda os zuavos. O comandante do vice-ministro dos exércitos pontifícios, o general Kanzler, presta contas de sua vitória ao papa: "O próprio tenente-coronel Charette conduziu os zuavos ao ataque e seu cavalo levou três tiros. Durante toda a ação, o coronel Allet esforçava-se para manter compactas as fileiras de seus soldados impetuosos [...]. O inimigo derrotado em todas suas posições, depois de perdas consideráveis, tinha-se retirado para Mentana, onde devia com certeza estar sofrendo uma grande desmoralização."[43] Charette e seus zuavos são os verdadeiros vencedores do combate. No desfile romano que segue a vitória, ouvem-se os gritos: "Viva Pio IX, viva a França, viva os zuavos, viva a religião!"

Entretanto, no verão de 1870, a queda do Segundo Império tira do papa seu principal protetor das ambições do rei de Piemonte-Sardenha. Vítor-Emanuel envia uma tropa de setenta mil homens para tomar Roma. Após bombardear as muralhas da cidade, os italianos preparam-se para lançar o assalto. Os zuavos têm sede de combate, mas já nos primeiros minutos de luta o santo padre pede a rendição. Somente 13 zuavos sacrificaram a vida pela vã defesa dos Estados pontifícios. No dia seguinte, sua tropa é dissolvida.

História dos mercenários

Notas

[1] Hartmann e Millard, *Le Texas ou notice historique sur le champ d'Asile*, Paris, Béguin, 1819, 135 p.
[2] M. Persat, *Mémoires du commandant Persat de 1806 à 1844*, publicado por G. Schlumberger, Paris, Plon, 1910, xxx-360 p., p. 41.
[3] M. D. Brow, *Impious Adventurers? Mercenaries, Honour and Patriotism in the Wars of Independence in Gran Colombia*, tese de doutorado na University College of London, 2004.
[4] C. Laffite-Carles, La contribution française à l'indépendance de la Grande-Colombie, em *Le Voyage dans le monde ibérique et ibéro-américain*, Saint-Étienne, Publications de l'Université de Saint-Étienne, 1999, 469 p.
[5] A. Habsbrouck, *Foreign Legionaries in the Liberation of Spanish South America*, New York, 1928, 470 p.
[6] C. Thibaud, *Républiques en armes: les armées de Bolivar dans les guerres d'indépendance du Venezuela et de la Colombie*, Paris, PUR, 2006, 427 p.
[7] O aventureiro francês Ducoudray-Holstein, membro do estado-maior de Bolívar, fala de dois mil homens (*Memoirs of Simon Bolivar president liberator of the Republic f Colombia*, London, H. Colburn and R. Bentley, 1830, 2v), ao passo que o historiador A. Habsbrouck estima seu número em mais de oitocentos.
[8] Cf. C. Thibaud, *Républiques en armes. Les armées de Bolivar dans les guerres d'indépendance du Venezuela et de la Colombie*, op. cit.
[9] M. D. Brown, *Adventuring through Spanish Colonies: Simon Bolivar, Foreign Mercenaries and the Birth of New Nations*, Liverpool, Liverpool University Press, 2006, 266 p.
[10] H. V. Ducoudray-Holstein, *Memoirs of Simon Bolivar president liberator of the Republic of Colombia*, op. cit., p. 227.
[11] O cálculo de 5 mil homens de Ducoudray-Holstein parece excessivo.
[12] T. Clément, *Guerre et révolution. Les armées bolivariennes dans la guerre d'indépendance Colombie Venezuela 1818-1821*, tese orientada por F. X. Guerra, Université Paris-I, 2001, 1100 p.
[13] G. Beauchef, *Mémoires pour servir à l'indépendance du Chili*, 1ª edição traduzida e anotada por P. Puigmal, Paris, La Vouivre, 2001, xvi-186 p., p. 9.
[14] Idem, p. 58.
[15] Idem, ibidem.
[16] Idem, p. 61.
[17] H. V. Ducoudray-Holstein, *Memoirs of Simon Bolivar president liberator of the Republic of Colombia*, op. cit., p. 125.
[18] Idem, p. 124.
[19] G. Beauchef, *Mémoires pour servir à l'indépendance du Chili*, op. cit., p. 44.
[20] Idem, p. 47.
[21] A. de Montor, *Encyclopédie des gens du monde*, Paris, Librairie de Treutel et Würtz, 1834-1844, 13v.
[22] Testemunho do oficial francês Raybaud, apud W. Bruyère-Ostells, *Les Officiers napoléoniens dans les mouvements nationaux et libéraux (1815-1833)*, tese orientada por J.-O. Boudon, Université Paris-iv, 2005, 687 p.
[23] J. Cohen, *Tableau de la Grèce en 1825 ou récit des voyages de M. J. Emerson et du comte Pecchio*, Paris, Eymery Libraire-éditeur, 1826, 464 p.
[24] C. Fabvier, Lettre à M. le lieutenant-colonel Pellion sur son article intitulé État politique et militaire de la Grèce pendant l'occupation française, em *Le Spectateur militaire*, Paris, Bourgogne et Martinet, 1839, 7 p.
[25] C. A. D. N., Lisbonne, 11.
[26] Sobre o papel de Solignac e de outros oficiais de Napoleão em Portugal, ver W. Bruyère-Ostells, *La Grande Armée de la Liberté*, Paris, Tallandier, 2009, 335 p.
[27] K. Fahmy, *All the Pasha's Men: Mehmet Ali, his army and the Making of Modern Egypt*, Cambridge, Cambridge University Press, 1997, 334 p.
[28] Apud C. Gaulthier-Kurhan, *Méhémet Ali et la France (1805-1849): histoire singulière du Napoléon de l'Orient*, Paris, Maisonneuve et Larose, 2005, 266 p.
[29] Seu percurso foi retraçado na obra extraída de uma tese de Estado: Lafont J.-M., *La Présence française dans le royaume Sikh du Penjab 1822-1849*, Paris, École française d'Extrême-Orient, 1992, 553 p.
[30] B. Dupaigne, Des officiers de Napoléon au service du royaume sikh du Penjab 1822-1849, em *Europe-Asie: histoire de rencontres*, Paris, L'Harmattan, 2006, 209 p.

Mercenários românticos (demais)

[31] Ver também o artigo de B. Dupaigne, Le 'général' Paolo Avitabile, officier de Napoléon, originaire de Naples, em *Cavaliere et Roi. Les amis du musée Murat*, n. 40, 2009.
[32] G. Garibaldi, *Memorie*, Udine, Paolo Gaspari Editore, 2004, 257 p.
[33] Ver capítulo "Pela nação e pela liberdade".
[34] G. Garibaldi, op. cit., p. 87.
[35] G. Garibaldi, *Mémoires d'un chemise rouge*, Paris, Éditions François Maspero, 1981, 421 p.
[36] Conforme os momentos da guerra. Ele dá esses números em suas *Mémoires d'un chemise rouge*, op. cit.
[37] H. Heyriès, *Garibaldi, le myhte de la révolution romantique*, Toulouse, Éditions Privat, 2002, 155 p.
[38] Garibaldi G., *Memorie*, op. cit., p. 105.
[39] A. Dumas, *Montevideo ou une nouvelle Troie*, Paris, Imprimerie centrale Napoléon Chaix, 1850, 167 p.
[40] La Moricière (général), *Rapport du général La Moricière à Monseigneur de Mérode, ministre des Armes de Sa Sainteté Pie IX*, Paris, Charles Douniol Libraire-Éditeur, 1860, 66 p.
[41] J. Guenel, *La Dernière Guerre du Pape: les zouaves pontificaux au secours du Saint-Siège 1860-1870*, Paris, PUR, 1998, 196 p.
[42] *Les soldats du Pape: journal de deux zouaves bretons*, Nantes, Librairie catholique Libaros, 1867, 46 p.
[43] Rapport sur le combat de Mentana fait par le général Kanzler, pro-ministre des armes à Sa Sainteté Notre-Père le pape Pie IX, 12 novembre 1867, em *Journal historique et littéraire*, Paris, Dillet Libraire, 1867-1868, tomo XXIV, 447 p.

Pela nação e pela liberdade

Assim, a ruptura constituída pela Revolução Francesa deve ser relativizada. Pilar da organização dos exércitos do Antigo Regime, o mercenário está longe de desaparecer na época do triunfo do alistamento militar: ele apenas opera diferentemente e adapta-se às novas realidades militares.

O tempo das legiões

Não se nega o impacto da Revolução Francesa e a profunda transformação provocada na organização dos exércitos. Contudo, nosso propósito é mostrar que a prática da atividade mercenária não desaparece. Por simples pragmatismo, Napoleão fará uso, a partir de 1811, dos chamados "regimentos estrangeiros". Essas unidades supletivas oferecem, de fato, um recurso fácil para aumentar os efetivos, ao passo que o alistamento pode ocasionar resistências, além de necessitar de um período de instrução prévio ao combate. Por outro lado, o recrutamento desses soldados de fortuna também constitui uma forma de gestão da manutenção da ordem, já que nesses "regimentos estrangeiros" encontram-se indivíduos potencialmente perigosos (prisioneiros de guerra, opositores políticos) e soldados sem emprego (croatas, hanovrianos).[1]

Na verdade, sempre que precisam de uma força profissional composta de estrangeiros para missões perigosas ou em uma situação ideológica delicada, os regimes que recorrem a esses prestadores de serviços militares falam de "legiões". Devido à multiplicação dos conflitos provocada pelas construções nacionais e à formação de uma área comum de civilização no espaço atlântico, os mercenários são muito ativos e encontram-se em ambos os lados do oceano. Talvez mais do que nunca, ampliam-se os teatros de operações. Os veteranos das guerras europeias de 1792 a 1815 formam tanto os quadros dos exércitos da Sublime Porta do Império Otomano quanto os das Províncias Unidas do Rio da Prata. Como já lembramos, alguns deles vão vender seus talentos até mesmo no Irã ou na Índia.[2]

Porém, em seus textos, sempre declaram seu engajamento voluntário e seu apego à causa que defendem para romper com essa imagem negativa do mercenário. O general Ramorino afirma que seu nome é "exaltado por todos os amigos da libertação das nações" e apresenta-se como um "oficial de fortuna da liberdade, onde quer que eu tenha ouvido sua voz: no Piemonte, na Polônia, em Portugal, na Savoia".[3] Seu companheiro de armas da época do Grande Exército, Maurice Persat, afirma engajar-se em Nápoles "pela Constituição": "Eu havia declarado ao general Guglielmo Pepe que aceitaria apenas os víveres de campanha, difíceis de conseguir, em tempos de guerra, mesmo com dinheiro; além disso, eu lhe pedira para fazer a campanha com um simples voluntário ou amador."[4] Tendo atuado na América do Sul, Brandsen declara por sua vez: "Vim voluntariamente da França para a América atrás de aventura, mas uma aventura que buscava a independência desta grande parte do mundo."[5] Garibaldi vê-se como um campeão da República Universal do Uruguai à moda da França, passando, é claro, pela Itália.

Também no campo conservador, o engajamento ideológico é enfatizado. Entre os voluntários pontificais, Joseph Rialan explica por que deixa sua Bretanha natal: "Estou partindo disposto a sacrificar minha vida pela defesa do santo padre [...]. Orem por mim e peçam a Deus que eu seja mártir."[6] Ele perecerá em Mentana, lutando. Os zuavos pontificais expressarão seu apego monarquista e católico ultramontano, como mostra o discurso de um deles, Alain de Charette, durante uma reunião comemorativa de seu alistamento: "A fidelidade que conservamos em nossos corações de monarquistas sente-se abençoada e encorajada; e, mais firmemente do que nunca, acreditamos no triunfo da França consagrada ao Sagrado Coração e de volta à Monarquia tradicional e legítima [...]. E que belo dia será quando o Regimento do Sagrado Coração vir sua bandeira tremular como a de Joana d'Arc na sagração do Rei Muito Cristão*."[7]

Por essa razão, os termos *corpos francos* e *legiões estrangeiras* ressurgem sempre nesses diferentes teatros de operações. Com a atribuição desse novo sentido, os combatentes buscam salientar sua adesão à causa que eles defendem militarmente. É também por isso que tais tropas ou homens têm uma reputação de relativa indisciplina. De fato, em seu espírito, eles servem a uma causa, e não a um regime em particular. Assim, apesar de sua imensa bravura, os poloneses vão sofrer a fúria de Napoleão, que não aprecia o republicanismo manifesto de seus "fiéis" poloneses. Por se mostrarem muito radicais, as legiões polonesas do Grande Exército serão afastadas em 1807 e será criada a legião do Vístula. Confiada a Grabinski, a desgraça do general em chefe é cada vez mais visível e o leva a pedir demissão em 1809.[8]

Na verdade, essas tropas mercenárias podem falhar no campo de batalha a qualquer momento. Os poloneses deram justamente um exemplo disso em 1802: enviados por Leclerc para conter a Revolta de São Domingos, no Haiti, tomam-se rapidamente de simpatia pelos haitianos: uma parte dos poloneses deserta e une-se aos combatentes de Toussaint Louverture. Outros contentam-se em ir para os Estados Unidos. Habituados a servir nas guardas reais e com pensões bem generosas, não é fácil segurar os efetivos dos regimentos suíços no período do Império. Portanto, convocam-se à força desempregados, brigões e pais de filhos ilegítimos, que não dão necessariamente bons soldados. Napoleão escreve, em 1813, a seu ministro da Guerra, Clarke: "Assim como dou pleno valor aos oficiais suíços, desprezo todos os canalhas que eles acolhem em suas fileiras."[9] Como já vimos, Napoleão logo tenta oficializar o *status* de suas tropas mercenárias. Graças aos acordos feitos com os Estados vencidos ou anexados (criação do Grão-

---

* N. T.: *Rei Muito Cristão* era o título atribuído aos soberanos franceses pela Igreja. Trata-se, neste caso, da coroação do rei Carlos VII, em Reims.

Ducado de Varsóvia), esses contingentes são considerados aliados. Porém, nos momentos decisivos das Guerras Napoleônicas, eles constituirão um elo frágil dos exércitos do imperador. Napoleão trava uma batalha tão obstinada quanto decisiva em Leipzig, em 1813, contra uma coalizão de toda a Europa, a "batalha das nações", e os saxões desertam em pleno combate. Bater em retirada é inevitável.

Dos expurgos revolucionários...

Com bastante frequência, os "soldados de fortuna" procuram exercer seus talentos no exterior, pois não podem mais fazê-lo em solo nacional ou no exército de seu próprio país. As leis de proscrição ou os exílios políticos voluntários são um dos principais fatores a levar militares da primeira metade do século XIX a aderirem à atividade mercenária. Os primeiros são os imigrantes que fogem da Revolução Francesa. Organiza-se então verdadeira diáspora de uma parte da nobreza do Antigo Regime rumo à Áustria, Rússia ou Grã-Bretanha. Nesses países de acolhida, os mais apegados à função militar acabam por alistar-se. A Grã-Bretanha terá várias tropas mercenárias lideradas por grandes aristocratas franceses.

O mais famoso desses corpos é o do príncipe de Condé. O soldo de sua tropa é pago pela Coroa britânica a partir do outono de 1794. Os soldados de Condé são reunidos na fronteira nordeste da França e servem ao lado do exército austríaco e prussiano contra a Revolução. Aliás, apesar do soldo pago pela Inglaterra, muitos monarquistas continuam a combater nos corpos austríacos e prussianos. A única verdadeira exceção é o batalhão dos hussardos de Salm.[10] A partir de 1797, a remuneração desses aristocratas franceses, demasiado independentes, fica por conta do czar. Mas Paulo I faz a paz com o primeiro cônsul, em 1800, e deixa a segunda coalizão. Mais uma vez, até o ano de 1801, os soldados de Condé são pagos pelo Tesouro britânico, mas, nesse momento, suas fileiras abrigam pouco mais de setecentos homens.

Assim como Condé, muitos grandes nomes da alta aristocracia francesa organizam seu próprio regimento; alguns se limitaram aos primeiros anos da guerra e aos momentos fortes da emigração. Essa breve existência explica-se, em parte, pelo desequilíbrio, nessas fileiras, entre os oficiais nobres, relativamente numerosos, e os plebeus, muito menos motivados pela emigração monarquista. Por exemplo, o Regimento de Autichamp serve à Grã-Bretanha de agosto de 1794 a junho de 1795; tem 102 oficiais e somente 184 soldados subalternos.[11] Os *uhlans*, cavalarianos britânicos do prestigioso marquês de Bouillé, ou os hussardos do não menos famoso duque de Choiseul combatem de 1793 a 1796. Já o regimento comandado pelo duque de Castries permanecerá em ação até a paz de Lunéville em 1801.

Quando recomeça o confronto entre a Grã-Bretanha e a França napoleônica, essas diferentes tropas fundem-se no regimento dos caçadores britânicos. Sua 6ª Companhia é amplamente composta pelo ex-estado-maior de Condé. Para mostrar bem que esse corpo é distinto do Exército britânico, ele não aparece nos registros antes de 1804 e, até 1814, os postos seguem a hierarquia e as denominações francesas: marechal de campo, quartel-mestre etc. Recrutados na Sicília, em 1806, os caçadores britânicos participam da expedição na baía de Nápoles, em 1809, e combatem nas ilhas jônicas, antes de atuar na península ibérica a partir de 1810, onde aumentam seus efetivos, recrutando desertores do Grande Exército: alemães, poloneses, suíços, que se sobressaem nas batalhas de Fuentes d'Onor (5 de maio de 1811) e de Vittoria (21 de junho de 1813).

...ao Terror Branco

Com a queda de Napoleão, os monarquistas passam a perseguidores. Na Primeira Restauração, mamelucos à espera do embarque rumo ao Oriente em Marselha são massacrados pelos ultras. Em todo o sul da França, os *miquelets*, corpos francos dos Pireneus, ou os ultramonarquistas *verdets*, sedentos de vingança, perseguem os partidários do Império. As tropas de Trestaillons, em Nîmes, de Quatretaillons, em Uzès, ou de Pointu, em Avignon, distinguem-se pela crueldade. Na ex-sede pontifical, o marechal Brune é linchado pela multidão no hotel onde se refugiara. Seu corpo será mutilado e lançado no rio Ródano. Para evitar essas brutalidades, muitos oficiais tomam o caminho do exílio. De resto, alguns deles não têm outra saída, visto que a lei de 24 de julho de 1815 proscreve as figuras mais marcantes dos

Cem Dias. Forçado ao exílio americano, o marechal Grouchy, herói infeliz de Waterloo, redige um apelo a seus ex-companheiros de armas inativos para que se alistem nos exércitos de libertação da América do Sul.[12]

Mesmo para os que não são atingidos por medidas de proscrição, uma vez passado o Terror Branco,* o olhar desaprovador das autoridades e a decadência social levam muitos oficiais a escolher o destino de soldado de fortuna longe da Europa. Os recriadores do Exército sikh ou Soliman Pacha são assim colocados à disposição em 1815. Entretanto, partir para um exílio distante é difícil. Explicando sua ida para o Novo Mundo, Persat escreve: "Esses oficiais [retornando da América Latina] [...] insistiram muito para que renunciássemos a nossos projetos belicosos. Meus amigos, assim como eu, não eram homens que se assustassem diante dos perigos ou das privações, pois estávamos familiarizados com isso por 11 campanhas cada um; todavia, era sensato refletir sobre o futuro que nos esperava em um país estranho. Eu defendia a ideia de irmos primeiro para os Estados Unidos."[13] Em toda a Europa, as humilhações multiplicam-se para os ex-combatentes do Grande Exército. No Piemonte, as reintegrações são raras e sistematicamente no posto inferior. Proíbe-se até mesmo que os veteranos exibam a Legião de Honra**.[14] No reino dos Países-Baixos, os belgas recebem unicamente postos ingratos (na milícia, por exemplo) ou são enviados às colônias.

As polícias da Santa-Aliança multiplicam as medidas de vigilância ou de prisão domiciliar sobretudo para ex-militares ou personalidades da época revolucionária e imperial. Ainda em 1821, o chanceler Metternich estabelece diretrizes para o rei de Piemonte: "Desde a Restauração na França, o trabalho dos bonapartistas e dos liberais, e em último lugar, também o dos radicais, atingiu diretamente a Itália. A coisa é simples e natural: várias partes da península uniram-se por muito tempo à França, e o resto recebeu outras denominações sob o mesmo império revolucionário e destrutivo. O jogo dos sediciosos era então fácil e não era surpreendente que as facções, independentemente da cor, encontrassem na Itália muito apoio na multi-

---

* N. T.: *Terror Branco* é o nome dado às represálias exercidas pelos imperialistas, em 1815, contra os bonapartistas e os republicanos.
** N. T.: *Legião de Honra*: ordem criada por Napoleão Bonaparte para recompensar os serviços civis e militares.

dão de homens que perderam as esperanças e cujos interesses criados pela Revolução encontraram-se prejudicados."¹⁵ Portanto, reintegrar a sociedade civil é muito complicado para alguns.

Numerosos são então os veteranos que iniciam uma carreira como mercenários, embora malvista na França desde a Revolução. Em 1830, o coronel Caon deverá justificar sua atuação em terras estrangeiras (neste caso, na Espanha) no período da Restauração. Ele escreve: "Nos últimos dez anos, fomos perseguidos, condenados e proscritos por inspirações patrióticas que prepararam a gloriosa revolução". Ou ainda: "Durante dez anos de adversidades e de perseguições, dei mais de uma prova de meu sincero e ardente apego a essas cores nacionais que nós prezamos, à Liberdade."¹⁶

Apagar um passado turvo e cobrir-se de glória

No entanto, como no Antigo Regime, as razões que levam esses homens a tornarem-se mercenários não repousam unicamente na bondade de sua alma. Nem todos são "cavalheiros brancos" da liberdade. Às vezes, essas carreiras longínquas estão ligadas à obrigação de exilar-se por causa de processos judiciários, ou simplesmente de uma condenação moral pela opinião pública. Como o ordenança de um general do Grande Exército em 1809, Emmanuel Gervais Serviez, que rapta a mulher de seu superior, deserta e vai para o Novo Mundo. Muitos cometem delitos menores, depois fogem: falsificação de assinatura para receber soldo,¹⁷ roubos,¹⁸ violências...

Tampouco as trapaças são raras entre esses homens habituados aos jogos de azar (cartas) em suas longas campanhas. O caso da Espanha liberal entre 1820 e 1823 é revelador a esse respeito. O regime constitucional precisa defender-se da intervenção francesa liderada pelo duque de Angoulême, encarregado de devolver o trono a Fernando VII. Para isso, ele não hesita em apelar a todos os homens de boa vontade, sem levar muito em conta seu passado. Para ficar só com um exemplo, os Cortès formam, em abril de 1823, uma tropa suplementar denominada Lanceiros Franceses da Liberdade, cujo comandante, Pascal Aymard, gastara sem conta durante o Império, protegido por seu irmão general. Endividado, rejeitado pela família envergonhada por seu comportamento, ele vai para a Espanha. Seu estado-maior é tão duvidoso quanto ele, a exemplo de seu imediato, Jean Pecarrere, que fez falsos registros.

Talvez a figura mais emblemática desses mercenários preocupados em apagar seu passado seja Ducoudray-Holstein, que se apresenta a Bolívar, já em 1815, na qualidade de ex-general do Grande Exército. Esse passado prestigioso impressiona o Libertador, que lhe confia então o comando dos estrangeiros que estão sob suas ordens. Ducoudray-Holstein torna-se íntimo de Bolívar, que faz dele o chefe de estado-maior no posto de general. Um dos primeiros biógrafos de Bolívar, sua obra torna-se um enorme sucesso graças aos detalhes pessoais que ele narra. Apesar da grande fama, o passado de Ducoudray-Holstein sempre permaneceu à sombra. A vida desse homem, que teria nascido em 1763 na atual Alemanha, permanece um mistério. Na realidade, talvez ele não seja um oficial superior; provavelmente desertou, como leva a pensar uma carta escrita em Nova Orleans, em 1813: "Deixei Cádiz em 24 de novembro de 1812 e embarquei em Norfolk com um cirurgião-chefe, meu amigo Lafon, em 4 de fevereiro. Passei por Baltimore rumo a Nova York e Filadélfia, onde recebi um soldo como oficial general a serviço dos Estados Unidos, e depois como chefe de estado-maior de um general, antes de ser nomeado general de brigada no exército republicano do México [...]. [Mas] os patriotas dessa província haviam sido vencidos pelos monarquistas [...]. Na mesma época, o general Humbert chegou, e propus-lhe com grande prazer que me substituísse, considerando que era mais velho e que tinha muito mais experiência do que eu. Ele aceitou. Fui confirmado em um novo posto, com grandes responsabilidades [...]".[19] Assim, os títulos de oficial superior teriam sido adquiridos no continente americano (e, também nesse caso, graças a um passado embelezado). Por outro lado, o posto de general foi obtido em um exército de libertação para um comando que, finalmente, Ducoudray-Holstein não assumiu.

A busca da glória é uma poderosa motivação para o alistamento dos mercenários. Na península indiana, o americano Josiah Harlan ilustra de modo particular essa sede de reconhecimento. Alistado inicialmente no exército britânico em Bengala, em 1824, ele deixa essas tropas regulares para lançar-se por sua própria conta. Oferece então seus serviços a Ranjit Singh em Lahore, em 1829, com sucesso, e torna-se governador da província: ascensão muito rápida para um combatente com pouca experiência militar! Mas a empreitada não dá certo: em 1836, Harlan é demitido pelo marajá. Ele não hesita, então, em apresentar-se ao inimigo de Ranjit Singh, o rei afegão Dost Mohammed Khan, que o nomeia general. Combate os britânicos, que o fazem prisioneiro e o expulsam para sua pátria natal, os Estados Unidos.

As "diásporas militares": o exemplo dos irlandeses

As motivações materiais também não podem ser descartadas facilmente, sobretudo nos países mais desfavorecidos do continente europeu. A população de certos países europeus vive em condições econômicas, sociais ou políticas muito difíceis. É o caso da Polônia, riscada do mapa e dividida entre a Prússia, a Áustria e a Rússia. Mas a maior diáspora militar é certamente constituída pelos irlandeses. No século XVIII, a nação celta é uma terra de emigração devido às perseguições religiosas. No século XIX, agora por motivos econômicos, a emigração de irlandeses assume uma amplitude sem precedentes. Esse êxodo alimentou os exércitos de todo o continente europeu. Durante as Guerras Napoleônicas, as forças inglesas haviam assimilado os irlandeses, mas o fim da Guerra em 1815 significa uma redução dos efetivos, tanto na Grã-Bretanha quanto no resto do continente.

Imediatamente emigra-se em massa: um milhão de irlandeses atravessa o Atlântico entre 1815 e 1845, com destino aos Estados Unidos ou Canadá. A Grande Fome provoca 2,3 milhões de partidas a mais entre 1845 e 1854 – 80% desses novos imigrantes instalam-se na América do Norte, sendo 63% nos Estados Unidos.[20] Alguns tornam-se fazendeiros, trabalham nas cidades da Costa Leste. Mas outros pegam em armas no Novo Mundo. Durante a Guerra da Secessão, uma brigada irlandesa é formada no Exército da União. No campo sulista, cerca de cinquenta mil irlandeses também estão prontos a combater. Todavia, os irlandeses engajam-se mais facilmente no exército do norte, pois esses imigrantes têm a intenção de ficar nos Estados Unidos após o conflito e temem a concorrência de hipotéticas migrações de escravos. Eles acham que os negros deixarão o sul se a escravidão não for abolida em todo o território americano e receiam precisar batalhar mais ainda para conseguir os empregos precários ou pouco gratificantes que conseguem nas metrópoles da Costa Leste.

Autorizada pelo Secretário de Estado americano em setembro de 1861, a brigada irlandesa defende argumentos políticos para sua incorporação no Exército da União, principalmente um alerta à Grã-Bretanha, supostamente favorável aos sulistas. Mas os motivos econômicos são também muito fortes. Seus membros esperam uma melhor integração da minoria católica que eles representam na sociedade americana. No entanto, nem todos pensam forçosamente em passar o resto de sua existência nos Estados Unidos: um dos principais oficiais da Brigada irlandesa, Thomas Francis Meagher, permanece um patriota irlandês, embora obrigado a ganhar a vida como mercenário. Nascido em 1823, deseja tornar-se oficial no exército austríaco, seguindo a tradição familiar. Mas participa do movimento separatista Jovem Irlanda. Após travar contato com os republicanos franceses em 1848, é um dos criadores da bandeira tricolor irlandesa. Condenado à morte pela Grã-Bretanha, sua pena é transformada em exílio vitalício na Austrália, para onde vai em 1849. Evade-se em 1851 e vai para os Estados Unidos. Como jornalista, continua seu combate em defesa da independência irlandesa e tenta organizar uma colônia que dê trabalho para os imigrantes de seu país natal. Até a Guerra de Secessão, Meagher pende mais para os sulistas, mas julga que a causa do norte tem mais a ver com o combate irlandês. Lança-se, então, no recrutamento. Lê-se, por exemplo, no *New York Daily Tribune*: "Procura-se uma centena de jovens irlandeses, em boa saúde e inteligentes, para formar uma companhia militar sob as ordens de Thomas Francis Meagher." Em 1862, o brigadeiro-general Meagher leva sua Brigada irlandesa a campo, logo alcançando quatro mil homens atraídos por essa forma de serviço entre filhos de São Patrício.

O Novo Mundo torna-se o novo campo de batalha onde os irlandeses sem dinheiro vêm buscar glória e fortuna, como os homens do general Devereux na Venezuela. Outros nomes das guerras de independência sul-americanas têm curiosas consonâncias irlandesas. Dirigente supremo do Chile, o general O'Higgins é filho de um imigrante irlandês. Já o general Guillermo Brown nasceu mesmo na Irlanda. Como tantos outros, ele tenta sua chance na América e servirá sucessivamente como comandante em chefe da marinha de guerra argentina e, depois, do Uruguai. Sean Mallory personifica no cinema essa diáspora dos soldados de fortuna irlandeses. Ele assume as feições de James Coburn no filme *Quando Explode a Vingança*, de 1971, em que o mercenário encontra-se envolvido na Revolução Mexicana de Pancho Villa.

Os suíços: neutralidade, atividade mercenária e direito internacional

A outra grande diáspora militar é suíça. Em 1816, existem evidentemente regimentos a serviço da França, mas também dos Países-Baixos ou da Prússia. No total, se acrescentarmos os regimentos recrutados pela Espanha em 1804 e os soldados suíços no Piemonte, em Nápoles ou na Inglaterra, contam-se aproximadamente trinta mil soldados de fortuna dos cantões em atividade no ano de 1815.[21] A dupla tradição helvética de neutralidade e de atividade mercenária chega ao fim no século XIX (exceto a guarda pontifical). Essa interrupção corresponde às evoluções do direito internacional com relação à posição de neutralidade de um Estado. Desde 1785, um tratado comercial assinado entre os Estados Unidos e a Prússia especifica que nenhum dos Estados alugará, emprestará ou cederá uma parte de suas forças militares ao inimigo do outro. Em 1788, a Suécia envia uma advertência à Dinamarca,[22] recriminando-lhe as tropas enviadas à Rússia em contradição, a seu ver, com o *status* de neutralidade. Isso prova a dificuldade de conciliar uma neutralidade efetiva com o sistema das capitulações. Por essa razão, os helvéticos renunciam a isso em 1859.

A exemplo da Suíça, uma nova prática impõe-se ao longo do século XIX. Um Estado neutro não pode tomar parte de hostilidades e tampouco pode dar ajuda passiva a operações militares ou assistência direta aos beligerantes. Nesse âmbito, surge o problema da eventual formação de legiões de voluntários em solo de um Estado neutro, que deve impedir que seus cidadãos sejam recrutados ou treinados por um Estado estrangeiro em guerra. Essas restrições ao recrutamento de voluntários ou de mercenários é claramente estabelecida, pela primeira vez, em 1871, pelas Regras de Washington, entre os Estados Unidos e a Inglaterra.

Na verdade, os Estados Unidos parecem ter um papel maior na criação dessas novas normas internacionais. Assim, quando George Washington toma conhecimento que se recrutava no Kentucky para formar uma tropa de invasão em um Estado em paz com os Estados Unidos, ele condenou esses recrutamentos e ordenou a todos os cidadãos americanos manter distância de tais práticas. Em 1869, a Conferência Europeia que ocorre em Paris lembra essas regras e denuncia a ajuda dada por voluntários gregos à insurreição cretense contra o Império Otomano.[23] Todavia, a criminalização da atividade mercenária, confundida com o envio de legião de voluntários, limita-se aos Estados neutros no século XIX, o que explica por que o século é marcado pela ação dessas legiões.

Dinheiro, o nervo da guerra

Na América, no Oriente ou na Europa, os mercenários buscam a fortuna. Uma vez alistados, decepcionam-se às vezes com a situação real. Em 1833-1834, na tropa de D. Pedro, em Portugal, o coronel Suarce enfrenta insurgências de "voluntários" franceses e poloneses que não receberam o soldo e protestam em face de combates mortais. Seu chefe "censura-os por esquecerem que são soldados da liberdade para desempenharem o papel de mercenários, lembra-lhes as privações e as misérias que sofreram outrora nossos irmãos dos exércitos da Rússia e da Espanha [no Império]: e a calma é logo restabelecida."[24] Na América do Sul, quando os milicianos lançam seu grito "Viva a pátria!", os soldados de fortuna de Bolívar respondem "Viva o dinheiro!".[25] Corsário a serviço dos exércitos republicanos, Aury acabou por fundar seu próprio Estado na Ilha da Velha Providência. Ele morre em consequência de uma queda de cavalo em 1822... procurando um tesouro enterrado pelo pirata Henri Morgan cento e cinquenta anos antes!

O argumento financeiro pesa muito para os que foram para as regiões mais distantes da Europa. Filho do homem que mandou prender Luís XVI, em Varennes, o veterano do Grande Exército François Drouet deve renunciar à sua pensão de invalidez (deficiência visual) quando Luís XVIII retorna, em 1815. Apesar do grave problema de saúde, reassume as armas na Argentina e depois no Chile. Pela mesma razão, seu ex-companheiro de armas Schultz serve a La Porte e torna-se instrutor no Egito. Os poloneses fornecem grandes contingentes de mercenários, pois, licenciados na França, frequentemente são proibidos de ficar em seu país natal, ocupado pelos austríacos, prussianos e russos. Muitas vezes sem recursos, respondem às ofertas financeiras mais seguras: "A liberdade pela qual combati durante trinta anos em qualquer país me deixou sem pão. Na minha idade, eu não podia fazer nada, sou apenas um militar. Ofereceram-me um posto para servir Mehmet Ali, o que eu podia fazer?", confia Schultz a um ex-companheiro do Grande Exército, que passou a adversário no campo de batalha grego.[26] Todos os ex-soldados da Guarda de Napoleão recrutados pelo vice-rei do Egito são nomeados para postos de comando ou de governador sem serem integrados ao Exército egípcio. Um deles, Boyer, explica: "Não se rejeita ninguém aqui, como os oficiais que se apresentam voluntariamente. A miséria deve tê-los forçado a estender a mão ao paxá. Eis por que lhes oferecem o que querem."[27]

Atuando no Oriente como Schultz, Allard e Ventura, os organizadores do Exército sikh são não apenas regiamente pagos como também se beneficiam de outras vantagens materiais: prêmios por vitória, doações de terras, residência luxuosa nos bairros do sul de Lahore. Conforme a tradição local, Ranjit Singh fornece-lhes também um harém, além de facilitar seus empreendimentos comerciais de exportação de caxemira, dando-lhes com frequência a preciosa matéria-prima. O desejo de enriquecimento responde, portanto, a todas as ocasiões que se apresentam. Após a morte de Ranjit Singh, Avitabile, governador da província conquistada de Peshawar, autoriza as tropas britânicas a atravessarem seu território para continuar a guerra contra as tribos do Afeganistão em troca de uma vultosa retribuição. Em 1843, ele volta para Nápoles com sua fortuna.

Muitas vezes, as vantagens materiais prometidas aos mercenários são particularmente recompensadoras. Os oficiais dispostos a assumir a causa de D. Pedro em 1832, em Portugal, gozam de um contrato tentador:[28] promessa de um salvo-conduto e de uma gratificação por serviço ativo equivalentes aos do Exército francês (artigos 3 e 4). Também o tempo de serviços prestados à França é considerado (artigo 5). Se desejarem voltar para a França ao final de três anos de contrato, receberão uma indenização equivalente a 18 meses de soldo (artigo 8). Na Grécia, além do soldo, são prometidas propriedades aos "voluntários" para se instalarem após a independência. Um subtenente ou tenente terá direito a 15 a 20 hectares de terras; um chefe de batalhão, de 35 a 40; e um coronel, entre 60 e 80 hectares após 6 anos de serviços.[29]

Para atrair veteranos experientes, os chefes da América do Sul propõem condições financeiras mais vantajosas ainda. O soldo é equiparado ao do Exército britânico, sem dúvida o mais bem remunerado da época, e garante-se até mesmo uma promoção na assinatura do contrato: um subtenente passa, assim, a tenente. Recebe-se também um prêmio de oitenta dólares ao desembarcar em solo americano. Finalmente, para manter os oficiais por mais tempo, são prometidas várias centenas de acres de terras após cinco anos nas fileiras patrióticas.

Uma generosidade internacional

Devemos, entretanto, relativizar nossas afirmações: esses contratos distinguem-se daqueles anteriores à Revolução. Não pela adesão dos voluntários à causa que vão defender, pois ela já podia existir no Antigo Regime. A grande novidade reside em novas fontes de financiamento da remuneração. Com efeito, além dos fundos próprios dos Estados em construção, os soldos dos mercenários europeus podem ser pagos graças a grandes campanhas de adesão.

A esse respeito, o filelenismo é exemplar. Comitês de apoio são criados nos dois lados do Atlântico. Na Alemanha, os primeiros surgem por iniciativa de jornalistas (Thiersch em Munique, Kru em Leipzig). Na França, numerosos concertos e festas são organizados em todo o país para coletar doações.[30] Mas os principais fundos são reunidos pelo comitê parisiense, constituído de personalidades, como o escritor Chateabriand, o banqueiro Lafitte, deputados e ricos aristocratas, como La Rochefoucauld. Em outubro de 1826, 150 mil voluntários são enviados à Grécia, financiados apenas pelo comitê de Paris. Do outro lado do Atlântico, o entusiasmo é o mesmo e os comitês americanos financiarão boa parte da frota grega.[31]

Desde 1821, Marselha é o local de convergência dos filelenos de toda a Europa. Nicolas Thésée, negociante grego, é indicado em Lyon como recrutador. Ele recruta soldados colocados à disposição, buscando mais particularmente oficiais de Cavalaria e de Engenharia. Outros responsáveis pelo recrutamento percorrem as regiões em torno do Reno (sobretudo em Stuttgart), a Silésia ou a Polônia.[32] A solidariedade internacional renova-se a cada grande causa que consegue mobilizar a opinião pública. Uma vez lançado o alerta, a mobilização reúne os liberais europeus, que organizam seções mais ou menos formais de recrutamento. Em 1830, a França entusiasma-se pelo levante polonês contra o ocupante russo: fundos são coletados para os "irmãos do norte" e combatentes são pagos para unirem-se a eles.[33] Liderando o comitê polonês, encontra-se o ex-herói da guerra da independência grega, o coronel Fabvier.

Os enviados das novas Repúblicas sul-americanas são também muito bem recebidos nos salões liberais de Paris, de Londres ou da costa leste dos Estados Unidos. Apoiados por grandes aristocratas ou por personalidades, eles podem em seguida organizar o recrutamento até para as províncias mais distantes. O capitão Barrès, em uma guarnição na Bretanha, é testemunha disso: "Durante nossa estadia em Morlaix, vários agentes das Repúblicas da América Meridional nos exortaram [...] a servir em suas tropas. As promessas eram vantajosas."[34] Bolívar opera sobretudo a partir de Londres, onde conta com um intermediário muito eficaz, Luis Lopez Mendez. Depois, em 1819, abre-se uma segunda agência em Gand; confiada ao barão Grenier, ele organiza uma nova via para a América do Sul a partir de Antuérpia ou de Roterdã. Em Paris, o coronel Irisari age em nome da República do Chile de 1822 a 1826, mas também vai com frequência a Londres ou à Itália.[35]

O apelo de Mérode em defesa do papa funciona dentro dos mesmos princípios, apoiados nas redes católicas mais conservadoras. Abrem-se agências de recrutamento em Paris e Marselha, na França, e em Bruxelas, Liège ou Gand, na Bélgica. Em 1868, o bispo de Montreal, mons. Bourget, consegue até mesmo recrutar 250 quebequenses. Os voluntários devem arcar com seu equipamento, que custa 6,1 mil francos.[36] De modo mais geral, o financiamento dos contingentes a serviço da Santa-Sé é assegurado pelo Óbolo de São Pedro,[37] associação fundada em 1848 e reativada a partir de 1859, que permite coletar fundos em todas as regiões católicas. De 1861 a 1868, eles montam a mais de 71 milhões de francos-ouro.

Uma internacional dos mercenários

Esses combatentes alistam-se em exércitos estrangeiros em parte por convicção, em parte para reconstruir a vida ou a fortuna após o fim das guerras no continente europeu. Alguns vivem de contrato em contrato, de continente em continente, pois as redes de recrutamento são quase sempre as mesmas ou atuam nos mesmos meios: bares frequentados pelos soldados desmobilizados e conhecidos por sua oposição à Restauração, na França ou na Itália, salões mais liberais na Grã-Bretanha. Assim, o veterano napoleônico Faron serve sucessivamente às revoluções napolitana e piemontesa em 1821, à Espanha liberal em 1822-1823 e à Grécia até 1830. Após ter-se reintegrado brevemente o Exército polonês em 1830, termina sua carreira nas tropas francesas na Argélia, em 1836.

Os recrutadores muitas vezes buscam especialistas, táticos ou técnicos (Artilharia, Engenharia, Cavalaria ou Marinha). Em 1822, quando no comando da Artilharia grega no cerco de Tripolitza, Raybaud escreve: "Desde minha chegada, eu compreendera que a Artilharia e a Engenharia eram as armas com as quais um estrangeiro podia melhor servir aos gregos, e eu fazia questão de reabilitar os francos [...] desacreditados aos olhos desses homens simples, abertos tanto às más quanto às boas impressões. Após várias provas, tive enfim a satisfação de alcançar resultados condizentes com meu empenho. Os gregos estavam entusiasmados [...]. Ruidosas aclamações acompanhavam os projéteis em sua corrida luminosa."[38] Régnaud de Saint-Jean d'Angély assume o mesmo papel na Cavalaria: "Eu estava começando com o coronel Fabvier a organizar as tropas regulares que deviam prestar seu apoio a esse novo governo. Fui encarregado mais especialmente da formação da Cavalaria e logo meu corpo de trezentos homens, disciplinados à europeia, familiarizou-se com todas as manobras da teoria francesa e me valeu os agradecimentos mais lisonjeiros do governo grego."[39]

Quando o general Grouchy organiza, a partir dos Estados Unidos, o envio de veteranos para a América do Sul, segue exatamente a mesma lógica: "A reputação que eles adquiriram e a hábil conduta que demonstraram no exército que comandaram, assim como as operações políticas de que foram encarregados, são uma prova de sua utilidade e, com a experiência que têm, poderão garantir a causa da liberdade americana."[40] Frequentemente, estão à frente das primeiras instituições para a formação dos novos exércitos nacionais. No Chile, a Escola Militar criada em Santiago é dirigida por três ex-oficiais do Grande Exército; entre eles, Beauchef.[41] Grandes quadros chilenos que se distinguirão mais tarde sairão da primeira promoção após aprender as bases de sua arte. A formação dispensada pelos soldados de fortuna europeus compreende as estratégias da Infantaria, da Cavalaria e da Artilharia, de acordo com as regras publicadas na França, em 1792, com as modificações registradas até 1815. Todos os historiadores chilenos concordam sobre o papel dos veteranos: "Os homens encarregados de organizar essa academia eram franceses [...]. A instrução, a organização e o uniforme da academia seguiram as escolas militares francesas [...]. Beauchef, inteligente e discreto, introduziu na academia, sem grande esforço, não somente a instrução e os regulamentos franceses para as armas de Infantaria, de Cavalaria e de Artilharia, mas também lhes deu um uniforme segundo o estilo e a prática de sua pátria."[42]

Esse *savoir-faire* explica o entusiasmo de numerosos chefes de Estado europeus, americanos ou asiáticos pelos militares desmobilizados após 1815. Aliás, é esse aspecto que o coronel Fabvier salienta em um projeto de contrato com o Estado grego para fundar uma colônia. Contra a outorga de propriedades agrícolas, "nós oferecemos com prazer ao governo grego e aos cidadãos todo tipo de serviços. A maioria de nós, ex-militares e oficiais de todas as armas, estaria sob comando do governo posto à sua disposição, seja para a construção de arsenais, de praças, seja para a instrução, em resumo, para tudo o que diz respeito ao ataque ou à defesa, sem contudo pretender a nenhum posto militar."[43] Os voluntários seriam mercenários, não alistados nas fileiras gregas, mas artesãos capazes de preencher as lacunas técnicas do novo Estado.

A atividade mercenária, um caminho decepcionante?

Apesar das qualidades tão vangloriadas, apesar de seu frequente engajamento ideológico, os soldados de fortuna que partiram para defender uma ou outra dessas causas retornam quase sempre amargurados com essa experiência. O aspecto pejorativo assumido por essa atividade talvez também se deva ao sentimento de decepção que atinge numerosos voluntários que partiram entusiasmados para servir às causas da liberdade e da nação, como o veterano napoleônico Persat, que se engaja sucessivamente na América, na Itália, na Espanha e na Grécia. No Novo Mundo, fica muito decepcionado com Bolívar e com a guerra das milícias. Também suporta mal a fuga através das montanhas da Grande Colômbia e a insuficiência do abastecimento: "Nem sempre saciamos nossa fome. Temos pão de milho, carne seca, peixe salgado, mas nunca vinho, raramente aguardente. Certamente se pode, e isto é um dever, sofrer semelhantes privações pela pátria, mas, por indivíduos que não valiam mais do que os espanhóis,[44] era realmente loucura."[45] Bolívar abandona rapidamente o recrutamento de mercenários devido às dificuldades dessa mistura, pois logo o desprezo, até mesmo a hostilidade, dos oficiais patriotas atinge os engajados europeus.[46] Além disso, eles não recebem o prêmio de duzentos dólares prometidos no alistamento na Inglaterra e tampouco recebem regularmente o soldo: "Os mercenários precisam até vender uma parte de seu material e de suas roupas para sobreviver", escreve Clément Thibaud em seu estudo.[47]

Após essa experiência infeliz, Persat passa por novas desilusões na Grécia. Mais uma vez, o voluntário francês tem dificuldade para compreender seus companheiros de armas gregos, que recusam a batalha campal e obstinam-se a lutar por golpes. Assim, apesar da grande experiência nas armas, é difícil para esses homens demonstrarem a superioridade de seu *savoir-faire*. Nomeado chefe de estado-maior de San Martin na República do Rio da Prata, o general napoleônico Brayer é julgado incompetente e arrogante pelo ditador argentino, como mostra o "diálogo de surdos"⁴⁸ dos dois homens após a demissão de Brayer. A decepção também nasce dessas humilhações sofridas por homens que servem voluntariamente causas em que acreditam. Garibaldi relata sua vergonha após os primeiros fracassos da legião italiana em Montevidéu: "Ela não foi bem-sucedida. Zombaram em Montevidéu, colocando em dúvida a coragem dos italianos. Eu enrubescia de vergonha: precisava desmentir essas zombarias."⁴⁹

Por outro lado, a propaganda dos recrutadores muitas vezes apresentava um quadro fantasioso da destinação dos legionários, mas, por vezes, a realidade é bem decepcionante. Persat conta, por exemplo, seu encontro com Laskarina Bubulina, personagem emblemático do combate grego: "Pode-se adivinhar nossa surpresa ao ver essa mulher que nos haviam pintado em Paris como Joana d'Arc, pois quem pode se esquecer dessa caricatura que todos queriam? Eu mesmo havia comprado essa imagem que me apressei em apresentar a essa mulher, cópia perfeita de nossas sujas vendedoras de queijo dos mercados."⁵⁰ Depois de alguns meses, em 1822, Persat constata: "A maioria dos filelenos já estava desgostosa com o serviço grego." Ele próprio logo volta para a França.⁵¹

Finalmente, a necessidade ditou as regras. As guerras revolucionárias e imperiais consomem os combatentes e impõem a sobrevivência da atividade mercenária. Com certeza ela se reveste do ideal do combate ideológico, como indica a multiplicação das "legiões" em todos os palcos de guerra. Mas o fim do conflito europeu em 1815 mostra mais cruamente as necessidades políticas, sociais e econômicas que levam inúmeros soldados a vender seus talentos. Nesse sentido, a primeira metade do século XIX é marcada por uma ampliação da área de atuação dos soldados de fortuna europeus, que se espalham em todo o espaço atlântico e mediterrâneo. Somente alguns homens ultrapassam esse espaço cultural ocidental e aventuram-se no Oriente. Porém, esse fenômeno acelera-se no período seguinte.

Notas

1. Ver o artigo Étrangers (régiments), em J. Tulard, *Dictionnaire Napoléon*, Paris, Fayard, 1999, 2 tomos.
2. J. M. Lafont, *La Présence française dans le royaume Sikh du Penjab 1822-1849*, op. cit.
3. G. Ramorino, *Précis des derniers événements de Savoie*, Paris, Dupont, 1834, 84 p., conservado nos AD Haute-Savoie, Br 380.
4. M. Persat, *Mémoires du commandant Persat*, op. cit., p. 65.
5. Apud P. Puigmal na introdução das memórias de Beauchef (*Mémoires pour servir à l'indépendance du Chili*, op. cit., p. xii).
6. Apud J. Guenel, *La Dernière Guerre du Pape*, op. cit., p. 45.
7. Idem, p. 47.
8. Idem, p. 482-483.
9. Apud A. J. Czouz-Tornare, Une Suisse médiatisée, au-dessus de tout soupçon en 1810, em *1810, Le Tournant de l'Empire*, Paris, Nouveau Monde Éditions, 2010, 419 p.
10. R. W. Gould, *Mercenaries of Napoleonic Wars*, Bringhton, Tom Donovan, 144 p.
11. Idem, p. 127.
12. W. Bruyère-Ostells, *La Grande Armée de la Liberté*, op. cit.
13. M. Persat, *Mémoires du commandant Persat*, op. cit., p. 16-17.
14. W. Bruyère-Ostells, *Les Officiers de la Grande Armée dans les mouvements nationaux et libéraux (1815-1833)*, op. cit.
15. Carta enviada de Viena por Metternich em 28 de junho de 1821 à Corte de Piemonte (A. S. Torino, Materie politiche, relative all'interno in genere, 10).
16. Carta de 1832 a Soult, ministro da Guerra (S.H.D./D.A.T. 2 Ye dossiê Caron Charles Joseph).
17. Jules Delalain, veterano napoleônico que serve na Espanha em 1823. Foi condenando a cinco anos de prisão na França.
18. Também veterano da Espanha, Jean-Claude Bride foi duas vezes condenado por roubo.
19. C.A.D.N. Consulado de Nova Orleans, série D, n. 1341.
20. J. Guiffan, *L'Irlande contemporaine de A à Z*, Paris, Armeline, 2006, 253 p.
21. J. R. Bory, Les Suisses au service étranger du XVe siècle au XIXe siècle, em *Histoire Universelle des Armées*, Paris, Robert Laffont, 1966, 4v.
22. E. David, *Mercenaires et volontaires internacionaux en droit des gens*, Bruxelles, Éditions de l'Université de Bruxelles, 1977, 459 p.
23. Idem, p. 40-42.
24. F. de Suarce, *Journal des expéditions des Algarves*, Paris, Bachelier imprimeur, 1834, 69 p.
25. Declaração do francês Pierre-Alexandre Richon, relatada por Thibaud C., *Republiques en armes...*, op. cit., p. 300.
26. W. Bruyère-Ostells, *La Grande Armée de la Liberté*, op. cit.
27. Apud C. Gaultier-Kurhan, *Méhémet Ali et la France*, op. cit., p. 82.
28. Contrato assinado em Paris, em 24 de janeiro de 1832, para alistamento da legião Dona Maria (A. A. E., Questões políticas diversas, Portugal, 2).
29. C. A. D. N., C. P. Atenas, 454.
30. AN, F7 6723 B.
31. W. Bruyère-Ostells, Le philhellénisme, creuset d'um romantisme politique européen?, colóquio internacional *Les Romantismes politiques en Europe*, Paris, Éditions de la Maison des Sciences de l'Homme, 2009, p. 417-439.
32. Relatório de novembro de 1822 (AN, F6 722).
33. AD Meurthe-et-Moselle, 16 J 11.
34. J. B. Barrès, *Souvenirs d'un officier de la Grande Armée publiés par son petit-fils M. Barrès*, Paris, Plon, 1923, 327 p.
35. AN, F7 11 984.
36. J. Guenel, *La Dernière Guerre du Pape*, op. cit., p. 29.
37. Idem, p. 118-119.
38. M. Raybaud *Mémoires sur la Grèce pour servir à l'histoire de la guerre d'indépendance*, op. cit., t. 1, p. 425.

Pela nação e pela liberdade

[39] Carta escrita por Régnaud e recebida pelo ministro francês da Guerra em 18 de maio de 1829 (S. H. D/D. A. T. 6 Yd 58). Seu papel de líder da formação da Cavalaria é confirmado por um Relatório enviado ao ministro da Guerra em 5 de junho de 1829, idem.
[40] E. Grouchy, *Projet sur l'organisation de la Guerra en Amérique du sud*, escrito na Filadélfia, em setembro de 1816, anexo à tese de F. Berguno Hurtado, *Les soldats de Napoléon dans l'indépendance du Chili*, Paris, l'Harmattan, 2010, 312 p.
[41] W. Bruyère-Ostells, *Les Officiers de la Grande Armée dans les mouvements nationaux et libéraux (1815-1833)*, op. cit., p. 128.
[42] N. Molinare, *Los Colegios militares de Chilie 1814-1819*, 1911, t. I, p. 93-94, apud Fernando Berguno Hurtado, *Les Officiers français dans l'indépendance du Chili 1817-1830*, op. cit.
[43] AD Meurthe-et-Moselle, 16 J 9.
[44] Ele fala dos patriotas sul-americanos no mesmo plano que seus adversários espanhóis.
[45] M. Persat, *Mémoires du commandant Persat*, op. cit., p. 44.
[46] C. Thibaud, *Républiques en armes...*, op. cit., p. 245.
[47] Idem, p. 303.
[48] P. Puigmal, *Dialogos de Sordos entre José de San Martin y Michel Brayer*, Osorno, Editorial Universidad de los Lagos, 2003, 99 p.
[49] Apud H. Heyriès, *Garibaldi, le mythe de la révolution romantique*, op. cit., p. 25.
[50] M. Persat, *Mémoires du commandant Persat*, op. cit., p. 80.
[51] Idem, p. 100.

Na estrada rumo à aventura

Na segunda metade do século XIX, inicia-se o grande período da criação dos impérios coloniais e da globalização comercial. Nesse contexto propício aos contratos longínquos, os soldados da fortuna espalham-se pelos quatro cantos do mundo. Ainda se movem por grandes causas políticas, mas também respondem à sua sede de aventura, satisfeita pelas demandas coloniais. Os nomes de alguns dos mercenários que foram para lugares distantes tornaram-se lendários.

Novos La Fayette?

De 1861 a 1865, a Guerra de Secessão toma conta dos Estados Unidos. Ela opõe a União (principalmente os estados do norte, liderados pelo presidente Lincoln) à Confederação dos estados do sul. Esse conflito, politizado pela questão da escravidão, apaixona os europeus. Alguns optam por participar do confronto e sonham ser novos La Fayette. É claro que muitos imigrantes do Velho Continente tomam parte no conflito e se reúnem por origem. A famosa brigada francesa de Nova Orleans ilustra o engajamento nas forças confederadas, enquanto as guardas La Fayette simbolizam a luta em favor dos *yankees*.

Todavia, há também alguns voluntários que atravessam o Atlântico para se alistar em um dos campos. Na França, exilados no Segundo Império e desejando construir um renome que pudesse um dia levá-los de volta ao trono, dois netos de Luís Filipe I imaginam poder tornar-se novos "heróis dos dois mundos". O mais velho do ramo dos Orléans, o conde de Paris, e seu irmão Robert, duque de Chartres, entram para as tropas da União em 1861. Ligados ao estado-maior do general McClellan, comandante do exército do Potomac, eles recebem o posto de capitão. Chartres participa principalmente da Batalha de Gains'Mill. Mas, após nove meses de campanha, os príncipes de Orléans voltam para a Europa, onde o conde de Paris redige a obra *Histoire de la guerre civile en Amérique* [História da guerra civil na América]. No campo adversário, outro príncipe francês tem um papel mais ativo e duradouro. Filho do ministro de Carlos X, Camille de Polignac faz parte do estado-maior dos generais sulistas Beauregard e Braxton Brag. Após sua participação na Batalha de Shiloh e no cerco de Corinth, ele é promovido a brigadeiro-general. Recebe então o comando de uma brigada de infantaria texana, onde se destaca na Batalha de Mansfield, em 8 de abril de 1864. Sob as ordens do general Lee, participa da vitória que faz cerca de 1,4 mil prisioneiros ianques; depois disso, assume uma divisão como major-general. Em 1865, será até mesmo encarregado de uma missão na França, para reclamar ajuda de Napoleão III à causa confederada.

Contudo, o mais célebre voluntário europeu da Guerra de Secessão é, sem dúvida, o aristocrata prussiano Heros von Borcke. O jovem entra inicialmente na Cavalaria da guarda real. Em maio de 1862, licencia-se e desembarca em Charleston para se alistar no exército sulista. Em suas *Memórias*, Borcke conta suas primeiras impressões: "Devo confessar que, à primeira vista, os soldados confederados pareciam medíocres e eu estava longe de imaginar que esses mesmos homens fariam nascer em mim uma grande admiração no campo de batalha. Mas eu não tinha tempo de me entregar a uma observação aprofundada em Charleston. O trem para Richmond deixava a estação em torno de meio-dia."[1] Nomeado capitão no estado-maior do general Jeb Stuart, ele toma parte da Batalha de Fair Oaks, uma das mais importantes do conflito. Em 31 de maio e 1º de junho de 1862, esse "combate sangrento" opõe dois exércitos de aproximadamente 40 mil homens cada um; restam mais de 11 mil mortos ou feridos. Borcke, por sua vez, descobre os perigos enfrentados pelos ordenanças no campo de batalha: "Foi naquele momento que o general Stuart encarregou-me de transmitir uma ordem ao general Lee. Para alcançá-lo, eu precisava cavalgar até o *front* e atravessar o pântano em que ficavam os cavalos da enfermaria. Enquanto eu galopava, ouvi um zumbido no ar e vi um dos cavalos desabar. No mesmo instante, uma explosão me ensurdeceu e me cobriu de lama e água. Era a primeira bala de canhão que explodia tão perto de mim e fui tomado pela estranha sensação de ter visto a morte de perto."[2]

Em seguida, ele participa das campanhas da Virgínia do Norte e de Maryland. Major-general a partir de agosto de 1862, Borcke combate nas batalhas de Fredericksburg, Chancellorsville e Kelly's Fort, durante as quais a Cavalaria confederada, na qual ele servia, mostra todo seu valor. Em 19 de junho de 1863, é ferido por um projétil na Batalha de Middleburg: "Logo nos tornamos alvos dos atiradores de elite do exército da União, que sabiam que [o general] Stuart encontrava-se neste pequeno grupo de oficiais. Como estava vestido da mesma forma que o general, casaco curto com chapéu cinza ornado de plumas de avestruz, que voavam ao vento, e com minha nova e bela montaria, tomaram-me por ele. Logo meu tamanho chamou a atenção. As balas zuniam à minha volta como um enxame de abelhas. Uma delas veio alojar-se na faixa dourada de minha calça [...]. Senti de repente uma profunda dor [...]. Após alguns instantes, abri novamente os olhos; estava deitado no chão, com minha montaria perto de mim e rodeado por muitos oficiais agitados."[3] Restabelecido na primavera de 1864, ele é derrotado com o exército sulista em Yellow Tavern, em 11 de maio. Promovido a tenente-coronel, Borcke é enviado às cortes europeias, assim como Polignac, para solicitar ajuda. Em 1865, quando a causa confederada está definitivamente perdida, Borcke volta para a Prússia, onde combate na campanha de 1866 contra a Áustria.

O exército sempre vitorioso

Na mesma época, o americano Frederick Townsend Ward chama a atenção na China. Nascido em 1831, em Salem, no Massachusetts, Ward chegara ao Império do Meio, no ano anterior, para acompanhar seu irmão comerciante de longo curso. Em 1860, Frederick embarca na canhoneira de um compatriota, mercenário encarregado de lutar contra a pirataria no Yangzi Jiang. Logo sua grande bravura atrai a atenção das autoridades chinesas.

Desde o início do século XIX, a dinastia manchu dos Qing, que lidera a China, vê seu poder reduzir-se pouco a pouco. A partir das Guerras do Ópio, multiplicam-se os choques com os britânicos, cuja influência cresce muito rapidamente em toda a Ásia. Após um incidente menor, uma expedição anglo-francesa bombardeia Cantão em 1857, sobe a Pequim e toma a capital em outubro de 1860: os ocidentais impõem, então, suas condições e aumentam a presença nos grandes portos do Império. Todavia, o principal perigo para o soberano Xianfeng é interno. Os levantes contra sua autoridade multiplicam-se em toda a China: revolta dos nians, dos dungans e dos taipings,[4] a mais perigosa, que faz cerca de vinte milhões de mortos em todo o Império. Paradoxalmente, esse movimento político e religioso busca salvar a China da decadência. Para seu fundador Xiuquan, apenas uma profunda reforma social, que promova mais igualdade, pode fazer do Império do Meio novamente uma potência.[5] Iniciada em 1851, a Revolta dos Taipings apoia-se nas sociedades secretas hostis ao poder imperial e faz de Nankin sua capital.

Na primavera de 1860, os taipings voltam suas ambições para a região litoral, na embocadura do rio Yangtsé. A tomada de Suzhou em junho abre-lhes a rota de Xangai. Logo instalam seu acampamento em Xujiahui, diante dos muros da cidade. Como o imperador está ocupado lutando contra um corpo expedicionário franco-inglês,[6] os mercadores de Xangai mobilizam-se e recolhem fundos para criar milícias, pois existe uma longa tradição de autodefesa na China. Mas as elites de Xangai desejam confiar o comando de suas forças a Frederick Ward após seus primeiros feitos no Yangtsé. O jovem passa então a recrutar homens ávidos de aventura no porto da cidade: soldados das Filipinas, Manila e Macau, mas sobretudo ocidentais. Geralmente são desertores de navios ingleses e americanos em escala, conforme revela este artigo do *North China Herald*: "Na última segunda-feira, 9 [de julho], 29 marinheiros estrangeiros, atraídos pela promessa de um pagamento vultoso, desertaram de seu navio atracado para ficar sob as ordens de agentes do *taotai** e auxiliar os soldados imperiais [...]. As atitudes dos mercenários sus-

---

* N. T.: *Taotai*: título dado aos intendentes chineses responsáveis pelos assuntos civis e militares de um território.

citam nos chineses sentimentos hostis à nossa comunidade."[7] No mesmo mês, Ward já conta com duzentos homens e vários canhões.

Apesar de sérias perdas, ele cumpre seu contrato, afastando os taiping, que fazem o cerco a Xangai durante o verão de 1860. Ward toma uma de suas praças, Song-chiang, mas não consegue tomar Qingpu, cidade mais importante. A partir dessa constatação, ele avisa seus empregadores que seus mercenários são muito pouco numerosos para resistir a uma eventual operação de grande envergadura dos taipings. Logo se torna genro de seu principal cliente, um comerciante chinês do oeste de Xangai. Reconhecido oficialmente como súdito do imperador, Ward é promovido a general de brigada em junho de 1861 e fica encarregado da formação de soldados chineses.

No final do ano, seu pequeno exército conta com cerca de mil soldados locais, acompanhados por mercenários ocidentais. No outono de 1862, a tropa excederá quatro mil homens. Bem treinado, equipado com as armas mais modernas, o "Exército sempre vitorioso" de Ward inflige derrota após derrota aos taipings. Organizada à moda ocidental, a tropa obedece a ordens dadas em inglês. Dispondo de um corpo de Artilharia, que compreende seis baterias pesadas e leves, Ward decide, em 1862, completar seu exército com forças marítimas: 12 vapores e cerca de 40 canhoneiras.

Contra um inimigo com mais de um milhão de combatentes, Ward mostra-se muito eficaz graças à grande mobilidade e à excelente disciplina da tropa. Ele disputa com os taipings o controle do Yangtsé, principal via de comunicação no interior dos territórios administrados pelos rebeldes. Após o Tratado de Pequim, em outubro de 1860, as forças anglo-francesas vêm ajudar o Exército imperial, mas os mercenários de Ward estão sempre na linha de frente contra os taipings, como o ataque surpresa que permite a tomada da praça Kao-chao. Forrester, oficial do "Exército sempre vitorioso" relata: "Os rebeldes, totalmente desmoralizados, nem mesmo tentaram resistir quando chegamos às suas portas [...]. A derrota foi total [...]. Na porta sul, os rebeldes correram freneticamente para escapar, mas, uma vez do lado de fora, somente o mar Amarelo esperava-os, e a morte na praia abria-lhes os braços. Nosso punhado de homens pressionava-os tão ferozmente que não tiveram tempo de subir em seus barcos. Desesperados, lançaram-se à água e afogaram-se às centenas."[8]

Vencer a tropa de Ward e tomar Xangai passa a ser decisivo para os taiping. Um novo ataque em massa é lançado contra a cidade no inverno de 1861-1862. Auxiliado por uma terrível tempestade de neve e por uma temperatura de 12°C negativos, dificilmente suportáveis para os soldados que faziam o cerco, o "Exército sempre vitorioso" consegue mais uma vez repelir os taipings. Entretanto, seu comandante em chefe sucumbe durante os preparativos de assalto a Ning-po, em setembro de 1862: "Enquanto nós dois inspecionávamos a posição, Ward levou repentinamente a mão ao abdômen e gritou: 'Fui atingido!'. Um rápido exame revelou que o ferimento era grave e mandei levarem-no a bordo do Hardy", relata seu oficial Forrester. Apesar de uma cirurgia desesperada, Ward sucumbe nas horas seguintes.

Seu exército é confiado, então, ao general britânico Charles G. Gordon. O militar recebeu autorização de seu governo para servir sob comando chinês, já que os ocidentais, aos quais o imperador acaba de conceder direitos comerciais nos portos, desejam ver retornar a calma na região de Xangai. Nova detentora do poder desde a morte de Xianfeng em 1861, a imperatriz usufrutuária Cixi apela para eles. Com Gordon, o "Exército sempre vitorioso" integra-se perfeitamente às forças imperiais e ocidentais, que coordenam a ação da tropa mercenária, sob a autoridade dos grandes mandarins regionais. Os franco-britânicos, os soldados da fortuna ocidentais e as tropas chinesas têm, assim, um papel decisivo na tomada de Nanquim, em 1864, que marca o fim dos taipings.

O "rajá branco" de Bornéu

Enquanto Ward foi chamado, às vezes, de "diabo branco",[9] outro mercenário recebeu o nome de "rajá branco" de Bornéu.[10] Obtido no arquipélago malaio, esse título real originou a lenda de um inglês chamado James Brooke. Nascido em 1803, em Bath, Brooke inicia sua carreira na Companhia das Índias Orientais. Após comprar uma escuna com o dinheiro herdado do pai, torna-se mercenário em Bornéu, em 1839. O sultão de Brunei, Muda Hassim, encarrega-o então de combater os dayaks, caçadores de cabeça que se rebelaram contra o sultão e praticam a pirataria na região do Sarawak. Graças à sua canhoneira, o aventureiro inglês causa uma forte impressão nos dayaks e consegue intermediar um acordo pacífico entre o soberano e os rebeldes. Sua intervenção leva-o a descobrir que o Sarawak é rico em antimônio: "Seu preço jamais deverá cair abaixo de 10 libras e será provavelmente bem superior. Eu poderia ter um rendimento de 1.800 ou 2.000 libras por ano, isento de transporte, de taxas alfandegárias e outras comissões", escreve a seu amigo John C. Templar.[11] Baseado nessa perspectiva de enriquecimento, Brooke manobra para garantir um lugar junto ao sultão: "Mandei desembarcar uma tropa de homens bem armados e carreguei as peças do barco com metralha e chumbo; depois disso, dirigi-me novamente ao sultão, renovei meus votos de amizade e expus as maquinações e os crimes de Makota (comandante em chefe do exército de Muda Hassim, enciumado com os resultados obtidos pelo britânico), sua opressão e sua traição. Ameacei atacá-lo [...]. O rajá decidiu-se prontamente. O acordo foi redigido, selado e assinado. Deram-se tiros de canhão, içaram-se as bandeiras e, no dia 24 de setembro de 1841, eu me tornei governador do Sarawak, investido de plenos poderes."[12]

Assim, o mercenário sabe pressionar seu empregador para tornar-se o senhor de Sarawak. Aliás, ele logo se proclama rajá, mas precisa procurar novos meios de subsistência, na falta de subsídios do sultão de Brunei. Assume as minas de antimônio da região, mas o desenvolvimento econômico do "sultanato de Sarawak" só começará com o rajá seguinte, seu filho. De fato, a dinastia dos Brookes vai-se manter no comando de seu pequeno Estado até 1946!

Todavia, o trabalho como mercenário do "rajá branco" não está terminado. Ao longo de toda sua vida, James Brooke assegura a defesa do norte de Bornéu, já que Brunei precisa enfrentar a ambição de sultanatos vizinhos do arquipélago malaio e seus ataques de pilhagem. Desse modo, em 1843, ele comanda uma expedição para destruir a retaguarda desses piratas. Viajando em um veleiro de três mastros fornecido por um amigo da Companhia das Índias, o inglês entra no território do sultão de Aceh. Avança até as cidades de Batu e Murdu, onde trava combate: "Os bandidos estavam prontos para nos receber, e tivemos cinco horas do mais belo combate. Vencemos o inimigo completamente, queimamos e saqueamos seu território em toda nossa progressão. Em suma, encontramos uma honrosa resistência e tivemos de carregar diversas vezes para expulsar nossos adversários de seus fortins."[13] O "rajá branco" é ferido no braço durante um dos combates.

Para consolidar sua posição na região, Brooke não hesita em apelar para a Coroa britânica, pedindo-lhe que reconheça oficialmente o Sarawak como Estado independente. Nomeado cônsul-geral em Bornéu, em 1847, ele é até mesmo enviado como embaixador ao rei do Sião por Sua Graciosa Majestade. A partir de 1851, o "rajá branco" multiplica as idas e vindas entre a Grã-Bretanha e Sarawak e, em 1857, seu sobrinho Charles Brooke assume realmente o poder em Bornéu. James deixa definitivamente Sarawak em 1863 e morre em 1868, em Devonshire.

A serviço de Sua Majestade: os gurkhas

Terra de onde James Brooke parte rumo a Bornéu, a Índia constitui a joia dos territórios sob a autoridade dos soberanos britânicos no século XIX. Ao norte, no atual Nepal, o reino gurkha é particularmente célebre pela bravura de seus combatentes há vários séculos. Aliás, os ingleses experimentaram a incrível valentia desses soldados durante a guerra anglo-gurkha (1814-1816). Uma vez dominado o reino, a Companhia das Índias decide transformá-lo em uma terra privilegiada de recrutamento para suas tropas.

Os primeiros contratos são assinados já em 1817. Os gurkhas destacam-se, a seguir, em todas as grandes fases da conquista do Império britânico, principalmente nas guerras anglo-sikhs (1845-1846 e 1848-1849) que permitem conquistar o atual Paquistão. O general Hugh Gough escreve então: "Preciso fazer uma pausa em meu relato para mencionar a intrepidez e a bravura dos nossos dois batalhões de gurkhas, o Sirmoor e o Naseree [...]. Soldados de pequena estatura, mas de espírito indomável, eram animados por uma coragem ardente nas cargas ao lado dos granadeiros de nossa própria nação e, armados com uma pequena faca de suas montanhas, eram um terror para os sikhs durante as grandes batalhas."[14] Os gurkhas angariam definitivamente o respeito de todo o Exército britânico após a grande Revolta dos Cipais em 1857.

A Companhia das Índias Orientais dispõe apenas de um pequeno contingente de regimentos europeus. A grande maioria das tropas é constituída de mercenários contratados pela Companhia em todo o subcontinente indiano, os cipais. Na verdade, desde 1833, essa Companhia não passa de uma ficção, pois o poder real está nas mãos do governo britânico. Ora, essa transferência de poder traduz-se em mutações nos corpos de cipais. A diversificação regional do recrutamento dá-se em detrimento das castas superiores das províncias do noroeste. Principalmente no que se refere à adoção de novos cartuchos, que precisam ser retirados de seu estojo com os dentes e levanta a questão do contato com substâncias julgadas impuras (graxas). Em 1857, os cipais debelam-se em Bengala e a insurreição estende-se por todo o norte e centro da Índia.

Nesse contexto de ruptura entre o poder britânico e seus supletivos autóctones, os mercenários gurkhas, além de seus talentos militares, provam sua fidelidade, pois se recusam a aderir à revolta. Em Délhi, o 2º Regimento de Fuzileiros Gurkha protege o posto inglês Hindu Rao's House, uma posição estratégica. Em 8 de junho, enfrentam as forças rebeldes, que os convidam a mudar de campo: "Venham, gurkhas, nós não vamos atirar em vocês, unam-se a nós". Ao que os gurkhas teriam respondido "Contem conosco, estamos chegando!", em um ataque arrasador, armados com sua famosa faca, a *kukri*.[15] Eles mantêm sua posição diante de um inimigo largamente superior em número, durante três meses, perdendo 327 dos 490 homens que compõem o regimento. Em recompensa, os britânicos autorizam-nos a pilhar Lucknow, praça central da Revolta dos Cipais. Os mercenários nepaleses carregam várias toneladas de objetos tomados dos templos, mesquitas e mansões da cidade.

Os gurkhas tornam-se uma peça-chave do Exército das Índias. São colocados numa posição de honra durante a cerimônia de proclamação de Vitória, imperatriz das Índias, em 1º de janeiro de 1877, em Délhi. Durante a Segunda Guerra Afegã (1879-1881), eles destacam-se especialmente por transporem o desfiladeiro de Bolan na rota de Kandahar. O chefe do exército das Índias, lorde Roberts, insiste para que os efetivos dos gurkhas sejam dobrados. Formam então dez regimentos de dois batalhões[16] e estacionam em todo o Império, de Malta à Malásia. Participam dos confrontos na Birmânia ou na China, e, em 1900, na Revolta dos Boxers — movimento popular antiocidental. Durante a Primeira Guerra Mundial, 100 mil gurkhas combatem no *front* ocidental e também em Salônica, no desembarque de 1915. Esses supletivos nepaleses constituem agora um corpo de elite, modelo de unidade de mercenários estrangeiros a serviço de uma potência de primeiro plano.

Camerone: a Legião Estrangeira se torna lendária

Um outro grupo também vai construir uma reputação semelhante, até superior, no Exército francês. Durante os Cem Dias, Napoleão formou oito regimentos estrangeiros. Luís XVIII reúne o que resta desses regimentos em uma Legião Real Estrangeira. Comandada pelo príncipe alemão Luís de Lohenlohe, em 1816, ela é frequentemente chamada de Legião de Lohenlohe. Com a queda da Restauração, em 1830, essa Legião é desfeita. No entanto, alguns meses mais tarde, pelo decreto de 9 de março de 1831, o novo soberano, Luís Filipe, cria uma nova Legião Estrangeira.[17] Esse texto estabelece os grandes princípios desse corpo que se tornou mítico das forças francesas: recrutamento exclusivo de estrangeiros (exceto para o corpo de oficiais) a serviço da França, contrato de longa duração e possibilidade de servir mediante identidade declarada (sem verificação).

Devido ao comando confiado aos franceses, à duração dos contratos e ao montante do soldo, o caráter mercenário da Legião Estrangeira poderia ser discutido.[18] Seja como for, a principal razão para a França não ratificar a convenção antimercenária adotada pelo ONU, em 1989,[19] foi a existência da Legião. Mas os próprios legionários não descartam sua vocação de soldados da fortuna. Um deles, o capitão de Borelli,[20] escreve: "Mercenários sem dúvida: precisamos comer para viver [...]. Estrangeiros? Que seja. Depois? Em que livro o marechal da Saxônia virou francês?"[21] Entretanto, a nova unidade tem um começo difícil. Já em 1835, é cedida à rainha liberal Isabel II da Espanha que, tendo subido ao trono em 1833, enfrenta a contestação do irmão, D. Carlos. De 1833 a 1839, a Primeira Guerra Carlista opõe a soberana a esse pretendente, apoiado pelo campo reacionário. Após uma série de vitórias carlistas, Isabel II consegue o apoio do ministro francês do Interior, Adolphe Thiers. A desconfiança de uma parte do governo incita Luís Filipe a não enviar tropas regulares à Espanha, mas ele oferece a Legião Estrangeira para demonstrar seu apoio à Isabel. Londres tem as mesmas reservas e envia uma legião de seis a oito mil homens, com muitos mercenários entre os oficiais.

A tropa francesa trava uma guerra difícil; em fevereiro de 1837, ela já havia perdido 37% do contingente.[22] Os combates de Huesca, em 24 de maio, e de Basbastro, em 7 de junho, acabam por dizimá-la. Sobre esse segundo confronto, o mercenário prussiano Wilhelm von Rahden, que serve nas fileiras carlistas, revela: "Jamais assistira, em minha carreira militar, bastante movimentada [...], ao espetáculo de uma batalha tão encarniçada. Os soldados reconheciam-se no combate; chamavam-se pelos nomes ou apelidos, em francês ou alemão, aproximavam-se uns dos outros como amigos, falavam-se, questionavam-se e matavam-se friamente em seguida com o fuzil".[23] Aliás, a Legião Estrangeira perde seu chefe Joseph Conrad nesse confronto. Em 1839, de um corpo de mais de 6 mil homens que haviam partido em 1836, somente 63 oficiais e 159 suboficiais voltam para a França, onde integram as fileiras da nova Legião Estrangeira, criada em dezembro de 1835 para atender às necessidades da conquista da Argélia. Até 1857, data da pacificação da Pequena Cabília, o corpo mercenário ganha, nessa campanha, o respeito das outras unidades do Exército francês. Sua identidade forja-se aí, já que os legionários manejam tanto a enxada quanto o fuzil. Esses soldados constroem por completo a cidade de Sidi Bel Abbes, que passa a ser a base da Legião.

Porém, sua reputação de excelência estabelece-se definitivamente no Segundo Império, durante a intervenção francesa no México. Napoleão III deseja criar uma grande potência na América Latina. Aliada da França, ela seria capaz de deter a escalada dos Estados Unidos no Novo Mundo. O imperador apoia então a candidatura do arquiduque Maximiliano da Áustria ao trono mexicano. O novo imperador do México desembarca em Vera Cruz com um corpo expedicionário francês em 1862. Ora, o exército de Maximiliano progride lentamente em face dos republicanos de Juarez. Os mexicanos retiram-se em ordem e acantonam-se na cidade de Puebla, na rota da Cidade do México.

Em janeiro de 1863, a Legião Estrangeira desembarca, por sua vez, em Vera Cruz. Sua missão é garantir a segurança dos comboios que se dirigem a Puebla, ainda cercada pelas forças francesas. De fato, em toda a região, uma guerrilha tenta assediar as tropas isoladas. Em 29 de abril, a 3ª Companhia do 1º Batalhão é enviada a Puebla. Comandados pelo capitão Danjou, esses 62 legionários caem em uma emboscada em Camerone, onde são cercados por mais de 500 cavaleiros. Com uma mão articulada (perdera a sua na Argélia, em 1853), Danjou ordena a seus homens que se retirem para uma grande fazenda. Recusa-se à rendição, e o combate começa em 30 de abril, em torno de oito horas da manhã. Às onze horas, o capitão francês é atingido. Às duas horas da tarde, um dos dois outros oficiais da companhia também é mortalmente ferido, mas os legionários continuam combatendo. Um dos sobreviventes, o cabo Louis Maine, explica que "como o inimigo não tinha nem Infantaria, nem Artilharia, podíamos resistir por muito tempo aos cavaleiros, por mais numerosos que fossem. Não seria com carabinas sem baioneta que eles tirariam uma companhia da Legião abrigada atrás das muralhas".[24]

Os mexicanos decidem enfumaçar o reduto onde estão refugiados os legionários, que lutam até o fim. Os cinco últimos lançam-se em uma carga à baioneta: "Saltamos para frente. Uma formidável descarga nos recebeu. Catteau lançara-se à frente de seu oficial [o subtenente Maudet] para proteger seu corpo e caiu fulminado por 19 balas. Apesar dessa dedicação, o tenente foi atingido por duas balas. Wenzel também caíra ao levar um tiro no ombro, mas se levantou imediatamente. Éramos três ainda de pé [...]. Paralisados por um instante ao ver o tenente caído, preparamo-nos para saltar por cima do seu corpo e carregar novamente, mas os mexicanos já nos cercavam de todos os lados."[25] Os três sobreviventes são feitos prisioneiros e levados em macas!

Em reverência a esse combate, o dia 30 de abril torna-se uma data mítica para a Legião Estrangeira. Em 1906, será instituído um memorial em homenagem ao capitão Danjou e seus homens. Na apresentação das armas, um legionário de mérito apresenta a mão articulada do capitão Danjou às tropas. "Carregar a mão" é a maior honra concedida pela Legião a um dos seus.[26] Presente em todos os pontos nevrálgicos em que os interesses franceses precisam ser defendidos, a Legião Estrangeira serviu de modelo a inúmeros corpos de mercenários nos Exércitos do mundo. Em 1835, quatro anos após sua formação, a intervenção nas Guerras Carlistas da Espanha dá origem a uma irmã. A partir de 1929, essa *legion extranjera*, muitas vezes chamada de *Tercio*, ganhará reputação e será o cadinho das forças de Franco na Guerra Civil.

Vivam os bôeres!

Acompanhando essas unidades institucionalizadas ao longo do tempo, perdura a tradição de legiões de voluntários formadas para socorrer uma causa específica. A Guerra dos Bôeres é um exemplo disso. Descendentes dos colonos holandeses e franceses, calvinistas instalados na região do Cabo da Boa Esperança desde o século XVII, os bôeres emigraram para o norte após a anexação da Colônia do Cabo pelos britânicos, em 1814. Fundaram a República do Transvaal e o Estado livre de Orange. Porém, ao longo do século, a pressão inglesa sobre os territórios bôeres vai aumentando. Após um primeiro conflito (1877-1881), a guerra novamente eclode em outubro de 1899.

Em maio de 1900, uma delegação bôer vai à Europa para defender a causa das Repúblicas do Transvaal e Orange. Uma parcela do público europeu, sobretudo francesa, entusiasma-se com esses Davis que querem resistir ao Golias britânico.[27] Seguindo a tradição, comitês de apoio organizam-se e recrutam em toda a Europa cerca de 2,2 mil "voluntários" para apoiar a causa bôer. Constituindo mais de 10% dos combatentes bôeres,[28] esses voluntários vêm da Irlanda, dos Países Baixos ou da Rússia, como o ex-coronel Maximov.[29] Mas o contingente mais numeroso é composto por franceses, tais como os ex-militares Etchegoyen e Gallopaud.

O voluntário mais famoso é, incontestavelmente, o coronel de Villebois-Mareuil.[30] Nascido em Nantes, em 1847, em uma família nobre que remonta à época de Filipe Augusto, Villebois-Mareuil entra para a escola de oficiais de Saint-Cyr em 1865 e inicia uma brilhante carreira militar. Em 1892, torna-se o mais jovem coronel do Exército francês. Mas esse nacionalista antiDreyfus demite-se em 1896. Em novembro de 1899, ele desembarca em Moçambique, onde é nomeado chefe do estado-maior do general Joubert. Nesse posto, Villebois-Mareuil participa de sua primeira batalha no rio Tugela, na colônia do Natal, em 15 de dezembro de 1899 – quando 10 mil bôeres resistem bravamente aos 23 mil britânicos do general Buller. Villebois-Mareuil contribui com seu olhar de especialista, de oficial habituado à estratégia. Logo percebe a fragilidade da manobra inglesa e aconselha os camponeses-voluntários sul-africanos a se retirarem para as colinas que dominam a pequena localidade de Colenso: "[O general Buller] cometeu um erro ao não atacar primeira e unicamente esse morro, de onde ele pegaria nossas defesas pela retaguarda [...]. Os ingleses espalham-se em várias linhas de atiradores, sem ordem e sem ação das últimas linhas."[31] Emboscados nas colinas, os bôeres abrem fogo sobre os britânicos, que contam 1,1 mil mortos e feridos e perdem 12 canhões para seus adversários.

Entretanto, o amadorismo dos bôeres torna difícil a luta contra a potência armada de Sua Graciosa Majestade. Villebois-Mareuil participa dos fracassos dos cercos de Ladysmith, principal guarnição de Natal, e de Kimberley (janeiro e fevereiro de 1900), onde se encontra Cecil Rhodes, primeiro-ministro da Colônia do Cabo. O mercenário francês constata então: "Os bôeres são soldados extraordinários em combate, homens de duzentos anos atrás combatendo com máquinas modernas. [...] Se acrescentarmos sua visão prodigiosa a essas faculdades de cavaleiro e de atirador, compreendemos a que ponto esses homens diferem dos de nossas civilizações."[32] Ele preconiza um ataque fulminante contra os britânicos, cujos armamentos pesados retardam as manobras e constituem, aos olhos do coronel, uma fraqueza que deve ser explorada. Devido às suas análises acertadas, o voluntário francês ganhou a confiança dos republicanos sul-africanos. Nomeado general, recebe o comando de uma legião estrangeira de 1,5 mil homens. Enquanto o coronel Maximov é encarregado do agrupamento e da instrução dos voluntários, Villebois-Mareuil assume o comando de 125 homens imediatamente operacionais: 60 holandeses comandados por Smorenburg, 40 franceses e 25 bôeres.

Em 4 de abril de 1900, Villebois-Mareuil decide um ataque contra o pequeno forte Boshof, guardado, conforme as informações que recebera, por cerca de quinhentos britânicos: "Aproveitando a escuridão, atacaremos Boshof de surpresa esta noite [...]. Ao fazer o cerco, não devemos perder de vista que nossa superioridade moral é determinante."[33] Mas, ao chegarem, percebem que as forças inimigas são muito mais numerosas do que o previsto. Escondido na floresta, Villebois-Mareuil compreende que caiu numa armadilha. As forças de lorde Methuen o cercam. O comando estrangeiro tenta resistir até a noite, que favoreceria sua retirada. Mas o combate é desesperado: "O general [Villebois-Mareuil] acabava de eliminar a seus pés um capitão inglês quando um soldado francês lançou-se gritando: 'Viva a França, vivam os caçadores da África!' Ele não tinha avançado dez metros e caiu, atingido por uma bala na cabeça e outra no ombro. 'Acabou-se, meu general. Viva a França'." O cerco se fecha em torno de Villebois-Mareuil e logo: "O general desaba, sem dizer uma palavra [...]. Uma bala inglesa atingira-o em pleno peito e perfurara seu coração [...]. No dia seguinte, os soldados puderam contemplar mais uma vez seu caro general. Às seis horas, ouve-se o som fúnebre do toque dos clarins. O corpo do general, em uma padiola e enrolado na bandeira da pátria ausente, passa diante do regimento em armas, que lhe presta homenagem. Não era a bandeira da França a mortalha que cabia de direito a esse nobre francês, a esse corajoso soldado?"[34] A lembrança do mercenário ainda está viva na memória sul-africana; em 1971, suas cinzas foram transferidas para o cemitério nacional de Magersfontein, onde repousam os heróis da história nacional.

Já Robert de Kersauzon opta por integrar uma unidade bôer. Recrutado por um irmão de Villebois-Mareuil no comitê de apoio de Nantes, esse bretão tem apenas 20 anos em 1900. Quando chega à África do Sul, a guerra clássica terminou com a vitória britânica, mas a luta continua na selva. Encaminhado ao comando Théron, que mistura bôeres e voluntários estrangeiros, ele participa de uma incursão ao Estado de Orange e toma parte dos combates de Bothaville (6 de novembro de 1900) e de Dewetsdorp (21-23 de novembro). Em fevereiro de 1901, o comando Théron penetra na Colônia do Cabo, território inglês. Mas seus chefes preferem enviá-lo em missão à Europa, onde o presidente Kruger refugiara-se. Ao retornar em 1902, ele integra o comando de Manie Maritz, cujas expedições na região de Namaqualand são muito eficazes. Kersauzon recebe o galão de tenente ao descarrilar trens ou sitiar soldados ingleses isolados: "Nós dominávamos totalmente a situação e não podiam nos tirar do imenso território que havíamos conquistado pelas armas, escreve. A última vitória dos comandos fora a ocupação de Concórdia, importante vilarejo de Namaqualand, que se rendera a nós sem resistir, com sua guarnição britânica de duzentos homens."[35] Por essa razão, a capitulação, assinada em 31 de maio de 1902, é muito difícil para os comandos. Kersauzon faz parte, aliás, dos últimos resistentes a transpor a fronteira do sudoeste alemão na esperança (vã) de continuar a luta do exterior.

A saga dos Garibaldi

Os franceses que foram servir no Transvaal lembram o comprometimento dos *camisas vermelhas* de Garibaldi na América do Sul. Ora, o gosto pela aventura não se extingue nos Garibaldi: ele se transmite de geração em geração. Quarto filho do Herói dos Dois Mundos, Riccioti é logo iniciado à exaltação do voluntariado por seu pai. Com 18 anos recém-completados, Riccioti é enviado pelo pai a Creta, em 1866. A ilha rebelou-se novamente contra os otomanos para tornar-se grega. De fato, na mente de Giuseppe, o combate nacional italiano deve servir de modelo a todos os povos europeus que buscam construir seu próprio Estado-nação. No ano seguinte, Riccioti encontra-se ao lado do pai em Mentana; em 1870, ele figura entre os *camisas vermelhas* que foram socorrer a República francesa. Sem fortuna em razão da vida aventureira que levou com o pai ilustre, Riccioti prefere então tentar a sorte na Austrália.

De volta à Itália em 1881, retoma as armas em 1897. Após mais uma insurreição cretense, a Grécia decide enfrentar a Sublime Porta* e espera "liberar" a parte da Tessália que ficou com os turcos. Riccioti une-se às fileiras da primeira causa que ele defendeu como soldado e constitui um novo corpo de *camisas vermelhas*. Enquanto o exército grego é rapidamente derrotado em Mati e em Domokos, os garibaldinos cobrem-se de glória, protegendo a retirada das tropas helênicas. Entre eles, o deputado Antonio Fratti, que morre no campo de batalha. Riccioti luta novamente na guerra balcânica de 1912. Liderando um corpo franco, ele destaca-se principalmente na Batalha do Monte Driskos e torna-se, para a opinião pública italiana, um digno herdeiro de seu pai, um autêntico voluntário das causas nacionais. Um *camisa vermelha* narrará em suas *Memórias*: "Riccioti pode ter cometido muitos erros políticos em sua existência, e cometerá outros na vida; é a fatalidade dos homens na guerra, assim como a fatalidade dos homens da poesia e da arte. Mas agora, usando sua camisa vermelha, ele parece um Deus. Parece vinte anos mais moço. Tem um sorriso para todos, uma brincadeira (é sua paixão) para todos. Vê-se em seus olhos que está agora em seu elemento, que gostaria de viver somente assim, que gostaria de morrer assim, cercado dessa juventude indisciplinada que grita nos pátios, que canta em altos brados, que amanhã saberá lutar heroicamente."[36]

---

* N. T.: *Sublime Porta*: designação do Império Otomano entre 1718 e 1992. Também conhecida como Porta Otomana.

Na estrada rumo à aventura

Riccioti passa em seguida o bastão à terceira geração da família: nascido na Austrália, seu filho Peppino combate pela primeira vez na Guerra Greco-Otomana de 1897, mas logo prefere aventuras mais distantes. Quando eclode a Guerra dos Bôeres, ele não hesita, em 1901, em propor seus serviços ao Exército britânico. Seguindo o modelo do avô ilustre, Peppino alista-se a seguir na Venezuela, onde combate na revolução contra o ditador Castro. Assume o comando da Artilharia dos rebeldes e, após sete meses de guerrilha intensa, o novo *condottiere* republicano é feito prisioneiro durante a Batalha de Ciudad Bolívar e passa vários meses na prisão. Depois, em 1910, é como general das forças revolucionárias mexicanas que se ouve falar dele: permite o triunfo da insurreição contra o presidente Porfírio Díaz pela tomada de Juarez, último bastião das forças legalistas.

Contudo, a saga dos Garibaldi adquire todo sentido quando a Primeira Guerra Mundial estoura. Reiterando o gesto de seu glorioso pai em 1870, Riccioti oferece seus talentos à República francesa já em 6 de agosto de 1914. De Nova York e de Cuba, seus filhos Peppino, Riccioti Junior e Bruno anunciam sua intenção de se alistar na Legião Estrangeira. Divulgada na imprensa francesa e italiana, a notícia suscita um afluxo de milhares de voluntários entusiastas.[37] Os outros irmãos – Sante, Ezio e Costante – unem-se ao clã Garibaldi. Uma nova legião de *camisas vermelhas* perpetua a tradição de solidariedade com a França da Revolução e da República. Esse é o sentido do projeto de tropa garibaldina que Peppino dirige às autoridades francesas.

O presidente do Conselho, René Viviani, encontra-se numa situação das mais delicadas, pois não deseja absolutamente afrontar o governo italiano, que acaba de proclamar sua neutralidade. A tropa de Garibaldi é, no entanto, criada em 4 de novembro 1914. Para agradar ao vizinho transalpino, ela usa o uniforme francês. Com o nome de 4º Regimento de Marcha da Legião Estrangeira, os garibaldinos são enviados ao *front* da região da Argonne em dezembro de 1914,[38] onde enfrentam um inimigo poderosamente armado que os espera no planalto de Bolante. Com a túnica verde desabotoada, deixam entrever suas camisas vermelhas e atacam aos brados de "Viva a Itália, viva a França!". Em 5 de janeiro, os voluntários italianos conseguem atravessar a linha inimiga ao preço de grandes perdas: "Apesar da forte resistência, a primeira trincheira foi rapidamente conquistada e, animados com essa vitória, os garibaldinos [...] lançaram-se então sobre a segunda praça-forte [...]. A luta foi formidável, feroz, e os dois campos combateram com a mesma coragem e a mesma obstinação, sem gritos, sem tiros, só com o barulho das baionetas que se cruzaram furiosamente."[39]

Três dias mais tarde, eles atacam uma brigada alemã a ponto de cercar um regimento francês de Infantaria. Em algumas semanas, os garibaldinos perdem um terço dos efetivos. Em 26 de dezembro, Bruno e Costante Garibaldi perdem a vida no campo de batalha. Bruno, "ferido no braço ao conduzir sua seção no assalto às trincheiras alemãs, voltou sem receber nenhum atendimento e caiu heroicamente em meio aos voluntários italianos"; seu irmão, Costante, morre "liderando gloriosamente a seção que ele conduzia [...] com um desprezo absoluto pelo perigo, mostrando aos voluntários italianos que quem puxa aos seus não degenera".[40] Retirada do *front* em 8 de fevereiro de 1915, a legião é aclamada em Bar-sur-Aube. Finalmente, em março termina a curta experiência da legião garibaldina e as aventuras estrangeiras do *condottiere* republicano, depois de a saga dos Garibaldi ilustrar a continuidade entre os mercenários do século XIX e o engajamento ideológico do início do XX.

Notas

[1] H. von Borcke, *Memoirs of the Confederate War for Independence*, Philadelphia, J.B. Lippincott, 1867, 2v.
[2] Idem, vol. I, p. 18
[3] Idem, vol. I, p. 420.
[4] Ver J. Reclus, *La Révolte des Taiping*, Paris, L'Insomniaque, 2008.
[5] J. D. Spence, *God's Chinese Son: The Taiping Heavenly Kingdom of Hong Xiuquan*, London-New York, W.W. Norton et Company, 1996.
[6] Por iniciativa da Grã-Bretanha, que começou contra a China as Guerras do Ópio, a campanha da China culminou na destruição do Palácio de Verão e na abertura do país ao comércio europeu em outubro de 1860 (ver Collectif, *Les Campagnes militaires du Second Empire*, Paris, Bernard Giovanangeli Éditeur, 2020, 158 p.).
[7] Apud C. Carr, *Le Diable blanc*, Paris, Presses de la Cité, 1999, 388 p. (texto romanceado).
[8] E. Forrester, *Personal Recollections of the Tai-Ping Rebellion*, New York, Cosmopolitan, 1986, vol. 21.
[9] C. Carr, *Le Diable blanc*, op. cit.
[10] Ele serve de título à biografia de N. Barley, *Un rajah blanc à Bornéo*, Paris, Payot et Rivages, 2009, 313 p.
[11] J. Brooke, *The Private Letters of Sir James Brooke, Rajah of Sarawak Narrating the Events of his Life from 1838 to the Present Time*, London, Richard Bentley, 1853, 3v.
[12] Apud N. Barley, *Un rajah blanc à Bornéo*, op. cit., p. 77.
[13] Idem, p. 113.
[14] Apud K. Raj Singh Rathaur, *The Gurkhas: a history of the Recruitment in the British Indian Army*, Jaipur, Nirala Publications, 1995, 124 p.
[15] T. Rémusat, *Les Gurkhas: plutôt morts que lâches*, Chaumont, Éditions Crépin-Leblond, 2003, 208 p.
[16] J. Frémeaux, *De quoi fut fait l'Empire: les guerres coloniales au XIXe siècle*, Paris, CNRS Éditions, 2010, 576 p.

Na estrada rumo à aventura

[17] A. P. Comor, *La Légion étrangère*, Paris, PUF, 1992, 127 p.
[18] W. Bruyère-Ostells, Mercenaire, em A. P. Comor, *Dictionnaire de la Légion étrangère*, Paris, Robert Laffont, coletânea Bouquins, no prelo.
[19] F. X. Sidos, *Les Soldats libres, la grande aventure des mercenaires*, Paris, L'Aencre, 2002, 350 p.
[20] Esse legionário teve um certo sucesso no final do século XIX como poeta.
[21] Capitaine de Borelli, À mes hommes qui sont morts, apud Chapleau, *Les Mercenaires de l'Antiquité à nos jours*, Rennes, Ouest France, 2006, 127 p.
[22] D. Porch, *La Légion étrangère 1831-1962*, Paris, Fayard, 1994, 844 p.
[23] Idem, p. 84.
[24] Relato do cabo Louis Maine, apud L. Louis-Lande, La Hacienda de Camerone, em *Revue des Deux Mondes*, 15 jul. 1878.
[25] Idem.
[26] P. Montagnon, *Légionnaires d'hier et d'aujourd'hui*, Paris, Pygmalion, 2006, 332 p.
[27] J.-G. Pelletier, *L'Opinion française et la guerre des Boers (1899-1902)*, tese de doutorado, Université Paris X, 1972.
[28] Ver o capítulo que B. Lugan dedica aos diferentes corpos estrangeiros em sua obra *La Guerre des Boers (1899-1902)*, Paris, Perrin, 1998, 364 p.
[29] Maximov Evgeni, que serve na Legião Estrangeira sob o comando de Villebois-Mareuil e depois lidera o corpo holandês.
[30] B. Lugan é o maior especialista em Villebois-Mareuil e nos voluntários da África do Sul. Ver principalmente *Huguenots et français: ils ont fait l'Afrique du Sud*, Paris, La Table Ronde, 1988, 296 p.
[31] Os *carnets de campagne* de G. Villebois-Mareuil foram publicados em Paris em 1902. Aqui utilizamos uma nova edição anotada por B. Lugan e publicada com o título de *Le La Fayette de l'Afrique du Sud: colonel de Villebois-Mareuil*, Paris, Éditions du Rocher, 1990, 326 p.
[32] Idem, p. 157.
[33] Idem, p. 323.
[34] G. Félix, *Le Colonel de Villebois-Mareuil et la guerre sud-africaine*, Tours, 1902. Essa passagem de seu relato foi publicada em *Le Petit Journal* de 29 de abril de 1900.
[35] Os *carnets de guerre* de Kersauzon foram publicados por B. Lugan para a revista da associação *L'Afrique Réelle*.
[36] Marabini C., *Dietro la chimera garibaldina, diario di un volontario alla guerra greco-turca del 1912*, Roma, Casa Editrice Sacchi e Ribaldi, 1914, p. 42.
[37] Ressalte-se que o último veterano francês da Primeira Guerra, Lazare Ponticelli [1897-2008], imigrante italiano, era um deles.
[38] H. Heyriès, *Les Garibaldiens de 14. Splendeurs et misères des Chemises Rouges en France de la Grande Guerre à la Seconde Guerre mondiale*, Nice, Serre Éditeur, 2005, 670 p.
[39] R. Garibaldi, *Memorie eroiche di Ricciotti Garibaldi*, Milano, Fratelli Treves Editori, 1915, 204 p.
[40] Apud H. Heyriès, Le volontaire garibaldien en France d'une guerre à l'autre, em *Le Soldat volontaire...*, Montpellier, Presses Universitaires de la Méditerranée, 2007, 484 p., p. 197.

O mundo como campo de batalha

A partir de 1815, as guerras europeias vão-se espaçando e não inflamam mais todo o continente. Os grandes combates nacionais, da Grécia à América Latina, terminam igualmente em meados do século XIX. As gazetas europeias relatam essas guerras de emancipação que revelaram à opinião pública europeia os grandes voluntários, como Fabvier ou Garibaldi. O fim desses conflitos reforça a impressão de que a guerra nacional, apoiada em um exército de cidadãos, triunfou segundo os princípios da Revolução Francesa. Na verdade, a atividade mercenária continua, mas desloca-se para mundos mais distantes, para as colônias em construção.

Urgente: colônias procuram soldados

Os impérios coloniais em construção nem sempre são prioridade para os Estados europeus. Na maior parte do tempo, esses impérios se constroem a partir de iniciativas privadas, como a Companhia das Índias Orientais, uma empresa comercial que apela para o recrutamento de soldados da fortuna locais, como os gurkhas na Índia. Mas o modelo mais surpreendente é, sem dúvida, o de Portugal. Na África, o pequeno Estado europeu apodera-se da Guiné (atualmente denominada Bissau), de Angola e da Zambézia (atuais norte de Moçambique e nordeste do Zimbábue). Potência muito enfraquecida desde a invasão napoleônica entre 1807 e 1811, Portugal perdeu sua joia colonial, o Brasil, em 1822, e está às voltas com guerras civis recorrentes. Consequência dessa situação e dos problemas financeiros que ela provoca, o Exército colonial está subequipado. Seus quadros são chamados pejorativamente de "oficiais da mandioca".[1]

A maioria dos soldados que possibilita a dominação portuguesa[2] pertence, portanto, aos exércitos privados dos grandes concessionários. Assim, nos confins da Zambézia oriental, ao lado das terras suaílis, os senhores Alves da Silva possuem uma grande propriedade, o *prazo* de Majanta da Costa, e defendem-se de seu poderoso vizinho, Mussa Quanto. Enriquecido pelo tráfico negreiro, esse sultão suaíli é conhecido como "Napoleão de Angoche". Ele trava uma guerra santa, o *jihad*, contra os portugueses e, para enfrentá-lo, os irmãos Alves da Silva recrutam um exército de vários milhares de combatentes, regularmente treinados e pagos por eles. Muitos são caçadores zambezianos, mas seu chefe, Matheus, é afro-indiano. Durante os combates decisivos, João Bonifácio Alves da Silva assume pessoalmente o comando de seus milicianos. Em 1º de setembro de 1861, ele ataca a cidade de Angoche. Para se defender, Mussa Quanto conta com 6 a 10 mil guerreiros macuas e suaílis, mas, no dia 27, Angoche cai nas mãos dos Alves da Silva. Logo a metrópole nomeia João Bonifácio coronel da 2º de Linha e governador de Angoche. Resultado de uma guerra privada, a anexação de Angoche é oficializada pelo Estado português.

Alguns anos mais tarde, um outro senhor, Manuel Antonio de Sousa, ganha renome ao fundar uma grande concessão em Moçambique, no Monte Gorongosa, em detrimento dos grupos ngúnis. Nascido em Goa, em 1835, Antonio de Sousa recruta cada vez mais soldados e, com mais de cinco mil mercenários e seiscentos caçadores de elefantes, torna-se o homem forte da Zambézia até 1890. Aliás, a administração portuguesa não hesita em recorrer a seus serviços, como em 1882-1884, para reprimir a revolta de Massingire. Em pouco tempo, sua concessão alcança 80 mil quilômetros quadrados contínuos! O homem transforma-se numa lenda com seus rituais: um grande tambor de pedra sempre o acompanha em combate e, após cada vitória, degola um prisioneiro com seu instrumento. Depois de uma grande campanha em 1887, Antonio de Sousa é recebido e condecorado pelo rei em Lisboa; toda a capital lusitana festeja o grande herói da colonização portuguesa.

Feito prisioneiro por outro exército privado, o da British South Africa Company, e mantido aprisionado no Cabo, Antonio de Sousa não consegue retomar suas terras. No início do ano de 1892, abandonado por seus mercenários, ele é morto. Sua morte marca o recuo da influência portuguesa no sul da Zambézia em proveito dos interesses britânicos. Pode-se, assim, avaliar a que ponto as aventuras dos proprietários de terras mercenários e a reconstrução da potência colonial portuguesa estão completamente imbricadas.

Marginalização da África: qual a responsabilidade dos mercenários?

Desfeito por soldados da fortuna a serviço dos concessionários britânicos do Cabo, o percurso de Antonio de Sousa ilustra igualmente a intensidade das concorrências coloniais, mas encarna sobretudo a dominação de pequenos grupos de empresários fundiários, industriais e militares nessa luta entre potências europeias. Na verdade, esse punhado de colonos europeus vai "produzir subdesenvolvimento"[3] na África, aumentando cada vez mais a distância entre o continente negro e a Europa. Alguns autores não hesitam em considerar os senhores portugueses os principais responsáveis da marginalização atual da África na globalização. Em todo caso, é inegável que esses mercenários dos impérios coloniais tiveram um grande peso no destino mundial, apesar do profundo anonimato em que se encontram hoje em dia.

De fato, a África passa a ser, no final do século XIX, o primeiro destino dos mercenários ocidentais. São encontrados em todos os impérios em construção no continente, como os ingleses da British South Africa Company. Começa a longa história dos soldados da fortuna na África. Na primeira metade do século XX, o desenvolvimento rápido da administração colonial tende a eclipsar os mercenários, em proveito do exército regular.

Mas eles ressurgirão com força no período da descolonização e retomarão seu papel de primeiro plano na "produção de subdesenvolvimento" no continente, entregue aos apetites econômicos exógenos e às guerras.

A partir do século XIX, a África reúne todos os ingredientes para permitir a expansão dos mercenários. Por muito tempo *terra incognita*, o interior africano vai sendo explorado. Ora, os primeiros europeus que a percorrem descobrem uma terra cheia de promessas: riquezas do subsolo e produtos agrícolas que não podem ser cultivados no Velho Continente. As ambições aguçam-se e os conflitos multiplicam-se rapidamente, oferecendo mercado de trabalho aos mercenários. Deste modo, a descoberta de diamantes no Transvaal, em 1867, e de grandes minas de ouro vinte anos mais tarde explica o interesse cada vez maior dos britânicos do Cabo. Também não estão ausentes as motivações políticas. Embora se conheça bem a importância do nacionalismo na França após o fracasso francês em Fachoda,* frequentemente se esquece que a constituição do Segundo Império português é um meio de adular o orgulho nacional, humilhado desde o século XVIII por um lento mas inexorável declínio. Em sua busca de colônias, também a Alemanha se alimenta de pangermanismo e sonha em suplantar a Grã-Bretanha nos mares do globo.

A hora da globalização

Independentemente do caso africano, os teatros de operações oferecidos aos mercenários estão, inicialmente, ligados às transformações europeias, sobretudo à emigração em massa do Velho Continente para o restante do mundo. Entre 1850 e 1914, são cerca de cinquenta milhões de europeus que deixam a terra natal para tentar a aventura em terras distantes.[4] Finalmente, a multiplicidade dos destinos dos mercenários apenas traduz essa vasta transferência de população da Europa para o restante do mundo durante a segunda globalização.[5] A exemplo de Brooke, de Frederick T. Ward ou dos senhores portugueses da África, a corrida às colônias e a divisão do

---

* N. T.: A cidade de Fachoda, situada na interseção de ferrovias construídas pela França e Grã-Bretanha para ligar suas colônias africanas, entre 1898 e 1899, originou um confronto entre as duas potências.

mundo entre as potências europeias acabam encorajando os ambiciosos a escolher o caminho da atividade mercenária. Lembremos que, de 1876 a 1914, cerca de um quarto da superfície do globo é dividida em colônias entre meia-dúzia de Estados. Em parte graças aos "rajás brancos" e aos seus gurkhas, a Grã-Bretanha cresce dez milhões de quilômetros.[6] No decorrer desse processo, a África é a principal vítima do apetite europeu, mas a Ásia e a Oceania também são amplamente submetidas ao Velho Continente.

Nessa nova fase de aceleração da globalização, deve-se levar em conta a vontade dos europeus e também seu poder econômico, propiciado pela Era Industrial. Ora, esse fenômeno é igualmente acompanhado do desenvolvimento dos transportes e dos meios de comunicação. A presença dos soldados da fortuna em todo o planeta explica-se pela maior facilidade dos deslocamentos. A partir de meados do século XIX, o desenvolvimento da navegação a vapor facilita as viagens transoceânicas e também abre o caminho para o Sudeste asiático e para a Oceania. Enquanto a vela é essencial nos primeiros barcos a vapor, ela não passa de auxiliar da máquina a partir dos anos 1870. Pouco a pouco, inúmeros barcos movem-se à hélice. Em 1840, o Britannia alcança uma velocidade de 16 km/h. Em 1908, o navio mercante Mauretania alcança 47 km/h. Por outro lado, a abertura de canais nos principais istmos (Suez, em 1869, e Panamá, em 1914) reduz as rotas marítimas para os destinos mais distantes. Os progressos dos meios de comunicação aceleram, assim, a velocidade de circulação das informações e das ideias. Como imaginar que, menos de um mês após a guerra provocada pela resistência de fazendeiros dos confins da África Austral à poderosa Grã-Bretanha, um coronel francês pudesse desembarcar em Moçambique para lhes oferecer seus serviços?

Por fim, o avanço tecnológico da Europa industrializada explica a feição favorável assumida pelas aventuras de Frederick T. Ward ou de James Brooke. Ambos apoiam-se no poder de fogo de que dispõem. Esse *savoir-faire* militar é possível graças ao equipamento dos exércitos ocidentais contra o qual tropas não europeias (ou norte-americanas) não podem resistir. Assim, Ward manda vir dos Estados Unidos caixas do revolver Colt, criado em 1851 pelo inventor de mesmo nome e que se tornou mítico devido à sua superioridade sobre as armas equivalentes na época. O comandante do "Exército sempre vitorioso" equipa seus homens com fuzis de repetição, de carregamento pela culatra, também americanos.⁷ Em terra, percebe-se claramente o papel do armamento moderno utilizado por Ward na tomada de Song-chiang, em 1860. Seu biógrafo conta o assalto: "Enquanto as peças de 6 e 12 arrancavam fragmentos de tectona e de ferro da porta, os infantes de Ward lançaram escadas por cima do fosso e se atiraram sob a abóboda [...]. Carregando vinte sacos de cinquenta libras de pólvora, seus homens partiram novamente na direção da porta leste. Coberto pelos outros filipinos, cujo treinamento com os fuzis Sharp dava agora seus frutos, o pequeno destacamento acendeu o pavio..."⁸

Por outro lado, aquele que se tornou mercenário na China alistara-se anteriormente no Exército francês, envolvido com a Guerra da Crimeia. Lá ele descobriu os grandes progressos da Engenharia e das Marinhas de guerra ocidentais, e os introduziu na China. De fato, a campanha da Crimeia foi marcada pela utilização em combate de imensos navios capazes de desenvolver até novecentos cavalos-vapor e equipados de noventa canhões. A partir desse conhecimento, Ward fará seus primeiros confrontos em uma canhoneira e dotará sua tropa de recursos marítimos modernos. De resto, o triunfo do "Exército sempre vitorioso" na China é concomitante à campanha militar franco-inglesa conduzida no mesmo tipo de navios e que culmina na tomada de Pequim. Além disso, essa superioridade técnica europeia na área da propulsão a vapor ou da artilharia pesada tem por consequência o surgimento de conselheiros militares europeus (ou americanos) no resto do mundo. Por trás dessas funções estarão os mercenários no século XIX e mais ainda no século XX.

Um dos primeiríssimos exemplos encontra-se no Japão da Era Meiji. De fato, Estado ainda feudal na metade do século XIX, o Japão transforma-se rapidamente em país desenvolvido graças à sua abertura ao mundo ocidental. O Império do Sol Nascente apropria-se das técnicas mais modernas e chama conselheiros para adaptar-se militarmente. Um deles, Jules Brunet, não é, *stricto sensu*, um mercenário.⁹ Seu percurso, no entanto, esclarece muito bem a ligação estreita entre a função de conselheiro e a ocupação de soldado da fortuna. Capitão do exército de Napoleão III, Brunet faz parte de uma missão francesa enviada em 1867 ao último xogum do Japão, Tokugawa Toshinobu, para modernizar as armas nipônicas – há séculos, o xogum exerce o poder civil e militar em nome do imperador.

Entretanto, o jovem soberano Mitsuhito deseja recuperar seu poder integral. Conduzindo ele próprio a entrada de seu país na Era Contemporânea, ganha o nome de Meiji e afasta o xogum e seu exército com o apoio das potências ocidentais; entre elas, está a França. Todavia, Brunet envolve-se realmente em sua missão junto ao xogum; com alguns oficiais franceses, recusa-se a abandonar os artilheiros que ele formara. Deserta e passa a servir Taekeki Enamoto, almirante fiel ao xogum vencido, que funda uma República separatista na ilha de Hokkaido, no norte do arquipélago nipônico. Agora pago por Enamoto, Brunet é nomeado vice-comandante das forças militares do novo Estado. Os oitocentos soldados desse exército ficam sob as ordens dos ex-conselheiros militares franceses que permaneceram com Brunet. Porém, em 30 de junho de 1868, o desembarque de oito mil homens restabelece a autoridade do imperador Meiji sobre Hokkaido. Apesar de dominarem a artilharia moderna, os soldados da fortuna franceses são impotentes e logo se rendem. Em seguida, devem voltar à França, onde irão a corte marcial. Mas seu fracasso não significa o fim dos conselheiros militares encarregados de modernizar as forças japonesas, pois os prussianos substituem os franceses nessa função.

Soldados da fortuna voluntários e mercenários aventureiros

A entrada do mundo europeu na Era Industrial significa também um avanço tecnológico em todo o espaço atlântico. O geógrafo Christian Grataloup propôs, desse modo, uma releitura da globalização.[10] Enquanto a maioria de seus colegas vê três polos – América do Norte, Europa e Ásia Oriental (principalmente Japão e litoral chinês) – dominando o mundo globalizado atual, Grataloup prefere mostrar que o processo geo-histórico de globalização opõe, na realidade, apenas dois polos: "Um conjunto atlântico e um polo da Ásia Oriental." De fato, os Estados Unidos já são a segunda ou terceira potência mundial no início do século XX, e o percurso de Frederick T. Ward lembra que o Velho e o Novo Mundo devem ser vistos como um conjunto cultural no século XIX. O mercenário americano corresponde ao arquétipo do inglês James Brooke ou dos senhores portugueses.

Assim, na segunda metade do século XIX, coexistem dois tipos distintos de mercenários. Originada pelas transformações militares suscitadas pela Revolução Francesa, a atividade mercenária "voluntária" perpetua-se. Servindo em uma legião estrangeira por uma causa à qual adere plenamente, o mercenário age sobretudo no espaço atlântico, no qual a Revolução Francesa repercute e tem grandes consequências. Os voluntários europeus que participam da Guerra de Secessão inserem-se na continuidade dessas revoluções atlânticas que começaram com Washington e La Fayette. As últimas linhas da obra na qual Heros von Borcke evoca seu alistamento têm um tom épico: "Cada um de nós sempre poderá falar com orgulho do tempo em que era soldado do exército da Virgínia do Norte. Eu mesmo hoje sou inválido. A bala que atravessou meus pulmões provoca sofrimentos frequentes e acabou com minha saúde robusta, mas cada crise de dor me lembra o passado [...], a época em que eu combatia ao lado desses bravos homens, e eu me regozijarei para sempre por ter posto minha espada a serviço dessas pessoas tão valorosas da antiga Confederação."[11] É verdade que o espírito sulista podia perfeitamente ser compreendido pelo nobre prussiano que Brooke era. Os confederados gozam da imagem romântica de cavalheiros de uma civilização em vias de desaparecimento diante de um mundo moderno industrializado que, ao contrário, a União encarna. Também os Garibaldi ilustram esse primeiro grupo de mercenários, que seguiu os passos dos predecessores da primeira metade do século. A justificativa de suas atividades pelo envolvimento ideológico traduz o enraizamento nesse espaço atlântico (apesar da tradição britânica) dos Exércitos nacionais, formados por soldados-cidadãos. No entanto, ao mesmo tempo, surge uma nova figura, o mercenário aventureiro.

Esse novo arquétipo é com frequência malvisto, ao menos em um primeiro momento, pelas autoridades do mundo atlântico de onde ele veio. James Brooke precisa esperar vários anos, apesar de suas demandas incessantes, para ver reconhecido seu título de rajá de Sarawak pelos britânicos. Na China, Ward choca-se, em sua aventura, com a hostilidade das comunidades ocidentais; aliás, a imprensa reproduz a condenação unânime do caminho escolhido pelo americano: "A melhor notícia que temos para dar a nossos leitores é a derrota de Ward e de seus homens para Chin-pou. O célebre comandante foi levado a Xangai, não morto, como se esperava, mas gravemente ferido [...]. Ainda que seja espantoso que se deixem impunes seus crimes, nada indica por enquanto que serão tomadas medidas contra ele."¹² No final de 1860, os ingleses e os franceses presentes em Xangai pedem a prisão do mercenário Ward, culpado por não ter respeitado a neutralidade dos países ocidentais na guerra civil chinesa. Ward afirma ter renunciado à nacionalidade americana e diz considerar-se súdito do imperador da China; assim mesmo, é preso, mas escapa para reencontrar suas tropas. O olhar crítico dos governantes ocidentais sobre esses novos mercenários explica a nítida diferenciação dos espaços. Somente os "voluntários" são bem-vistos no mundo atlântico. A ambição pessoal de construir o próprio destino e o pragmatismo das potências colonizadoras abrem novas perspectivas no espaço virgem a ser explorado na segunda globalização, única parte do mundo permitida aos mercenários aventureiros.

Um novo gosto pelo exotismo

Na realidade, essa nova fase da história do mundo modifica as mentalidades. A própria ideia de aventura adquire novo sentido ou recobre novas práticas. Como todos os jovens prussianos de sua geração, Borcke é embalado pela leitura dos relatos de viagem de Alexandre de Humboldt no continente americano. Os mercenários do século XIX adotam os gostos de sua época e trilham o mundo armados, mas não apenas. Antes de ir para a África do Sul, Villebois-Mareuil percorreu a Ásia na Marinha, combateu na Cochinchina e na Tunísia. Também foi comandante na Argélia. Riccioti Garibaldi tentou fazer fortuna como pioneiro na Austrália. Seu filho, Peppino, participou de uma expedição científica no rio Zambeze, seguiu os passos do pai na Austrália e participou dos trabalhos de abertura do canal do Panamá. Também construiu uma ferrovia e explorou uma mina de ouro no México.¹³ Como ele, Ward teve várias vidas, em vários continentes. Em suma, esses homens parecem ter explorado os diversos caminhos pelos quais os aventureiros de sua época podem amealhar fortunas rápidas.

A partir de meados do século XIX, o aventureiro passa a ser a nova figura emblemática do heroísmo,¹⁴ como ilustram os protagonistas das *Viagens extraordinárias*. Júlio Verne mostra-os sempre em regiões ainda inexploradas, nos "brancos" do mapa, que o imaginário europeu pode desenhar e redesenhar como quiser. Nesses países exóticos, onde os povos são forçosamente selvagens, o homem branco pode criar para si um destino extraordinário, tornar-se um herói, até rei. Nesse sentido, James Brooke constitui um arquétipo. Ele descreve assim suas motivações em uma carta de adeus de 1839, antes de singrar rumo às Índias holandesas: "Se eu pudesse levar meu barco aonde o casco de nenhum navio europeu jamais navegou, se eu pudesse colocar meu pé onde nenhum pé de homem branco jamais pisou, se eu pudesse admirar paisagens que olhos civilizados jamais contemplaram, ver o homem em seu estado mais primitivo, então eu ficaria satisfeito e não buscaria grandes recompensas [...]. Isso decorre às vezes de ações meritórias ou de corajosas empreitadas, mas é, na melhor das hipóteses, consequência, e não o objetivo principal."[15] Não há como expressar melhor o que sente o mercenário dessa segunda metade do século XIX: ele valoriza mais seu desejo de aventura do que sua sede de fortuna e de glória!

E os europeus logo se sentem nostálgicos diante do suposto desaparecimento do espaço que, precisamente, parece autorizar a aventura. Esta lhes parece próxima, já que os exploradores, os mercenários e, de modo mais geral, os construtores dos impérios coloniais preenchem em grande velocidade as *terrae incognitae* dos mapas do mundo. Assim, esses homens representam a última geração de heróis. Esse destino extraordinário sublima a "mística da aventura"[16] que anima principalmente os mercenários dos anos 1830 a 1914 e que se caracteriza pela atribuição de várias virtudes à aventura.

As virtudes da aventura

A primeira delas é a autorrealização. Talvez seja Frederick T. Ward quem encarne melhor as hesitações desses homens antes de se realizarem como mercenários. Adolescente rebelde, seu pai obriga-o a embarcar no navio de um amigo. O jovem Frederick descobre então os mares do mundo inteiro e desembarca nas costas chinesas. Mas ele prefere ficar com os bucaneiros que grassam no Caribe. Logo cansado dessas aventuras, o americano junta-se ao Exército francês e participa da terrível campanha da Crimeia, no decorrer da qual ele adquire, como já dissemos, uma assombrosa experiência de combate e compreende a importância das novas armas de fogo. Finalmente, essa vocação militar parece convir ao jovem rebelde. Sua independência e o gosto pela aventura explicam como acabou se tornando mercenário na China. Lá ele parece, enfim, desabrochar, a ponto de mudar (pela primeira vez) de nacionalidade, de casar com uma chinesa e se tornar uma figura ilustre. Um relatório do governador de Kiang-Sou ao imperador explica o estabelecimento de Ward na sociedade chinesa: "Ward manifestou por escrito seu desejo de tornar-se súdito do Império e de vestir o costume chinês [...]. Pela presente, solicito ao trono conceder a Ward o botão [de mandarim] de quarta classe."[17] Em resposta, ele é efetivamente alçado à qualidade de mandarim.

Desde sempre, a atividade mercenária oferece àquele que escolhe esse caminho a sensação de viver plenamente a vida, a impressão de poder transformar a vida em destino. Porém, a segunda metade do século XIX marca o começo de uma época em que, mais do que nunca, surge no espírito dos europeus o desejo de "aproximar-se desse instante da morte, enquanto ela mesma é evitada".[18] A percepção desse destino, que pode ser funesta, o *fatum* dos antigos, não responde mais a uma vontade superior, à mão divina que empurra o aventureiro, mas a uma busca pessoal, ao próprio desejo de sentir essa emoção forte. "Para alguém com meu temperamento e minha maneira de pensar, não há nada que torne desejável uma vida longa, e farei com prazer qualquer coisa que convenha a meu modo de vida selvagem e a meu amor ardente pela liberdade pessoal, levado a um grau extremo", afirma James Brooke antes de partir para Bornéu.

Fervores ideológicos renovados

Tudo isso concorre, por fim, a forjar uma "ideologia da aventura"[19] inteiramente voltada para a afirmação do indivíduo contra o "horror do rebanho".[20] A "ideologia da aventura" rejeita os valores burgueses dominantes, como o casamento. Os aventureiros sempre se destacam; constituem, assim, uma elite, "aquela dos ousados". Quando toma conhecimento de que uma guerra estourou na África do Sul, Villebois-Mareuil não hesita em se alistar juntos aos bôeres: "Não sei bem que tipo de ajuda poderei dar a esse pequeno povo, mas pelo menos terei a alegria de servir ao meu país de modo útil, atacando os ingleses."[21]

Para ele, a Guerra dos Bôeres é uma oportunidade para vingar a humilhação de Fachoda. Assim, Villebois-Mareuil é promovido a "La Fayette da África do Sul" na França nacionalista e ainda muito anglofóbica da *Belle Époque*: "Ele partiu para incluir o nome de ao menos um soldado francês numa dessas guerras em que registrávamos outrora nomes de vitória, escreve Maurice Barrès, sua própria morte serviu a seu nobre cálculo."[22] Villebois-Mareuil não é uma figura isolada. Em torno do ex-coronel, a direita nacionalista francesa está mobilizada. Os diferentes comitês favoráveis ao envio de voluntários e dinheiro aos bôeres compreendem mais de cem parlamentares e os grandes intelectuais antiDreyfus, como Édouard Drumond, François Coppée ou o acadêmico Jules Lemaître.

Nessa renovação do fervor ideológico, Garibaldi representa para as novas gerações um modelo a ser seguido. Frederick Ward afirmará ter encontrado o grande revolucionário na América do Sul em sua juventude.[23] A continuidade do clã Garibaldi nas duas gerações seguintes nessas atividades faz do garibaldismo um exemplo exaltado na Itália e no resto da Europa. Desse modo, o mito familiar é alimentado pela imprensa dos dois lados dos Alpes. Os netos do Herói dos Dois Mundos, mortos no *front* em 1915, tornam-se heróis para o *Corriere delle Sera*, na Itália, ou para o *Le Petit Parisien*, na França. Os funerais oficiais de Bruno originam, inclusive, uma vasta campanha na imprensa em favor da entrada da Itália na guerra. Ao que parece, o engajamento desses soldados da fortuna pesa, mais do que nunca, na diplomacia dos Estados envolvidos.

Notas

[1] Ver P. Chapleau, *Les Mercenaires de l'Antiquité à nos jours*, op. cit., p. 59.
[2] Ver o interessantíssimo estudo de R. Pélissier, *Les Campagnes coloniales du Portugal 1844-1941*, Paris, Pygmalion, 2004, 344 p.
[3] C. Grataloup, *Géohistoire de la mondialisation*, Paris, Armand Colin, 2007, 255 p.
[4] R. Benichi, *Histoire de la mondialisation*, Paris, Vuibert, 2008, 375 p.
[5] Classicamente, considera-se a Época Moderna – nascida das Grandes Descobertas e durante a qual se construíram os impérios coloniais (principalmente espanhol e português) – como o primeiro tempo da globalização.
[6] R. Benichi, *Histoire de la mondialisation*, op. cit.

O mundo como campo de batalha

[7] C. Carr, *Le Diable blanc*, op. cit.
[8] Idem, p. 136.
[9] Jules Brunet, nascido em 1838, inspirou o personagem do *Último Samurai*, interpretado por Tom Cruise, em 2003.
[10] C. Grataloup, *Géohistoire de la mondialisation*, op. cit.
[11] H. von Borcke, *Memoirs of the Confederate War of independence*, op. cit., p. 437-438.
[12] Extraído de *North China Herald*, de 4 de agosto de 1860.
[13] H. Heyriès, *Les Garibaldiens*, op. cit., p. 54.
[14] Como mostrou S. Venayre em seus trabalhos, particularmente em *La Gloire de l'aventure. Genèse d'une mystique moderne. 1850-1940*, Paris, Aubier, coletânea Historique, 2002, 350 p.
[15] Apud N. Barley, *Un rajah blanc à Bornéo*, op. cit., p. 47.
[16] Conceito desenvolvido por S. Venayre, *La Gloire de l'aventure*, op. cit.
[17] C. Carr, *Le Diable blanc*, op. cit., p. 239.
[18] S. Venayre, *La Gloire de l'aventure*, op. cit., p. 219.
[19] Outro conceito desenvolvido por S. Venayre.
[20] S. Venayre, *La Gloire de l'aventure*, op. cit., p. 248.
[21] Idem, p. 262.
[22] Apud B. Lugan, *Ces Français qui ont fait l'Afrique du Sud*, Paris, Bartillat, 1996, 430 p.
[23] C. Carr, *Le Diable blanc*, op. cit., p. 70.

A ideologia a tiracolo

Como ilustra o envolvimento dos Garibaldi, o primeiro conflito mundial marca a entrada em uma nova era, em que não é preciso correr o mundo para viver grandes aventuras militares e servir armado aos ideais pessoais. O retorno de guerras de grande envergadura na Europa, fenômeno esquecido desde a época revolucionária e imperial, é um fato maior da história da primeira metade do século XX. A guerra total, em seu apogeu nesse período, intensifica os parâmetros psicológicos dos conflitos. Por essa razão, os apelos aos alistamentos são cada vez mais prementes e os meios de mobilizar os espíritos, mais aperfeiçoados e sistematizados. O voluntariado defendido outrora por Byron ou por Garibaldi alcança seu ápice nesse momento. Mais do que nunca, o recrutamento de soldados irregulares, de "legionários", apoia-se aparentemente em motivações ideológicas, levadas a tiracolo.

O apelo de Blaise Cendrars

Quando a Primeira Guerra é declarada, as manifestações de apoio de personalidades estrangeiras que vivem na França são numerosas. São criados cerca de trinta comitês nacionais. A maioria, como os gregos ou sírios, lança um apelo ao alistamento no Exército francês. Como se observou desde a primeira metade do século XIX, a mobilização atravessa o oceano e alcança toda a zona atlântica. Vindos da Argentina, da Venezuela, do Brasil ou do México, voluntários americanos entram na Legião Estrangeira.[1] Muitas vezes, esses homens ouviram o apelo mais divulgado, o do escritor suíço Blaise Cendrars. Coassinado por Riccioto Canuto e por uma dezena de intelectuais europeus, o texto convida os residentes estrangeiros na França a se alistarem. O afluxo de estrangeiros desejosos de entrar para as tropas francesas é maciço e pega as autoridades de surpresa; são incorporados na Legião Estrangeira graças a uma disposição tomada pela imperatriz Eugênia durante a Guerra de 1870.[2] Cerca de 30 mil homens responderam ao apelo de Blaise Cendrars só no ano de 1914.[3]

O próprio escritor suíço dá o exemplo e alista-se no 3º Regimento de Marcha da Legião Estrangeira.[4] Já em novembro de 1914, Blaise Cendrars vai para o *front* do departamento da Somme. Figura carismática, ele assume o comando de um pequeno corpo franco, apesar de ser apenas um soldado de primeira classe. No Natal, atravessa as linhas com seus homens para deixar um gramofone no terreno inimigo. Quando este começa a tocar o hino francês, *A Marselhesa*, os alemães aproximam-se do aparelho, que explode. Em uma nova expedição, atrás das linhas alemãs, nos pântanos da Somme, apodera-se de planos de estado-maior. Considera-se condecorá-lo com a Legião de Honra. Quando sua unidade retira-se do *front* e repousa no parque do castelo de Tilloloy, Blaise Cendrars vê um braço cair do céu nessa zona não sobrevoada e longe dos combates. Apesar de buscas ativas, não se encontra nenhuma explicação para esse incidente, que lhe inspira o título de um conto, "La Main coupée" [A mão decepada]. Gravemente ferido em setembro de 1915, tem o braço direito amputado. De volta aos meios literários e artísticos parisienses, ele sofre com a distância entre a leviandade fútil dessa vida mundana e a violência diária de seus ex-companheiros de armas e acaba por afastar-se. Por ter-se apresentado novamente como voluntário em 1939, receberá finalmente a Legião de Honra por seu envolvimento com a França.

A esquadrilha La Fayette

Dentre os inúmeros recrutados, jovens americanos que se encontram na França terão um destino particular. Enquanto os Estados Unidos forem oficialmente neutros no início da Guerra, esses voluntários não podem alistar-se em um exército estrangeiro sob pena de perder a cidadania americana.[5] Somente a Legião Estrangeira, na qual logo se alistam, pode oferecer-lhes o anonimato que lhes permita escapar às disposições legais do país de origem. Em janeiro de 1915, um deles, Norman Price, é designado a uma unidade de bombardeio. No Natal, esses jovens retornam aos Estados Unidos, onde a imprensa celebra a coragem desses valorosos voluntários. De volta à França, Price é recebido pelo secretário de Estado da Aeronáutica. O jovem americano defende com vigor a ideia de formar uma frota de pilotos unicamente americanos, para pressionar a opinião pública transatlântica, cada vez mais inclinada a unir-se aos Aliados no conflito.

Esses vanguardistas americanos propõem o nome de "esquadrilha La Fayette". O jovem marquês não se alistara ao lado dos insurgentes americanos na Guerra da Independência antes de convencer o rei da França a lhes enviar um exército de reforço? A proposta recebe o aval das autoridades francesas. Criada em abril de 1916, a nova esquadrilha N124 tem sua base em Luxeuil. É rapidamente apelidada de "esquadrilha americana", embora seu comando esteja a cargo do capitão francês Thénault. Após ter servido na Infantaria de montanha, este ex-aluno da Escola Militar de Saint-Cyr entrou na aviação em julho de 1913 e já comandou outras unidades aéreas desde o início da Guerra. Ele lembra-se da criação da esquadrilha La Fayette: "Esquadrilhas de *front* nas quais eles já serviam individualmente chegaram: Thaw, Price, Cowdin e das escolas Chapman, Rockwell e Mac-Connel. Com meu adjunto, o tenente de Laage de Meux, único francês além de mim, éramos portanto oito pilotos."[6] Equipados com aviões de caça Nieuport 11, eles são encarregados de proteger os bombardeiros ingleses,[7] pois esse tipo de avião dificilmente alcança 70 km/h: muito pesado, ele demora particularmente para decolar e é vulnerável aos ataques inimigos. Além disso, sua única defesa é a carabina Winchester do mecânico que fica atrás do piloto!

Quando a Batalha de Verdun está no auge, a esquadrilha La Fayette é enviada a Bar-le-Duc: "No dia 2 de maio, primeira saída no setor, a esquadrilha está completa para fazer o reconhecimento. A ordem era atacar ao meu sinal, mas me desobedeceram abertamente. Ao norte de Verdun, percebi do lado de Étain cerca de 12 grandes biplanos que progrediam à baixa altitude sobre as pradarias verdes [...]. Eu nunca soube quem desceu primeiro, mas todos seguiram e foi uma bela luta, até perto do telhado das casas, na rua, os soldados atiravam em nós com seus fuzis."[8] A esquadrilha tem 13 vitórias, mas perde 3 pilotos nesse período.[9] Depois de Verdun, os pilotos voltam para sua base em Luxeuil e reassumem a função de escolta dos bombardeiros.

Ao voltar de uma missão na Alemanha, Norman Price é abatido em pleno voo e morre alguns dias depois. Em outubro de 1916, a esquadrilha é enviada para a região da Somme para preparar a grande ofensiva da primavera de 1917. O capitão Thénault julga, então, que sua unidade deve ter uma insígnia distintiva, e uma cabeça de índio sioux será colocada na fuselagem de cada aparelho. Aliás, a unidade recebe alguns novos aviões, mais rápidos e mais equipados, os SPAD, que se beneficiam dos rápidos progressos da aviação militar. No campo adversário, os alemães elaboram uma nova tática de voo, o *flying circus*. Ao avistar o inimigo, os oito ou dez aviões Albatroz de uma esquadrilha alemã voam em círculo, um após o outro, como num circo, o que lhes possibilita proteção mútua da retaguarda.

No *front*, no setor de Chemin des Dames, os 27 pilotos da N124 fazem maravilhas novamente, e o general Pétain oferece-lhes a primeira citação. Segundo ele, a esquadrilha "travou incessantemente, sob o comando do capitão Thébault, que a formou, uma luta encarniçada contra nossos inimigos. [Ela] angariou a profunda admiração dos chefes que a comandaram e das esquadrilhas francesas que, combatendo a seu lado, tentaram igualá-la. Em combates muito difíceis e sofrendo graves perdas que, ao invés de enfraquecê-la, exaltavam seu moral, abateu 28 aviões inimigos homologados".[10]

Por fim, a entrada dos Estados Unidos na Guerra soa como o triunfo do alistamento dos pilotos da N124. No entanto, ela está destinada a desaparecer: muitos de seus pilotos entram para a aviação americana, que precisa de homens experientes. Em 18 de fevereiro de 1918, ela se torna a N123, sob comando americano. Enquanto o capitão Thénault, promovido a comandante, assume a Escola de Instrução Aérea de Pau, a esquadrilha passa para a autoridade de William Thaw, um dos três pioneiros da formação. "No Armistício, dos 267 americanos que se alistaram na aviação, havia 62 mortos – 51 em combate –, 19 feridos e 15 prisioneiros. O quadro oficial de vitórias foi de 199. Este é o balanço da esquadrilha La Fayette, que cumpriu bem sua tarefa."[11]

Os Tigres Voadores

Após a Primeira Guerra Mundial, uma outra formação de pilotos de caça americanos vai oferecer seus talentos no exterior. Nos anos 1930, o Japão desenvolve uma política expansionista na Coreia e na Manchúria, e rapidamente sua ambição estende-se ao resto da China. Apesar de sua extrema desconfiança em relação aos estrangeiros, particularmente os ocidentais, o nacionalista Chiang Kai-shek apela para um aviador americano, Lee Claire Chennault, que se torna conselheiro do dirigente do partido nacionalista Kuomintang para o combate aéreo. Experiente, Chennault acaba de se demitir da Força Aérea americana devido a um desentendimento com seus superiores. Nascido em 1893, foi instrutor na Grande Guerra e depois serviu em diferentes unidades aéreas. Pouco depois da chegada do mercenário dos ares, Xangai cai nas mãos dos japoneses.

No entanto, Chennault impõe-se rapidamente no círculo do dirigente chinês. Autoproclamado coronel, o americano fica próximo de Soong Mei-ling, esposa de Chiang Kai-shek. Nomeado oficialmente chefe de estado-maior da Força Aérea, o conselheiro americano logo compreende que os pilotos chineses não podem rivalizar com seus adversários nipônicos, equipados com o Mitsubishi A5M: "O treinamento para o combate em Nanchang é um pesadelo que jamais esquecerei. Havia alguns cantoneses nascidos nos Estados Unidos e alguns diplomados pela escola do Ar de Hangchow, que eram extremamente competentes. Os outros [...] eram uma ameaça para qualquer navegador. Os pilotos de caça, em princípio prontos para o combate, partiam em espiral e espatifavam-se durante o treinamento. Escrevi em meu diário: a Força Aérea chinesa não está pronta. Isso não correspondia totalmente à verdade."[12]

Derrotado tanto no ar quanto em terra, o exército nacionalista precisa bater em retirada e se refugia nas regiões montanhesas do oeste. Então, Chennault decide apelar para pilotos experientes para poder travar o combate e recruta estrangeiros. Entretanto, o recrutamento é muito desigual. Por exemplo, Chennault relata a entrevista com um jovem americano. Em um primeiro momento, este mente ter voado para a República durante a Guerra da Espanha, para depois admitir, ao pé de um aparelho: "Nunca pilotei um avião."[13] Esses primeiros mercenários formam o 14º Esquadrão Voluntário. Chennault é enviado a Kunming, na província de Yunnan, para ensinar uma nova geração de pilotos chineses a pilotarem aparelhos britânicos. Todavia, seu número continua muito insuficiente para lutar com os japoneses em pé de igualdade.

Por isso, no verão de 1940, Chennault e o irmão de Soong Mei-ling vão a Washington buscar novos ases da aviação e equipamentos. Conseguem com a Casa Branca cem aviões de caça americanos e cem pilotos, com salário de seiscentos dólares por mês. Cada aparelho nipônico abatido renderá quinhentos dólares extras. Com a ajuda oficiosa do presidente Roosevelt, Chennault dispõe então de soldados voluntários da Força Aérea americana, cedidos por suas unidades; ele também recruta mercenários, imediatamente disponíveis. Em dezembro de 1941, formado por 62 pilotos, o American Volunteer Group (Grupo Voluntário Americano, AVG) está pronto para decolar de Kunming. Chennault lembra-se disso com emoção: "Era o momento decisivo que eu esperava havia mais de quatro anos. Pilotos americanos em aviões de caça americanos [...]. Eu pressentia que o destino da China ia ser decidido nos *cockpits* dos P-40 no céu de inverno de Yunnan."[14]

E rapidamente esses homens destacam-se em seus primeiros combates. Em 20 de dezembro, abatem três ou quatro bombardeiros que haviam partido de Hanói rumo às grandes cidades chinesas. Esse combate marca a primeira derrota dos japoneses em todo o Pacífico. Na capa da grande revista semanal americana *Time*, está o American Volunteer Group, que recebe o apelido pelo qual será mais conhecido: Tigres Voadores. Mas, no mesmo momento, Chiang Kai-Chek manda o 3º Esquadrão auxiliar os britânicos na defesa de Yangon, embora Chennault houvesse manifestado o desejo de manter todas as esquadrilhas baseadas em Kumming sob seu comando. Mais uma vez, os Tigres Voadores fazem proezas: abatem vários bombardeiros e alguns caçadores japoneses na capital birmanesa às vésperas do Natal: "Nossa eficiência em Yangon era superior [àquela dos britânicos]. Cada um dos cinco chefes de esquadrões presentes – Olson, Sandel, Newkirk, antes de ser abatido, Tex Hill, de Hunt, no Texas, Bob Neale, de Seattle – eram pilotos de grande qualidade."[15] Entretanto, Yangon acaba por cair nas mãos das forças nipônicas em março de 1942.

Durante o verão, a AVG é oficialmente dissolvida. Como os Estados Unidos entraram na Guerra, a maioria dos mercenários americanos decide reintegrar a Força Aérea americana. Chennault é nomeado general e assume o comando da 14ª Força Aérea estacionada na Ásia. Em seis meses de campanha, os Tigres Voadores apresentam um balanço elogiável: 296 aparelhos inimigos abatidos e cerca de mil japoneses mortos em pleno voo. Contudo, suas vitórias também representaram sacrifícios: as esquadrilhas a serviço da China perderam 115 aviões e cerca de 300 mercenários em combate.

As Brigadas Internacionais

Além do conflito entre o Japão e a China, outro conflito concentra a atenção internacional nos anos 1930, a Guerra Civil Espanhola. De julho de 1936 a abril de 1939, esse conflito opõe os nacionalistas comandados pelo general Franco aos republicanos. Desde a proclamação da Segunda República, em 1931, a tensão era muito grande entre os dois campos. A vitória eleitoral da Frente Popular na primavera de 1936 desencadeia um levante militar e abre caminho para um confronto muito violento. Esse teatro de operações vai atrair muitos soldados de fortuna, principalmente para o campo dos republicanos. Na origem, um primeiro grupo de algumas centenas de voluntários, chamado Batalhão Thaelmann, forma-se em Barcelona, em agosto de 1936. Próximo do Partido Comunista catalão, esse núcleo inicial tem como chefe Hans Beimler, ex-deputado comunista alemão. Deportado para Dachau pelos nazistas, refugia-se na Espanha após escapar do campo de concentração. Depois, em 12 de outubro, chegam a Alicante quinhentos voluntários estrangeiros: búlgaros, alemães, iugoslavos e franceses. No dia 22, um decreto cria oficialmente as Brigadas Internacionais.[16] No total, compreenderão entre 32 e 35 mil voluntários de 53 países diferentes e de todos os continentes.[17] Comandadas pelo francês André Marty, seu quartel-general fica em Albacete. Ali, os recém-chegados recebem instrução militar rudimentar e formação ideológica: "Por que nós lutamos." Em seguida, são distribuídos entre as cinco brigadas: a 11ª, que reúne principalmente poloneses e alemães; a 12ª, com franceses e italianos; a 13ª, formada por russos e eslavos; a 14ª, com maioria francesa; e a 15ª, formada por americanos.

Enquanto Madri sofre o cerco das forças nacionalistas desde 8 de novembro de 1936, os brigadistas são enviados ao *front* no setor de Boadilla del Monte. Situado a cerca de trinta quilômetros de Madri, a defesa desse vilarejo é confiada aos voluntários estrangeiros e a espanhóis. Apesar do apoio de tanques russos, os franquistas penetram em Boadilla e o combate é terrível. Nesse primeiro confronto, o Batalhão Thaelmann é dizimado.[18] Na primavera de 1937, os voluntários estrangeiros participam de três batalhas importantes: em Málaga, no rio Jarama, e diante da cidade de Guadalajara, também próxima da capital. O desafio dos dois últimos teatros de operações é impedir os nacionalistas de cercar Madri.[19]

Na Batalha de Jarama, as forças nacionalistas, apoiadas pela legião Condor, tentam novamente tomar a ponte de San Martino della Veja, na estrada de Valência. Presente nessa ação, chama a atenção de um jovem italiano, Giovanni Pesce, "o fogo infernal da artilharia, da aviação, dos tanques".[20] De fato, a Guerra Civil é o palco de experimentações da guerra relâmpago. Sob o dilúvio de fogo do inimigo, os brigadistas não podem manter um *front* unido. O Batalhão Drombowski resiste heroicamente, mas a posição republicana precisa ser reforçada. O Batalhão Garibaldi é, então, enviado em reforço. O combate se dá a baioneta, corpo a corpo, mas "alguns soldados aterrorizados, incapazes de dominar o medo, não obedecem mais a nenhuma ordem".[21] O pânico espalha-se e os soldados marroquinos de Franco aproximam-se: "No momento da ofensiva dos fascistas, os marroquinos foram enviados em primeiro lugar: eles vinham cavalgando e atingiam a primeira linha do Batalhão Drombowski. Eram centenas e causavam um pânico indescritível. Os soldados republicanos começaram a fugir desses cavaleiros selvagens. Eu estava ao lado do nosso comandante; não sei por que fiz isto, mas peguei uma metralhadora, coloquei-a no meio da estrada, e nós dois juntos bloqueamos a ofensiva.

A ideologia a tiracolo

Pode parecer estranho, mas é um feito militar, os marroquinos atacando e nós os detendo com nossa metralhadora russa. Isso deu confiança aos outros, e os brigadistas de Garibaldi voltaram e posicionaram-se."[22] Logo as forças nacionalistas retrocedem. Assim como a proeza de Giovanni Pesce, uma vez superado o pânico instintivo diante da brutalidade dos combates, os brigadistas dão provas de grande bravura. Isso explica as grandes perdas sofridas: constituído por estudantes americanos em sua maioria, o Batalhão Abraham Lincoln deixa no campo 120 mortos e 176 feridos de um total de 400 homens.[23]

No entanto, as más notícias acumulam-se no campo republicano. Em 8 de fevereiro de 1937, Málaga cai nas mãos dos franquistas; em março, Guadalajara torna-se a última defesa possível da capital. Mais uma vez, os voluntários estrangeiros provam seu valor, principalmente ao deterem a progressão das forças motorizadas do general italiano Roatta. Para o escritor americano Ernest Hemingway, recém-chegado na Espanha, esse sucesso "é digno de figurar ao lado das outras batalhas decisivas da história militar".[24] As Brigadas Internacionais têm, em seguida, um papel muito importante nas contraofensivas republicanas e particularmente na tomada das cidades de Belchite e Teruel. Entretanto, o poder militar do campo nacionalista faz diferença pouco a pouco. Na primavera de 1938, os brigadistas participam da última grande operação do campo republicano. A Batalha de Ebro visa restabelecer o contato entre as forças cercadas na região de Madri e as da Catalunha. Novamente, o combate é terrível. O Batalhão Garibaldi perde 80% de seu efetivo. Vincenzo Tonelli recorda: "Era um combate de vida ou de morte com alternância de granadas, baionetas, posições largadas e retomadas, a aviação que metralhava e largava bombas."[25]

A situação fica cada vez mais difícil para os republicanos. Além disso, a Sociedade das Nações (SDN) expressa sua inquietação diante do recrutamento de tantos estrangeiros e dos riscos de manipulação dessas tropas por potências externas à Espanha. Ela reclama, portanto, a dispersão das legiões estrangeiras dos dois campos. Em 21 de setembro de 1938, as Brigadas Internacionais são oficialmente dissolvidas, não sem travar um último combate no dia 23. Um mês mais tarde, em 28 de outubro, trezentas mil pessoas homenageiam, em Barcelona, esses soldados irregulares vindos em auxílio do governo republicano antes que os brigadistas deixem o solo espanhol.

André Malraux e o romance da causa republicana

Dentre os voluntários estrangeiros, alguns intelectuais vêm engrossar as fileiras dos operários recrutados para a defesa da República espanhola: o engenheiro da universidade de Nova York Paul Singel; o arqueólogo americano John Murra; o biólogo inglês Haldane; os escritores ingleses Ralph Fox e Julian Bell, o americano Georges Orwell e o francês André Malraux. Outros vão para a Espanha expressar seu apoio pessoalmente, mas sem pegar em armas, como o poeta chileno Pablo Neruda ou o escritor americano Ernest Hemingway.

Ainda que extremamente conhecido, o caso de André Malraux não poderia ser ignorado aqui. Com efeito, ele encarna o envolvimento dos intelectuais e legou à posteridade uma obra, *A esperança*, emblemática da ação desses brigadistas, que acorreram do mundo inteiro em auxílio da Frente Popular. Romancista já conhecido desde a publicação do livro *A condição humana*, em 1932, Malraux une-se às forças republicanas em 22 de julho de 1936. Criador da esquadrilha España, ele assume o posto de coronel. Sua frota aérea é composta de aparelhos franceses enviados antes do embargo, decidido em agosto de 1936: compreende voluntários franceses, mas também mercenários, e multiplica as expedições nos céus de Madri até outubro de 1936. Malraux participa pessoalmente do bombardeio de Medellín e da destruição do aeródromo de Olmedo.

Porém, como a aviação soviética assume com recursos muito superiores para cobrir a capital, a esquadrilha España é redirecionada a Valência, onde se reconstitui, sem os mercenários, com o nome de esquadrilha André Malraux. Em fevereiro de 1937, ela efetua suas últimas operações para proteger a fuga dos republicanos após a queda de Málaga.[26] Enquanto seus pilotos são enviados para unidades da aviação republicana ou para as Brigadas Internacionais, o intelectual deixa a Espanha para uma turnê internacional, na qual vai defender com palavras a causa que escolhera apoiar com armas. Ao mesmo tempo, escreve seu romance, testemunho do que viveu durante a Guerra Civil. Em 1938, ele o adapta para o cinema com o título *Sierra de Teruel*.[27]

A ideologia a tiracolo

Os voluntários de Franco

Muito menos conhecidos do que seus adversários das Brigadas Internacionais são os voluntários do campo franquista durante a Guerra Civil. Além dos marroquinos do Exército nacionalista, os franquistas dispõem de uma força de aproximadamente dez mil portugueses (os viriatos), romenos, russos brancos* (o coronel Boltin e o capitão Rachewsky principalmente) ou hispano-americanos.[28] O grupo mais famoso, sem dúvida, é a brigada irlandesa: entre seiscentos a setecentos irlandeses liderados pelo general Eoin O'Duffy.[29] Com 44 anos em 1936, ele combatera no Irish Republican Army (IRA) na guerra civil irlandesa. Foi em seguida comissário das guardas cívicas antes de ser afastado em 1935, devido às suas opiniões políticas. Ao chegar na Espanha em 20 de setembro de 1936, O'Duffy constitui seu batalhão irlandês.

Incorporada às forças franquistas como 15ª *Bandera* da Legião Estrangeira Espanhola, a brigada irlandesa é formada em Cáceres a partir de outubro de 1936, antes de ser enviada para a Batalha de Jarama em 16 de fevereiro de 1937. Ela se posiciona em Ciempozuelos quando seus membros veem uma unidade se aproximando e as tomam por uma tropa amiga; os oficiais irlandeses dirigem-se a eles, e o intérprete espanhol, o tenente Pedro Bove, grita: "*Bandera Irlandesa del Tercio!*". Diante deles, "o capitão recua um passo, engatilha o revólver e abre fogo".[30] Segue-se um combate entre as duas unidades, que deixa cinco mortos do lado irlandês, dentre os quais o tenente Bove, e talvez cerca de quarenta do outro lado,[31] falangistas que acabam de chegar das Ilhas Canárias. Mesmo que não sejam responsabilizados por esse terrível engano, os irlandeses são afastados do *front*. Em 17 de junho de 1937, voltam para a Irlanda sem terem desempenhado o papel decisivo que esperavam.

Também recrutas franceses alimentaram o exército de Franco. Eram cerca de quinhentos, distribuídos entre as milícias carlistas, a falange e a Companhia Joana d'Arc. A maioria deles alistou-se individualmente. Por exemplo, Antoine Bissagnet, futuro *compagnons de la libération*,** começa as-

---

* N. T.: Foram chamados de *russos brancos* aqueles que se opuseram à Revolução de Outubro de 1917 e que lutaram contra os bolcheviques na Guerra Civil.
** N. T.: Os *companheiros da liberação* são os membros da *Ordem da Liberação*, criada por Charles de Gaulle para recompensar as pessoas ou coletividades que se sobressaíram durante a liberação da França na Segunda Guerra Mundial.

sim sua carreira militar. O conde de Guillonnière é enterrado com honras em Saint-Sébastien em outubro de 1936 após ter encontrado a morte em uma brigada carlista. É complexo avaliar o número real desses voluntários franceses do campo nacionalista, já que as fontes divergem;[32] todavia, é possível traçar o destino dessas tropas.

Já em 1936, em Bordeaux, o capitão Henri Bonneville de Marsangy tenta formar um batalhão de voluntários nacionalistas franceses. Finalmente, a Companhia Joana d'Arc é criada em maio de 1937 e incorporada à 17ª *Bandera* da Legião Estrangeira Espanhola; seu comandante é o capitão Jean Coursier. Baseada em Talavera de la Reina e com um contingente muito pequeno, não pode ir para o *front*. Em setembro de 1937, alguns espanhóis e russos brancos entram para a Companhia. Apesar disso, a unidade mal alcança uma centena de soldados ao final do ano. Quando a pequena tropa francesa é transferida para Saragoza, ela participa da Batalha de Teruel e depois é convocada na Catalunha. Por fim, a Companhia Joana d'Arc é dissolvida em 13 de abril de 1938. Contudo, alguns dias mais tarde, um relatório enviado a Franco atesta que Jean Coursier demonstrou "um excelente comportamento, uma excepcional capacidade, valor, espírito militar e bravura em batalha".[33]

O inspirador da pequena tropa de voluntários franceses, Bonneville de Marsangy, também deu provas de suas qualidades de combatente. No entanto, viveu a Guerra Civil primeiro como correspondente para um jornal parisiense. Um dia, quando o oficial franquista do regimento que ele acompanha é morto, Bonneville assume provisoriamente o comando da unidade.[34] Tendo trocado a pena pelo fuzil, Henri Bonneville une-se primeiramente às tropas carlistas de Navarra, os Requetes. Comandando a 2ª Companhia do Regimento San Fernando, ele participa dos combates de Mérida, Badajoz, Madellin e Talavera, assim como da tomada do Alcazar de Toledo. Em 10 de fevereiro de 1937, morre no assalto à cidade de Llanes.

A Legião Condor e os camisas negras

O caso dos italianos e dos alemães deve ser distinguido dos outros recrutados pelo campo franquista, visto que sua participação na Guerra Civil é subentendida pelo papel indireto dos regimes fascista e nazista. Os italianos vão para a Espanha a partir de outubro de 1936. Desde o dia 21, tomam parte do combate de Navalcarnero.[35] Recebendo um reforço no final do ano, esses *camisas negras* têm um papel de primeiro plano na queda de Málaga em fevereiro de 1937: na tropa de 25 mil homens que cerca a cidade, há pelo menos 10 mil italianos. Após as decisões do Comitê Internacional de Não Intervenção, os italianos organizam-se em um corpo de tropas voluntárias. Logo são 35 mil homens, e grande parte deles luta na Batalha de Jarama. A pesada derrota sofrida em Guadalajara provoca a retirada do general Roatta e sua substituição pelo general Bastico, que reorganiza os voluntários fascistas e forma uma brigada dos Flechas Negras e unidades de elite, chamadas de *arditi*, vocábulo fascista clássico. Destacam-se na tomada de Bilbao e de Santander, mas sofrem grandes perdas (cerca de 12% do contingente, segundo B. Benassar).[36] No total, mais de setenta mil voluntários italianos passam pela Espanha.

Franco pode contar igualmente com voluntários da Alemanha nazista. Os membros da Luftwaffe são agrupados na Legião Condor a partir de janeiro de 1937. No entanto, desde julho de 1936, 26 aviões de caça e 20 bombardeiros alemães chegam ao Marrocos, base do exército franquista. Logo a tropa alemã tem mais de 6,5 mil homens e 600 aparelhos, como os Stukas e os Messerschmitts. É comandada pelo general Hugo Sperrle e depois pelo tenente-coronel de Richthofen, primo do famoso "Barão Vermelho". Presente em todas as grandes batalhas da Guerra Civil, a ação da Legião Condor permanece principalmente associada à lembrança do ataque contra Guernica. No *front* norte, os nacionalistas decidem lançar uma grande ofensiva na primavera de 1937. Cidadezinha do país basco, Guernica é bombardeada em 26 de abril por 33 aparelhos alemães, acompanhados por aviões de caça italianos. Lançam 50 toneladas de bombas incendiárias, fazendo mais de 1,6 mil mortos e 800 feridos entre os inúmeros civis nas ruas neste dia de compras. O zumbido dos Stukas mergulhando de nariz entra para a história, e a tragédia será imortalizada por Picasso. Denunciada pela opinião pública internacional, a ação da Legião Condor é decisiva: 72 aviões serão perdidos em combate, mas seus aviadores abatem 386 aparelhos do campo republicano.[37] Essa campanha aérea alemã termina em abril de 1939.

A Legião dos Voluntários Franceses: morrer por Hitler

A Segunda Guerra Mundial aumenta a amplitude dessas legiões de voluntários. Em 22 de junho de 1941, a Alemanha nazista invade a URSS. Nesse *front* leste vão se desenrolar os combates mais terríveis do conflito, pelo menos no que diz respeito ao continente europeu. Rapidamente, os partidos colaboracionistas franceses, em torno de Jacques Doriot (Partido Popular Francês – PPF) ou de Marcel Déat manifestam o desejo de ajudar a Alemanha nazista a vencer o bolchevismo. Hitler consente por intermédio de seu embaixador junto ao Estado francês em Vichy, Otto Abetz.[38] Eles são, então, preparados pelo marechal Pétain: "Na véspera de seus próximos combates, fico feliz por saber que os senhores não esquecem que detêm uma parcela de nossa honra militar." De julho de 1941 a maio de 1943, cerca de 13 mil voluntários apresentam-se – aproximadamente 6 mil serão selecionados, principalmente por critérios de arianismo. Incorporados ao Exército alemão, eles juram fidelidade ao Führer. No outono, mais de dois mil partem para Demba, ao sul de Varsóvia, onde se unem ao 638º Infanterie-Regiment (*Französisch*).

Em 24 de outubro de 1941, os primeiros combatentes da Legião dos Voluntários Franceses (LVF) terminam o período de instrução para combater no *front*. Em dezembro, participam de sua primeira ofensiva, a sessenta quilômetros de Moscou, sobre um lago congelado. É um fracasso: o batalhão conta quarenta mortos, cem feridos e duzentos casos de geladuras.[39] Após essa primeira experiência, 1,5 mil homens deixam o *front*, principalmente os afiliados do partido de Eugène Deloncle, o Movimento Social Revolucionário. Reorganizado, o 638º é enviado em seguida à luta contra os adversários entre Brest-Litovsk e Moscou. Quando os alemães fracassam em Stalingrado, o 638º é transferido para Greiffenberg, na Pomerânia. Perto de Berzina, comandado pelo coronel Puaud, o 638º é encarregado de impedir a ofensiva soviética do general Rokossovsky: ele envia quinhentos voluntários, sob as ordens do capitão Bridoux, diante do rio Bóbr. Ali, apoiados por tanques Mark V Tiger e por um pelotão de SS-Polizei,* os franceses enfrentam os

---

* N. T.: A SS-*Polizei* era uma das divisões das forças de elite Waffen-SS.

soviéticos durante dois dias. Apesar da resistência obstinada, os combatentes do 638º precisam bater em retirada com o restante das forças alemãs. Agrupados em Wildfleken, em Hesse, tomam conhecimento da dissolução da LVF por Vichy e de sua designação à unidade Waffen-SS.

Nas derradeiras horas do nazismo, a Waffen-SS Charlemagne

A organização paramilitar da SS é tristemente célebre por suas façanhas macabras. A ordem negra é frequentemente apresentada como modelo de fanatismo. Mais do que um corpo de elite, a Waffen-SS é, na realidade, constituída por "soldados políticos em guerra".[40] Estudos mais recentes têm certamente mostrado o quanto os recrutamentos eram coercivos, mas esse emprego da força ocorria somente com os recrutas *Volkdeutsche*[41] e, posteriormente, no final da Guerra, com os soldados dos países ocupados da Europa Central e Oriental.[42] Por essa razão, abordaremos o caso da Divisão Charlemagne constituída de franceses, pois o alistamento voluntário de seus membros não é questionado.

Geralmente chamada de Divisão Charlemagne, a 33rd Waffen-Grenadier-Division der SS reúne, no verão de 1944, soldados de diferentes unidades de voluntários que servem nas forças militares da Alemanha nazista. Em suas fileiras, encontram-se os primeiros franceses a entrarem para a SS no ano anterior, soldados da Marinha de guerra, a Kriegsmarine, sobreviventes da LVF, milicianos ou homens dos corpos francos NSKK (Corpo Motorizado Nacional-Socialista). No total, mais de sete mil franceses são liderados por Edgar Puaud, ex-comandante da LVF. A Divisão Charlemagne é enviada, no inverno de 1944-45, ao *front* leste, na Pomerânia, onde as tropas soviéticas tentam cercar os exércitos alemães em retirada.

Seu primeiro combate ocorre em Hammerstein em 25 e 26 de fevereiro de 1945. Diante de cinquenta divisões inimigas apoiadas por blindados, os Waffen-SS franceses não dispõem nem de apoio aéreo nem de artilharia. Entretanto, colocam fora de combate 32 tanques russos antes de se retirar em Belgrado. A Divisão já perdeu dois mil homens e é quase inteiramente dizimada na tomada da cidade. Seu chefe, Puaud, desaparece na derrota. Sua morte permanece cercada de mistério, e algumas pessoas dirão mais tarde que ele sobreviveu: "O general Puaud, ferido na perna, arrastava-se com dificuldade na estrada. Um suboficial francês encontra-o e o coloca no assento traseiro de uma motocicleta. Mas eles são atacados por atiradores russos. O general Puaud é novamente ferido, desta vez gravemente demais para continuar. Aproximando-se de Greifenberg, o suboficial deixa seu chefe em um hotel e o instala em uma sala do térreo, onde já se encontram outros feridos. Vai embora a pé. No dia seguinte, ele volta à paisana – os russos já tomaram a cidade – e constata que a sala onde deixara o general Puaud está vazia, mas que o chão e as paredes estão manchados de sangue."[43]

Os sobreviventes são agrupados no Batalhão Charlemagne, que se retira com o resto das forças nazistas do *front* leste. Sob as ordens de Henri Fenet, os últimos voluntários franceses são incorporados à Divisão Norland. Em 16 de abril de 1945, destacam-se em Neukölln com membros da Juventude Hitlerista, destruindo cerca de sessenta canhões russos. Apesar do fracasso alemão, esses trezentos homens figuram entre as últimas unidades a combater nas ruas de Berlim. No dia 28, na praça Belle-Alliance, eles protegem o acesso ao *bunker* de Hitler. Nos dias seguintes, juntamente com seu chefe Henri Fenet, são os últimos a resistir ao exército russo antes de depor as armas em 2 de maio. No entanto, o Führer suicidara-se dois dias antes.

Che Guevara, último ícone do voluntariado internacional?

O recrutamento de soldados da fortuna para grandes causas ideológicas não se interrompe em 1945. Seguindo a tradição das Brigadas Internacionais, ele tem ainda um belo futuro com a explosão das guerrilhas comunistas da América Latina. Ernesto Che Guevara encarna essa última geração de seguidores de Garibaldi. Em 1954, quando a Central Intelligence Agency (CIA) apoia golpes militares em toda a América Latina, Guevara assiste à queda do presidente Arbenz, derrubado pelo golpe de Estado de Carlos Castillo Armas. Retirando-se no México, encontra os irmãos Castro. Logo decide acompanhar o pequeno comando de 86 homens liderados por Fidel, que desembarca em Cuba em novembro de 1956, com o objetivo de derrubar o ditador Batista. Surpreendido pelas tropas de Batista, Che Guevara e seus companheiros passam pelo batismo de fogo: "Ponce aproximou-se bastante agitado, com a respiração ofegante, mostrando um ferimento que aparentemente atravessava seu pulmão. Ele me disse que estava ferido e lhe mostrei, com total indiferença, que eu também. Ponce continuou a se arrastar em direção ao canavial, assim como outros companheiros ilesos. Fiquei ali sozinho por um momento, à espera da morte. Almeida veio até mim e me encorajou a continuar; foi o que fiz, apesar da dor, e entramos no canavial."[44]

Refugiados nas montanhas de Sierra Maestra, Che Guevara figura entre os quatro não cubanos que continuam combatendo ao lado de Fidel. Em 28 de maio de 1957, os guerrilheiros atacam a caserna de El Uvero. O combate deixa inúmeros feridos nos dois campos. Retirando-se, Fidel Castro confia seus homens feridos ao médico Che Guevara, enquanto o restante das tropas precisa escapar rapidamente das forças governamentais. Durante cinquenta dias, o argentino vai esconder e tratar sete homens, escapando das buscas do exército de Batista. "Era difícil manter intacto o moral da tropa, sem armas, sem contato direto com o chefe da revolução [Fidel Castro], avançando praticamente às cegas, cercados de inimigos que pareciam gigantes na mente e nos relatos dos *guajiros*."[45]

Quando Che Guevara reencontra Fidel no dia 17 de julho, ele lidera um pequeno grupo de 26 homens e é rapidamente promovido a comandante. A quarta coluna sob suas ordens destaca-se nos meses seguintes, estabelecendo-se firmemente na região de El Hombrito. Após ter atacado com sucesso com seus 72 homens uma coluna de 205 soldados, Che Guevara escreve: "Essa luta prova a falta de preparo de nossas tropas para o combate, incapaz de atirar com precisão em inimigos se deslocando a uma distância tão pequena [...]. Apesar disso, para nós era um grande triunfo, tínhamos detido totalmente a coluna de Merob Sosa que, à noite, batia em retirada."[46]

Depois, em 1958, o argentino assume o comando da escola militar encarregada de formar os novos recrutas castristas em Minas del Frio. Ao mesmo tempo, Batista lança uma grande ofensiva contra a guerrilha, que se revela um fracasso. Che Guevara participa, então, novamente dos combates. No outono, instala-se na região do Escambray como comandante da oitava coluna. Depois de repelir uma nova ofensiva das forças de Batista, consegue tomar Santa Clara, quarta cidade da ilha. Durante uma batalha de três dias, um dos principais pontos de resistência é um trem blindado que descarrilou e serve de bastião ao exército: "Os soldados [do governo] tinham saído abaixo de coquetéis Molotov do trem blindado onde, magnificamente protegidos, estavam dispostos a combater apenas a distância, em posições cômodas e contra um inimigo praticamente desarmado, como os colonizadores com os índios americanos. Atacado por meus homens, que lançavam garrafas de gasolina acesa bem de perto ou dos vagões vizinhos, o trem, graças às placas de blindagem, transformava-se em um verdadeiro forno para os soldados."[47] Finalmente, a cidade cai em 29 de dezembro de 1958, e essa vitória tem um papel decisivo na queda de Batista no início de janeiro de 1959.

A partir desse ano, Che Guevara organiza corpos expedicionários de voluntários para exportar para o Panamá e para a República Dominicana. Em 1965, ele decide renovar a experiência na África Subsaariana. Comanda uma legião de aproximadamente duzentos voluntários africanos e cubanos no Congo-Kinshasa (ex-Congo belga, futuro Zaire e República Democrática do Congo – RDC) para combater ao lado da guerrilha marxista de Laurent-Désiré Kabila. Após sete meses, Che Guevara reconhece seu fracasso e deixa o Congo: "Desde os primeiros momentos, nós nos confrontamos com uma realidade que nos perseguiria ao longo dos combates: a falta de organização. Isso me inquietava, pois nossos deslocamentos já deviam ter sido detectados pelo imperialismo, que controlava todas as companhias aéreas e os aeroportos da zona [...]. A má organização congolesa não era a única culpada, também tínhamos responsabilidade nisso."[48] Algumas semanas mais tarde, ele abriria seu *Diário de Ernesto Che Guevara na África* com estas palavras: "Esta é a história de um fracasso."[49]

Em 7 de novembro de 1966, ele chega à Bolívia e assume o comando de um pequeno grupo de guerrilheiros: alguns cubanos, argentinos e peruanos, e o francês Régis Debray. São rapidamente dizimados e cercados: "No caminho, tive uma conversa com a tropa, que se compõe agora de 24 homens. Citei Chino como exemplo; expliquei o que representavam as perdas e o que representava, para mim, a perda de Coello, que eu considerava como um filho [...]. Prometi ao grupo dar algumas noções extras sobre emboscadas para evitar que se reproduzisse o que tinha acabado de acontecer, ou seja, perdas inúteis de vidas."[50] Essa última legião revolucionária leva Che Guevara à morte, executado em 9 de outubro. "Morto em combate"

A ideologia a tiracolo

como guerrilheiro, torna-se um ícone da esquerda revolucionária do mundo inteiro, como fora um século antes Giuseppe Garibaldi.

Contudo, desde a época dos combates em Sierra Maestra, a imagem generosa do revolucionário é contrabalanceada pelos aspectos mais sombrios de sua epopeia: "A propaganda contra ele [Che Guevara] era maciça; dizia-se que era um matador de aluguel, um criminoso patológico [...], um mercenário que prestava serviços ao comunismo internacional [...]. Eles diziam que os soldados feitos prisioneiros pelos guerrilheiros eram amarrados a uma árvore e tinham o ventre aberto à baioneta."[51] Essa imagem de soldado da fortuna mostra a que ponto a primeira metade do século XX remete o voluntariado internacional a uma mudança da atividade mercenária e a seus supostos defeitos.

Notas

[1] M. Bourlet, Les Volontaires latino-américains dans l'armée française, em *Revue historique des Armées*, n. 255, 2009-2, p. 68-79.
[2] H. Heyriès e J.-F. Muracciole, *Le Soldat volontaire en Europe au XXe siècle*, op. cit.
[3] Idem, p. 25.
[4] Ver o site da Legião Estrangeira.
[5] Ver "Introdução".
[6] Thénault (lieutenant-colonel), L'Escadrille La Fayette, op. cit., p. 7, em *Les Grandes Conférences de l'aviation: souvenirs et récits contés le 4 janvier 1934*, Paris, Éditions du Comité des Oeuvres Sociales du Ministère de l'Air, 1934, 29 p.
[7] J. Gisclon, *Chasseurs au groupe La Fayette 1916-1945*, Paris, Nouvelles Éditions Latines, 1994, 402 p.
[8] Thénault (lieutenant-colonel), L'Escadrille La Fayette, op. cit., p. 7.
[9] Um morto e dois feridos gravemente (J. Gisclon, *Chasseurs au groupe La Fayette*, op. cit.).
[10] Condecoração militar de 16 de agosto de 1917.
[11] Thénault (lieutenant-colonel), L'Escadrille La Fayette, op. cit., p. 11.
[12] C. L. Chennault, *Way of a Fighter: the Memoirs of Claire Lee Chennault*, New York, G. P. Putnam's Sons, 1949, 375 p.
[13] Idem, p. 71.
[14] Idem, p. 128.
[15] Idem, p. 137.
[16] R. Skoutelsky, *L'Espoir guidait leur pas. Les volontaires français dans les Brigades internationales*, Paris, Grasset, 1998, 410 p.
[17] Dados de A. Beevor, *La Guerre d'Espagne*, Paris, Calmann-Lévy, 2006, 681 p.
[18] W. Bruyère-Ostells, Giovanni Pesce. Un garibaldien dans la guerre civile d'Espagne, em *Inflexions*, 2010, n. 15, p. 115-125.
[19] Idem, p. 119.
[20] Idem, ibidem.
[21] Idem, p. 120.
[22] Idem, ibidem.
[23] Hugh Thomas, *La Guerre d'Espagne*, Paris, Robert Laffont, coletânea Bouquins, 2009, 1026 p.

[24] Apud idem, p. 463.
[25] R. Skoutelsky, L'Eespoir guidait leur pas, op. cit.
[26] M. Lefebvre e R. Skoutelsky, Les Brigades internationales: images retrouvées, Paris, Seuil, 2003, 189 p.
[27] Idem, p. 35.
[28] H. Thomas, La Guerre d'Espagne, op. cit., p. 589.
[29] J. Keene, Fighting for Franco: International Volunteers in Nationalist Spain during the Spanish Civil War 1936-1939, London, Leicester University Press, 2001, 310 p.
[30] O'Duffy, Crusade in Spain, R. Hale, 1938, apud J. Keene, Fighting for Franco, op. cit., p. 124.
[31] Conforme as testemunhas irlandesas.
[32] J. Keene, Fighting for Franco, op. cit., p. 152.
[33] Apud idem, p. 162.
[34] Idem, p. 156.
[35] B. Benassar, La Guerre d'Espagne et ses lendemains, Paris, Perrin, 2004, 548 p.
[36] Idem, p. 152.
[37] Dentre os quais, 59 pelas baterias antiaéreas (R. L. Proctor, Hitler's Luftwaffe in the Spanish Civil War, London Greenwood Press, 1983, 289 p.)
[38] Ver, entre outros, o artigo de J. Vernet, Les volontaires de la LVF, em Le Soldat volontaire en Europe au XXe siècle, op. cit., p. 349-359.
[39] Idem, p. 357.
[40] Subtítulo do estudo aprofundado feito por J.-L. Leleu, La Waffen SS, Paris, Perrin, 2007, 1.237 p.
[41] Considerados como de sangue alemão pelos nazistas.
[42] J.-L. Leleu, La Waffen SS, op. cit., p. 275-276.
[43] Apud P. Giolitto, Volontaires français sous l'uniforme allemand, Paris, Perrin, 2007, 461 p., p. 413.
[44] E. Guevara, Pasajes de la Guerra revolucionaria, Mexico, Era, 1969, 259 p.
[45] Idem.
[46] Idem.
[47] Idem.
[48] E. Guevara, L'Année où nous n'étions nulle part, extraits du journal de Ernesto Che Guevara en Afrique, Paris, Métaillé, 1995.
[49] Idem.
[50] Che Guevara, Journal de Bolivie, Paris, Mille et Une Nuits, 2008, 376 p.
[51] J. L. Anderson, Che Guevara: A Revolutionary Life, New York, Grove Press, 1997, 814 p.

A guerra no coração das sociedades

O século XIX viu os mercenários em busca de glória principalmente na África ou na Ásia, no mundo colonial em construção. As legiões de voluntários organizaram-se sobretudo para construir os Estados-nações das periferias europeias ou americanas. As duas Guerras Mundiais e a Guerra Civil Espanhola trazem novamente para o Velho Continente o campo de ação dos soldados da fortuna. Qualificados de "guerra total", esses conflitos traduzem-se também por profundas transformações dos métodos de combate.

Novos mercenários: os cavalheiros do céu

Pela trajetória da esquadrilha La Fayette, dos pilotos envolvidos na Guerra Civil Espanhola ou dos Tigres Voadores, percebe-se que a aeronáutica constitui mais um terreno por onde se aventuram os mercenários: nova arma que progride muito depressa no decorrer da Primeira Guerra Mundial, ela apresenta-se como uma nova forma de aventura. O coronel Thénault relata assim a decepção dos primeiros voluntários americanos da futura esquadrilha La Fayette quando ainda combatem na Legião Estrangeira:

Achavam que o que lhes cabia eram os combates em pleno campo, os ataques heroicos ao som do clarim, os duelos à baioneta que subjugavam o inimigo [...]. Eles acharam pegajosa a lama onde precisavam fazer trabalhos de aterro ou de colocação de arames farpados. Eram obrigados a ficar passivos sob os obuses inimigos e a manter a cabeça curvada por trás do parapeito, para evitar as metralhadoras. Era a guerra em todo seu horror. Piolhos e não mais rendas."[1] O contrário dos sonhos de glória e de grandes peripécias dos jovens americanos, segundo Thénault. Eles seguem perfeitamente a linhagem das gerações anteriores de mercenários: "Não era com isso que haviam sonhado nossos legionários. Aos mais impetuosos, a aviação pareceu uma arma maravilhosa, onde a glória caminhava ao lado do perigo [...]. Acrescentemos também o espírito de aventura, remanescente do tempo dos paladinos e dos cruzados, e teremos uma ideia das motivações que guiaram esses entusiastas."[2] Essa busca de aventura passa por novas possibilidades de superação pessoal. Antes de alistar-se na China à frente dos Tigres Voadores, Chenault formara com dois amigos um espetáculo de acrobacias aéreas, o Trapézio Voador. Também André Malraux fora um aventureiro. Em 1923, no Camboja, fora preso por tráfico de antiguidades khmers e, em 1934, organizara uma expedição ao Iêmen para descobrir os vestígios do antigo reino de Sabá.

Os pioneiros da aeronáutica militar são especialistas, e seu papel é decisivo nos conflitos modernos. Foi o que André Malraux compreendeu ao fundar sua esquadrilha para apoiar a causa republicana em 1936. No campo adversário, a aviação (e a frota) dos voluntários italianos permite que as forças nacionalistas consigam dominar o Mediterrâneo desde a primavera de 1937. Os "cavaleiros do céu" também são chamados a formar os novos exércitos, assim como fizeram os oficiais europeus um século antes nos exércitos sikhs ou latino-americanos. Assim, antes da chegada de Claire Chennault à China, um de seus ex-companheiros de armas da Primeira Guerra Mundial já vende seu *know-how*: Roy Holbrook é instrutor da Escola de Aviação de Hangzhou. Ele foi recrutado pelo "fundador da aviação chinesa",[3] em 1932, o coronel americano Jack Jouett. Em seguida, são instrutores italianos que estruturam a aeronáutica chinesa até a chegada de Chennault.[4] As competências do americano lhe valem, aliás, condições muito interessantes de recrutamento: mil dólares de salário por mês (ou seja, o triplo do soldo de capitão da US Air Force), um intérprete, um carro com motorista e autorização para voar em qualquer aparelho da aeronáutica chinesa.⁵ Também os mercenários da esquadrilha Espanha de André Malraux são regiamente pagos.⁶

Corpos francos, legiões e outras organizações paramilitares

A segunda maior transformação do período reside em uma mobilização sem precedentes das populações nos conflitos. A guerra total implica a multiplicação de organizações paramilitares em conjunto com os exércitos regulares que atuam nos diferentes teatros de operações dessa primeira metade do século XX. Unidades combatentes integradas ou não ao exército regular, os corpos francos são, em certos casos, compostos por soldados da fortuna. Todavia, isso não é sistemático. Os da Primeira Guerra Mundial foram frequentemente confundidos com os "limpadores de trincheiras", devido ao romance famoso de Roger Vercel, *Capitaine Conan* [Capitão Conan], de 1934, adaptado para o cinema por Bertrand Tavernier, em 1996. No Exército francês, os "exterminadores" não são, ao que parece, mercenários, como revela este diário de trincheira: "Era verdade, por Deus, ele ia esquecer os limpadores de trincheiras! Seis homens por seção, escolhidos entre os melhores soldados. Ele os designara em 24 de setembro, durante a vigília ardente, para 'exterminar' todos os boches [alemães] nas trincheiras conquistadas e deixadas para trás. Trincheiras tomadas para o assalto de hoje [...]. Ele obedeceu, entretanto, e chamou os limpadores de trincheiras, os 'degoladores', como eram chamados na companhia: jovens da 'classe 15'* em sua maioria, orgulhosos por terem sido escolhidos e por carregarem na polaina esquerda o facão clássico do matador. 'Então, rapazes, está entendido, vocês pegam a 'esquerda' e não se ocupam mais de nós; vocês andam atrás, já sabem!'"⁷

Em compensação, corpos francos alemães escaparam completamente à autoridade militar legítima no *front* russo, onde o fim dos combates acarreta

---

* N. T.: O termo *classe* refere-se ao ano de recrutamento: aqui, refere-se aos soldados nascidos em 1895 e incorporados no ano de 1915.

uma profunda recomposição dos Estados bálticos. Em março de 1918, o tratado assinado em Brest-Litovsk entre os bolcheviques e o Império Alemão deixa-os sob domínio alemão. Porém, após o Armistício assinado em 11 de novembro de 1918, a Alemanha deve evacuar suas tropas estacionadas no Báltico. Os Estados bálticos imediatamente enfrentam a invasão do Exército Vermelho. De origem germânica, os barões bálticos não desejam ser dominados pelos russos e, como os bolcheviques detêm o poder em Moscou, eles se aliam aos russos brancos. Apoiados pela Grã-Bretanha, Estônia e Lituânia, conseguem assim frear o avanço do Exército Vermelho. Além da intervenção das potências ocidentais (França, Grã-Bretanha), eles contam com *freikorps* (corpos francos) alemães, pois muitos soldados desmobilizados preferem unir-se a essas formações paramilitares a voltar sem emprego para a Alemanha.

Fundada em 29 de novembro de 1918 pelo major Joseph Bischoff, a Brigada de Ferro é o mais célebre corpo franco. Desde o início, ela conta com cerca de seiscentos voluntários que atrasam a ofensiva das forças bolcheviques no final do ano. Isolado, o chefe do governo letão, Karl Ulmanis, apela para a Alemanha. Berlim envia, então, um corpo oficial, o 6º Corpo. Todavia, este também é apoiado pelos *freikorps* — como a Baltische Landeswehr* ou a Brigada de Ferro, que passou a Divisão de Ferro (em janeiro de 1919) — formados por novos voluntários vindos da Alemanha para defender a independência letã, contando em receber terras após a vitória. A lembrança da epopeia dos cavaleiros teutônicos e a situação caótica da Alemanha convence mais de um alemão a tentar a sorte neste novo eldorado oriental. Revela o major Fletscher, que comanda a Baltische Landeswehr: "Na vida comum e nos combates compartilhados com os bálticos, meu coração alemão doente que perdera a fé no povo alemão durante a revolução [Liga Espartaquista] cura-se mais uma vez. Olhando para trás, posso dizer que não encontrei lealdade e honra a não ser entre meus bálticos."[8]

A Divisão de Ferro alcança um contingente de dez mil homens. As forças báltico-alemãs lançam-se ao assalto de Riga, tomada em 22 de maio de 1919. Nessa contraofensiva, os *freikorps* têm um papel decisivo. Porém, as

---

* N. T.: *Baltische Landeswehr*: Brigada de defesa dos países bálticos.

forças paramilitares alemãs pretendem restabelecer o poder dos barões bálticos de origem germânica na região. Participam, então, de um conflito entre letões e estonianos. Em 21 de junho, a Divisão de Ferro e a Landeswehr são surpreendidas pelos estonianos em Wenden e precisam bater em retirada, deixando Riga. Em 24 de agosto de 1919, a Divisão de Ferro deve sair da Letônia por ordem de Berlim, mas o major Bischoff recusa-se a obedecer às ordens de seu governo. Essa ruptura com a República de Weimar entusiasma uma parte dos alemães, em ruptura política com a democracia recém-instaurada: "A febre báltica, escreve Noske, tomara conta de milhares de indivíduos, provocando um afluxo de voluntários impossível de conter."[9]

Em 8 de outubro de 1919, os *freikorps* lançam-se à reconquista de Riga. Cercados pelos exércitos letão e estoniano, bombardeados pelos britânicos, os rebeldes alemães vão então oferecer seus serviços aos russos brancos, seus aliados. Estima-se em 14 mil o número de membros dos *freikorps* que passaram para o exército dos voluntários russos do oeste ou para o exército Bermont (nome do comandante). Eles levam para as forças contrarrevolucionárias russas 64 aviões, 56 peças de artilharia e 156 metralhadoras.[10] Em dezembro, essa tropa começa a deslocar-se e numerosos voluntários tomam o caminho de volta para a Alemanha.

No centro dos processos de "brutalização"

Os corpos francos alemães do Báltico mostram que a Alemanha encontra-se no centro desse processo de "brutalização", tal como conceitualizado por Georges L. Mosse. O historiador americano estabeleceu uma translação da violência de guerra das trincheiras para uma violência na vida política e social do pós-guerra, que levou ao nazismo. O comandante de uma dessas unidades francas do Báltico relata, assim, as atrocidades cometidas contra os civis nesses combates brutais logo após a Primeira Guerra Mundial: "Encontramos cadáveres de mulheres que haviam sido torturadas até a morte. Em pessoas que se debatiam, os bolcheviques haviam enfiado cunhas de madeira no corpo até que morressem sofrendo dores horríveis. Vimos como velhos haviam sido amarrados entre duas tábuas e serrados ao meio."[11]

Da observação, os *freikorps* passam ao exercício da violência quando chega o momento da desilusão: "Nós gritamos nossos cantos nos ares e depois atiramos granadas... Queríamos sangue. Não tínhamos mais nada em nossos corações que pudesse assemelhar-se à decência. A terra onde havíamos vivido ecoava agora sua destruição. Lá onde outrora havia vilarejos tranquilos, não restava mais do que fuligem, cinzas e brasas. Havíamos acendido uma fogueira, mas não eram apenas coisas inertes que ardiam; também ardiam nossas esperanças, nossos desejos; também ardiam os registros, as leis e os valores do mundo civilizado; aqui tudo ardia... E voltamos arrogantes, embriagados, carregados com o butim de nossas pilhagens."[12]

A "brutalização" passa também pelo retorno às condições de vida extremamente precárias dos combatentes: "Os primeiros dias de novembro [1919, durante os combates em Riga] trouxeram um frio cortante e rajadas de neve. Nós enrolávamos o corpo com trapos velhos, as pernas e o pescoço envoltos em um cachecol em frangalhos, e estávamos mais cobertos de piolhos do que nunca. Chafurdávamos em buracos cheios de neve [...]. Não tínhamos nada para fazer sopa, pois as raras batatas que restavam estavam congeladas. Nossos feridos tinham gangrena e morriam [...]. Os inimigos tinham de tudo. No entanto, teríamos surrado como um traidor qualquer um que nos convidasse a voltar para a Alemanha, por ordem do governo do Reich."[13] Essa continuidade da experiência dolorosa da Primeira Guerra Mundial aparta mais ainda os membros dos *freikorps* da sociedade civil e acelera a ruptura social e política com a nova Alemanha: "Não conseguíamos nos livrar do que havia tomado conta de nós [...]. Conservávamos nossas armas sem saber se ainda seriam necessárias. Vivíamos muito afastados [da sociedade], havia muros por toda parte, não tínhamos lugar, éramos estrangeiros no Reich."[14]

Juntamente com Stéphane Audouin-Rouzeau, certos historiadores franceses defendem a ideia de que essa "brutalização" não atingiu apenas a Alemanha. Para eles, a cultura de guerra nascida na Primeira Guerra Mundial é a matriz dos horrores do segundo conflito planetário. Franceses comuns[15] antes da Guerra, os combatentes da LVF vão participar de grandes ações violentas que se assemelham a crimes de guerra. Em 1942-43, os legionários franceses são designados à luta contra os governistas usando os métodos nazistas: queimam os vilarejos que os abrigam ou abastecem. Mesmo manifestando certa reserva em relação a esses métodos, eles os executam. O legionário Pierre Labat, por exemplo, relata seu espanto e de seus camaradas diante da "amplitude de destruição" que terão de realizar e que efetivamente realizam. "Nós surgíamos em um vilarejo como um furacão. Os boatos corriam rapidamente e os habitantes sabiam, ao nos ver, o destino que os esperava. Imediatamente, alguns saíam de casa, às pressas, com fardos preparados com seus mais preciosos objetos pessoais. Outros, desesperados diante de suas portas, olhavam-nos com olhos cheios do maior desespero e miséria do mundo. Alguns suplicavam humildemente, pedindo piedade àqueles que deles se aproximavam. Nós sofríamos ao cumprir essa tarefa, ouvindo os gemidos das crianças e as ladainhas das velhas [...]. Depois, tais como os mercenários de Wallenstein, contemplávamos o incêndio começando e se alastrando, enchendo nossos cachimbos e acendendo-os no fogo. As chamas balançavam ao vento, atingindo o próximo telhado e regando-o com galhinhos em brasa. O crepitar era cada vez mais forte."[16]

Com ou sem escrúpulos, as atrocidades contra os civis tornam-se tarefa diária dos legionários. Os vilarejos são passados metodicamente no pente-fino. O comandante Simoni testemunhará, em seu processo, sobre a passagem de suas tropas no vilarejo de Chernechewsky: "Eu mandei incendiá-lo. Também mandei executar os homens. É possível que, no fogo da ação, os legionários, indisciplinados por essência e, na maioria, aliás, extremamente impulsivos, tenham abatido mulheres e crianças."[17] Essa afirmação, assim como as comparações de Pierre Labat, atesta que o recrutamento de voluntários pode tê-los levado a uma violência comparável àquelas atribuídas aos mercenários da época moderna. Desse modo, o ideal supostamente generoso das legiões apaga-se diante das práticas da Europa nazista.

Embora sem comparação com as atrocidades cometidas no *front* russo, algumas figuras das Brigadas Internacionais também rompem o mito do legionário que serve generosamente à causa democrática. Por exemplo, André Marty, ex-oficial da Marinha, é o chefe do centro de formação de Albacete, onde recebeu o terrível apelido de "açougueiro de Albacete":[18] os grupos libertários e anarquistas acusam-no, principalmente na imprensa francesa, de ser um matador sanguinário às ordens dos soviéticos. Essa reputação parece muito exagerada. "Confundindo energia e brutalidade, sofrendo de uma desconfiança paranoica",[19] Marty está, contudo, envolvido na execução de uma dezena de brigadistas, dentre os quais Gaston Delasalle, comandante da 14ª Brigada, antes de ser acusado de traição. Assim, a brutalização mescla-se ao ideal das legiões e o corrompe.

O impulso revolucionário europeu...

No entanto, a amplitude do fenômeno desses diferentes corpos marca o triunfo do voluntariado, surgido na Revolução Francesa e nas vastas manifestações de apoio aos movimentos nacionais e liberais. Encarnados pelos veteranos napoleônicos ou pelos Garibaldi no século anterior, esses recrutamentos ideológicos pelos intelectuais alcançam o auge nessa primeira metade do século XX. Em uma conferência ministrada em 1934, o coronel Thénault lembra o espírito que anima os voluntários americanos da esquadrilha La Fayette, comandados por ele: "Aquela juventude ouvira tanto os clássicos gregos ou romanos cantarem a liberdade e a lamentarem veementemente sua perda que inúmeros campeões levantaram-se para defendê-la quando ela lhes pareceu ameaçada."[20] Os voluntários que se alistaram nas Brigadas Internacionais expressam melhor ainda sua adesão à linhagem das grandes legiões desde a Revolução Francesa. De resto, o próprio nome das Brigadas expressa a reivindicação dessa ascendência: Dombrowski, o criador da legião polonesa, é um exemplo disso. Em sua crônica da 14ª Brigada, o tcheco Théodore Balk filia-se a Lord Byron e ao filelenismo. Os italianos citam seu glorioso ancestral Garibaldi. Analisando suas motivações, Anne Morelli observa que "indo para a Espanha [...], a maioria dos italianos, mesmo de origem modesta, sentia-se como os herdeiros de uma tradição histórica cuja epopeia é muito popularizada na Itália, a tradição do voluntário garibaldino nos combates do século XIX pela liberdade dos povos".[21]

A Guerra Civil Espanhola tem uma enorme repercussão nas esquerdas europeias. Na França, as motivações dos brigadistas coincidem com a ideologia professada pelo Partido Comunista Francês (PCF) no entreguerras e misturam a solidariedade internacionalista comunista ao patriotismo francês. Mais tarde, a entrada na resistência funcionará como uma continuidade do combate iniciado ao lado dos republicanos espanhóis. Lê-se, por exemplo, num cartaz de adesão à Associação dos Ex-Voluntários da

A guerra no coração das sociedades

Espanha: "A solidariedade internacional que demonstramos ao povo espanhol em 1936-39, em sua luta heroica contra a agressão fascista, aliava-se à nossa preocupação em salvaguardar nos Pirineus a segurança da França. Nosso internacionalismo une-se ao amor pela pátria do qual demos provas durante a Resistência."[22] Esse vínculo traduz bem a profunda impregnação pela extrema-esquerda dos brigadistas internacionais.

Todavia, não se pode atribuir a paternidade desse movimento de voluntários ao PCF. Embora o principal local de alistamento tenha sido Paris, a largada dos recrutamentos é dada em Moscou pelo Comintern,* que redige uma resolução em agosto de 1936. O sétimo ponto desse texto enuncia a vontade de "proceder ao recrutamento de voluntários com experiência militar entre os operários de todos os países a fim de mandá-los à Espanha."[23] Até os anos 1960, recusou-se o reconhecimento do papel do Comintern e, ao que parece, instruções foram dadas para que os voluntários não tornassem público seu recrutamento pelas células comunistas de seu país de origem.[24] Ora, a chegada de iugoslavos, perseguidos pela polícia monarquista, ou de húngaros, preocupados em escapar à repressão do almirante Horthy, traduz a orientação política desses voluntários. A proximidade ideológica com Moscou dos intelectuais engajados na Espanha não deixa nenhuma dúvida. Em 1936, André Malraux já havia visitado duas vezes a URSS, onde encontrara o romancista Gorki, Eisenstein, cineasta do regime, e o próprio Stalin.

Na verdade, veem a Guerra da Espanha não como uma guerra civil, mas como um combate contra o fascismo na Europa. Tendo partido aos 16 anos de idade, o italiano Giovanni Pesce conta: "Eu me inscrevi nas Juventudes Comunistas aos 13 anos [...]. Dois motivos me levaram verdadeiramente a ir para a Espanha: o primeiro foi o discurso da Pasionara no centro de eventos Mutualité, em Paris, quando ela disse: 'Se a Espanha for vencida, torrentes de sangue inundarão a Europa'. O segundo motivo e elemento determinante foi o apelo do Comício antifascista italiano [...], que convidava todos os verdadeiros antifascistas a ir combater na Espanha pela honra de nosso país. Nós sofríamos uma ditadura fascista, e lutar na Espanha era lutar contra o inimigo da democracia."[25] Na França, a imprensa comunista

---

* N. T.: *Comintern*, ou Internacional Comunista, é o termo que designa a organização fundada por Lênin para reunir diferentes partidos comunistas.

insiste também no impacto de uma derrota nazista em um país que se recupera da Revolta das Ligas de 6 de fevereiro de 1934* e que vive sob a pressão de poderosos partidos de extrema-direita, como o Partido Social Francês, do coronel de La Rocque.

São igualmente fortes convicções comunistas que explicam a presença de ex-oficiais estrangeiros regulares entre os voluntários internacionais. Prova disso é o Batalhão de Edgar André, dirigido por um oficial prussiano que se tornou marxista, Hans Kahle. O Batalhão Commune de Paris também é comandado por um ex-militar, o coronel francês Jules Dumont. Condecorado com a Legião de Honra na Primeira Guerra Mundial, Dumont milita em Paris nos anos 1930. Em 1941, fará parte do Comitê Militar Nacional, fundado no partido. Importante responsável militar da resistência comunista, ele será preso, torturado e fuzilado pelos alemães em 1943.

...e a reação

No campo oposto, o recrutamento é igualmente guiado por convicções ideológicas; comandante da brigada irlandesa, O'Duffy dirige um movimento de inspiração fascista na Irlanda, os *camisas azuis*, e uma parcela dos voluntários sob suas ordens na Espanha são membros de seu partido. Em dezembro de 1934, O'Duffy até assumiu um cargo no Secretariado Internacional fascista, em um encontro ocorrido em Montreux. Da mesma forma, quem conduz a Companhia Joana D'Arc é a extrema-direita francesa. Bonneville de Marsangy dirigiu uma seção parisiense da liga de ex-combatentes nacionalistas, os *croix-de-feu*, e trabalha para o jornal de Charles Maurras, *L'Action Française*, no início da Guerra Civil. O carro de Bonneville ostenta seu próprio pendão, que ilustra suas convicções: uma bandeira tricolor com uma flor de lis costurada sobre o branco.

Uma rede de recrutamento em Oran, na Argélia, apoia-se nos meios próximos do Partido Social Francês do coronel de La Rocque; a maioria dos recrutados veio dos Camelots du Roi, força paramilitar da Ação Francesa.

---

* N. T.: É assim chamada uma manifestação das Juventudes Patriotas, de direita e extrema-direita, contra a esquerda parlamentar, que degenera em violência; faz dezessete mortos e mais de mil feridos.

Por outro lado, encontram-se alguns antissemitas notórios entre esses voluntários estrangeiros no serviço franquista. Entre os irlandeses, Gunning fará mais tarde parte do círculo de Goebbles em Berlim. Entre os franceses, o jornalista Oudard encontra, em Oran, um soldado da Companhia Joana d'Arc que afirma ser antissemita. Para ele, o combate na Espanha faz sentido, pois "todos os judeus querem um futuro comunista".[26] Mas nem todos são fascistas. Um dos voluntários da Brigada, Seamus Macfee, afirma que a tropa é dividida em dois grupos, os ex-*camisas azuis*, de um lado, e "jovens irlandeses comuns profundamente marcados pela formação católica",[27] de outro. De fato, a maior parte deles vem das regiões rurais da Irlanda ou da comunidade católica de Ulster. Foram convencidos de que iriam defender sua religião da ameaça do comunismo ateu internacional.

Esse enfrentamento entre esquerda internacional e extremas-direitas na Espanha leva, por vezes, a percursos originais, como o de Henri Dupré, que revela a intensidade do confronto ideológico. Talvez membro da Cagoule, organização de extrema-direita francesa,* Henri Dupré consegue infiltrar-se nas Brigadas Internacionais. Em Albacete, torna-se um dos braços direitos de André Marty e cuida da intendência. Aproveita essa situação privilegiada para cometer atos de sabotagem (principalmente em metralhadoras) antes de deixar discretamente a Espanha, em 1937, sem ter sido desmascarado.[28]

Durante a Segunda Guerra Mundial, jornalistas e escritores colaboracionistas fazem o mesmo para a Waffen-SS. A principal motivação desses homens parece ser um anticomunismo visceral, que os levará ao terrível *front* leste por sua própria escolha. Esse anticomunismo leva-os a aderir ao discurso hitlerista com uma cegueira surpreendente. Enquanto a Europa nazista desmorona, Christian de La Mazière presta juramento de fidelidade ao Führer na Divisão SS Charlemagne: "Guardo muito vivo", escreverá mais tarde, "a lembrança dessa cerimônia, marcada, em sua sobriedade, por uma gravidade religiosa. Seguindo um velho costume germânico, ela se desenrolara entre dois carvalhos. Cruzaram-se punhais sobre o lema 'Minha honra chama-se fidelidade'. Depois, em nome de todos, um oficial prestara juramento, pronunciando o texto ritual em alemão. Nós o repetíamos em francês."[29]

---

* N. T.: *Cagoule* (capuz) foi o nome dado pela imprensa à Organização Secreta de Ação Revolucionária Nacional, grupo de extrema-direita ativo na França nos anos 1930.

Existem também outras motivações ideológicas. Por exemplo, ao formar a Divisão SS Charlemagne, os nazistas procuram misturar várias pequenas unidades colaboracionistas. Propõem então integrar os restos de uma Bretonnische Waffenverban SS à nova divisão, mas essa milícia pró-nazista recusa-se obstinadamente a unir-se à SS Charlemagne, sob o pretexto de que seu nome é demasiado francês. De fato, seus combatentes são irredutíveis separatistas bretões e julgam impensável acabar sua trajetória pró-nazista ao lado dos franceses.

Motivos menos confessáveis

Todavia, assim como no século XIX e dentro da tradição das atividades mercenárias, outras razões podem explicar o recrutamento. Membro dos *freikorps* do Báltico, Ernst von Salomon escreve: "Éramos combatentes impregnados de todas as paixões do mundo; cheios de luxúria, encontrando a exaltação na ação. O que nós queríamos? Não sabíamos. Combates, aventura, excitação e destruições. Uma força indizível, invasiva, surgia de todo nosso corpo e nos esfolava vivos."[30] De fato, mesmo em voluntários muito politizados, o gosto pela aventura permanece um poderoso motor de recrutamento. É o que justifica o alistamento do brigadista Léo Valine: "O que me levou então a partir? Bom, é preciso dizer [...] a vida era muito dura e, além disso, tínhamos 20 anos. Penso que, para mim, um garoto normal, sobretudo na época, 20 anos é a explosão [...]. Trabalhar na fábrica, em Paris, trabalhar no rádio, fabricar aparelhos toda a semana para ir ao cinema domingo, recomeçar o trabalho e o cinema domingo. Isso era a vida na época! Bom, aí, não, essa vida monótona, para mim não! São os 20 anos que falam, foi o que me levou a partir."[31] Escritor engajado nas Brigadas Internacionais, Nick Guillain não hesita, aliás, em apresentar-se como mercenário em suas memórias.[32] Esse sentimento de existir, de ser dono do próprio destino, também prevalece nas legiões nazistas.

A realização pessoal na ação, o sonho de glória também são fatores importantes do alistamento. Foi por isso que o brigadista Marcel Maigrot primeiro assinou um contrato na Legião Estrangeira, depois continuou a carreira nos caças da África, antes de voltar a Paris, em 1935. Mas a luta lhe faz muita falta, sem dúvida, e ele parte novamente. No entanto, confessa: "Ah, sim, eu poderia ter bandeado para o outro lado: Batalhão Joana d'Arc", mas acrescenta que a cultura de sua família levou-o a escolher os republicanos.[33] O sonho de glória, a ambição, também provoca o "retorno" do general soviético Vlassov. Esse alto oficial do Exército Vermelho precisou sacrificar sua esposa: para prosseguir a carreira, separa-se dessa moça do *kulak*.* Quando volta de uma missão na China, onde auxiliou o governo na guerra contra os japoneses, as condecorações que recebeu de Chiang Kai-shek são confiscadas. Em 1939, recebe o comando da pior unidade das forças soviéticas. Humilhado, Vlassov torna-se antistalinista. Em 1942, é enviado para Leningrado. Feito prisioneiro pelos alemães, não hesita em formar uma força mercenária e recruta prisioneiros de guerra russos; forma três divisões, que coloca a serviço de Hitler.

As circunstâncias do retorno de Vlassov a Leningrado são pouco conhecidas. Assim como é possível compreender a entrada de russos brancos no exército Vlassov[34] e na Wehrmacht, também a escolha dele parece se dar por orgulho e ódio pessoal. É possível que tenha ficado tentado a fazer uma vingança pessoal contra Stalin e pensado em voltar para a Rússia como herói libertador. Aliás, o nome de seu exército era Exército de Libertação da Rússia (ou ROA, em russo) e, em seu Manifesto de Praga, Vlassov apresenta 14 pontos que legitimam o combate contra Stalin. Sob muitos aspectos, seu envolvimento parece uma guerra particular travada por um *condottiere* na Itália da Renascença, em que os interesses privados do chefe de guerra e os contratos militares estão relacionados.

Apesar de o engajamento ideológico sobrepujar as motivações financeiras, o aspecto pecuniário permanece um fator importante. O recrutamento dos membros dos *freikops* do Báltico é feito com promessas de uma vida de proprietários de terras, como mostram as publicidades difundidas em 1919: "Soberba oportunidade para você se instalar! Qualquer pessoa que deseje possuir seu próprio terreno nos belos países bálticos pode se dirigir aos seguintes escritórios de recrutamento...".[35] Mais ainda, em 1937, dois aviadores americanos reclamam do governo republicano espanhol

---

* N. T.: O termo *kulak* refere-se, no início do século XX, àqueles que empregavam trabalhadores agrícolas assalariados e, mais tarde, aos camponeses remediados.

1,2 mil dólares: haviam sido contratados alguns meses antes com salários apetitosos, mas não respeitados.[36]

No campo adversário, os *camisas negras* que aceitam ir para a Espanha em 1936 são frequentemente recrutados nas cidades mais pobres da Itália: Bari, Cagliari, Nápoles, onde Mussolini abriu centros de recrutamento que não hesitam em mentir sobre o valor do soldo; promete-se ao futuro conscrito 25 pesetas por dia e um seguro de 20 mil liras. Embora as somas realmente recebidas sejam menores, ainda assim elas são interessantes para os voluntários, pois eles ganham dois soldos: duas pesetas por dia são pagas por Franco, e vinte liras, por Mussolini. Isso representa, no total, 175 liras por semana, ao passo que um trabalhador agrícola italiano ganha menos de 10 liras por dia.[37] Na Waffen-SS, o soldo, indexado ao da Wehrmacht, é relativamente alto: o recruta ganha no mínimo 1,8 mil francos na França e, no *front*, 3 mil. Com os abonos, pode chegar a 3,5 mil francos, ou seja, uma soma bem mais confortável do que a embolsada pelos operários que aceitam trabalhar na Alemanha.[38]

Nos limites do voluntariado

Por fim, permanecem os ingredientes que já explicavam os alistamentos nas legiões do século XIX, esta mistura de convicções políticas e de desejo de aventura. Porém, profundas mudanças alteram o impacto desses voluntários nas frentes de batalha. No século XIX, o fenômeno limita-se essencialmente a grupos restritos, quase todos compostos de ex-militares. Agora, devido à imagem valorizante veiculada pela propaganda (garibaldismo na Itália), sua ampliação prejudica sua eficiência. A massificação dá origem a corpos combatentes muito menos homogêneos socialmente e, sobretudo, do ponto de vista militar e psicológico. Nesse sentido, Giovanni Pesce relata a dificuldade dos voluntários italianos de se dobrar à rude disciplina militar exigida: "Muitos garibaldinos lamentavam-se, protestavam, não queriam aprender as marchas ou a fazer os exercícios."[39]

Essa situação nova para eles e a inquietação provocada pelos primeiros fracassos diante dos nacionalistas provocam rapidamente um declínio do moral dessas tropas: "Devo dizer que me acontecia de pensar em minha mãe e em meus irmãos, mas nas preocupações materiais eu não pensava. Eu era voluntário, tinha vindo para lutar. Nenhum elemento perturbava minha consciência ou me impedia de cumprir o dever, mas alguns companheiros viviam essa situação de outro modo, eu mesmo vi alguns deles chorando porque pensavam na mãe, na mulher, nos filhos. Éramos simples seres humanos, pessoas simples, com nossa humanidade. Lembro que alguns pensavam até mesmo em voltar para casa, para ver a família. Eles estavam preocupados."[40] Esses sentimentos também são experimentados por seus inimigos da brigada irlandesa. Um dos legionários, Kemp, confessa ter ficado "na fossa".[41]

Até no topo da hierarquia, a qualidade militar dos homens pode ser questionada. Com o nome de general Lukacs, o romancista húngaro Mata Zalka dirige a 12ª Brigada Internacional. Vivendo da literatura antes de 1914, ele serviu como oficial no exército austríaco durante a Grande Guerra, antes de entrar para o Exército Vermelho. Logo a 12ª Brigada revela-se mal preparada para enfrentar o combate. Na realidade, a despeito da experiência militar de Lukacs e de seu estado-maior, a 12ª acumula erros de comunicação entre seus diferentes corpos desde o primeiro confronto em Boadilla del Monte. Apesar do reforço de canhões russos, os franquistas entram em Boadilla, e o combate é terrível. Logo após chegarem, uma parte dos brigadistas é dizimada. As poucas semanas de instrução recebida em Albacete não substituem o profissionalismo das tropas inimigas da África. No campo oposto, após inspecionar a Brigada Irlandesa, Franco redige um relatório em 14 de abril de 1937, no qual afirma que a tropa "carece de oficiais profissionais".[42]

Ligada a um recrutamento mais ou menos voluntário, a mesma massificação prejudica o valor dos *camisas negras* no *front* espanhol durante a Guerra Civil. As tropas do general Roatta sofrem vários revezes, pois, como escreve um oficial italiano a um de seus companheiros franquistas de armas, muitos eram *"voluntarios sin voluntad"*, "voluntários sem vontade". Até os nazistas arriscam-se a diminuir a homogeneidade ariana da SS e seu engajamento ideológico consubstancial, buscando novos nichos de recrutamento. Em 1944, a Waffen-SS recruta nos campos de prisioneiros, aos quais se oferece a oportunidade de libertação. Na famosa Divisão Das Reich, que atuará principalmente em Orador-sur-Glane, encontram-se os *hiwis*, voluntários da Europa Oriental que preferiram vestir o uniforme SS a morrer aos poucos nos campos. Além disso, em junho de 1944, o Regimento Der Führer tem 189 romenos, 84 húngaros, 76 croatas, 48 eslovacos, 16 ucranianos, 11 sérvios, 6 russos, 6 dinamarqueses, 3 tchecos, 1 iugoslavo, 1 lituano, 1 polonês, 1 suíço e 36 *hiwis*.[43]

Que lugar ocupam os voluntários?

Essa inflação do recrutamento de civis levanta o problema de seu *status*. Não há dúvida de que, em nome de seus ideais, o voluntário tem um papel cada vez maior nos conflitos desde o século XIX; pouco a pouco, ele suplantou o mercenário "clássico", tal como concebido no Antigo Regime. Pior do que isso, agora essa noção é moralmente condenada: servir uma potência estrangeira pode ser interpretado como uma traição por parte da população. Isso acontece, evidentemente, com os que se alistam na Waffen-SS, denegridos por uma parcela crescente dos franceses à medida que avança a Segunda Guerra Mundial.

Todavia, nenhuma lei proíbe o voluntariado nem tenta definir melhor a atividade mercenária. É verdade que a codificação internacional da guerra progrediu muito desde a redação da primeira Convenção de Genebra, em 1864.[44] A Convenção de Haia de 1899 (e depois a de 1907) não emite nenhum julgamento negativo sobre a intervenção de soldados da fortuna. Pelo contrário, a Convenção decreta que os supletivos devem ser considerados beligerantes e beneficiar-se dos mesmos direitos que os soldados dos exércitos regulares. Ademais, a tradição dos Estados neutros de condenar juridicamente os alistamentos em forças estrangeiras está agora bem enraizada. É por essa razão que os nazistas decidem conceder a nacionalidade alemã a todos os voluntários de "países germânicos", correndo o risco de fragilizar sua própria teoria da raça pura.[45]

O artigo 23º da Convenção de Haia também foi muito lembrado: "É proibido a um beligerante forçar os nativos do campo adversário a participar de operações dirigidas contra seu país, mesmo quando estiverem a seu serviço antes do começo da guerra." Essa cláusula deve ser interpretada como a autorização tácita dada a um Estado para recorrer a estrangeiros, desde que respeite seu livre-arbítrio. Todavia, inflexões sobre o emprego de legiões voluntárias podem ser percebidas desde a primeira metade do século XX. Assim, as Convenções de Londres condenam "o apoio dado a bandos armados que, formados em seu próprio território, tiverem invadido o território de outro Estado, ou se recusado, apesar da solicitação do Estado invadido, a tomar em seu território todas as medidas cabíveis para privar os ditos bandos de qualquer ajuda e proteção". Sem dúvida, esse texto de 1933 é assinado por Estados secundários no cenário internacional (Afeganistão, Estônia, Letônia, Pérsia, Polônia, Romênia, URSS, Turquia, Tchecoslováquia e Iugoslávia), mas ele está registrado na Liga das Nações.[46] Na tradição do Pacto Briand-Kellog, que proíbe a guerra, ele poderia ter permanecido como um tratado inaplicável e utópico. Marca, ao contrário, uma etapa no Direito Internacional.

Às voltas com a Guerra Civil Espanhola, o governo francês precisa tomar uma decisão. A Frente Popular opta pela não intervenção. Ao mesmo tempo, ele rejeita emendas da direita que visam a punir "a propaganda" a favor do recrutamento de voluntários em solo francês. No entanto, em janeiro de 1937, o texto final autoriza o governo eventualmente a "tomar [...] todas as medidas úteis para impedir o recrutamento e os atos que tendam ao recrutamento de pessoas nas forças combatentes atualmente na Espanha". Um mês mais tarde, conforme o Acordo Internacional de Não Intervenção, são proibidas as diligências de recrutamento em reuniões públicas e em domicílio, a publicação de classificados nos jornais ou na rádio.[47] Contudo, a posição tomada pelo governo francês tem contramodelos. Os Estados Unidos atenuam sua legislação e permitem a publicação de classificados. Somente o recrutamento em solo americano é considerado uma violação das leis de neutralidade.[48]

A Itália fascista infringe o Acordo Internacional com a tropa voluntária, que recebe apoio e financiamento diretamente do governo. Encarregada pelo Comitê de Não Intervenção de impedir qualquer envio de armas pelo Mediterrâneo a um ou outro dos campos da Guerra Civil, a Itália não respeita seu compromisso. A Alemanha também é signatária desse acordo. Por essa razão, os soldados da Legião Condor são oficialmente voluntários. Os membros dessa tropa organizada pelo poder nazista recebem trajes civis na base de Döberitz, perto de Berlim. A par dos perigos da missão que lhes é confiada, eles são oficialmente voluntários, isto é, não pertencem mais ao corpo militar alemão. O uniforme que vestirão na Espanha é diferente dos modelos da Wehrmacht ou da Luftwaffe. Apenas a cruz gamada enfeita sua boina negra e indica seu vínculo com o regime nazista. Nos bastidores, uma sociedade chamada Hisma foi fundada no Marrocos, em julho de 1936, para transferir fundos entre Franco e Hitler. Mesmo tendo um papel mais econômico, essa empresa tem o objetivo inicial de pagar à Alemanha pelos voluntários e material enviado às forças nacionalistas espanholas. A Legião Condor é precisamente uma tropa mercenária colocada à disposição de Franco por Hitler, que, oficialmente, não deve intervir.

O voluntário internacional, ao contrário, goza de um reconhecimento jurídico que tende a distingui-lo do mercenário. O artigo 4º, título I, da III Convenção de Genebra Relativa ao Tratamento dos Prisioneiros de Guerra, de 1949, esclarece que eles poderão ser reconhecidos como prisioneiros de guerra. Limites são estabelecidos para essa nova categoria de combatentes juridicamente definida. Devem ter um chefe de tropa, portar armas abertamente e um sinal distintivo dos civis (uniforme ou outro) e respeitar as leis da guerra.[49] Por isso, não abordaremos os movimentos de voluntariado internacional após 1945. A presença de combatentes do mundo inteiro para apoiar militarmente a criação de Israel é um pouco anterior a esse texto, mas eles se filiam a uma nova prática de engajamento, a defesa de uma identidade cultural e religiosa. Essa nova forma de voluntariado ocorre várias vezes na segunda metade do século XX e no início do século XXI (combatentes muçulmanos no Iraque e Afeganistão).

No plano legal, a atividade voluntária não pode ser absolutamente assimilada à mercenária. Em compensação, surge o problema da necessidade ou não de proibir, ou pelo menos condenar essa atitude, como aconteceu com os soldados da fortuna. A intervenção de voluntários chineses na Coreia em um dos maiores conflitos da Guerra Fria dá oportunidade à Organização das Nações Unidas (ONU) de debruçar-se novamente sobre esse fenômeno tão delicado. Agora, os Estados não podem utilizar voluntários internacionais (como aconteceu com a URSS ou com a Alemanha nazista nos anos 1930-1940) contra outro Estado. Dos anos 1950 aos anos 1970, a ONU acumula textos que lembram que organizar ou apoiar legiões voluntárias "que se dedicam a atos de força armada contra um outro Estado"[50] é condenado no plano internacional.[51]

A guerra no coração das sociedades

Todavia, como frequentemente acontece na legislação internacional, reina a ambiguidade, porque o voluntariado, enquanto tal, não se encontra claramente enquadrado. Somente os Estados que facilitarem a organização dessas tropas ou as promoverem são denunciados. Quando a Guerra Fria está no auge, as potências ocidentais esperam criminalizar as legiões de voluntários, como as lideradas por Che Guevara. Para elas, a ideologia seria uma ferramenta usada pelos Estados do bloco oriental para incitar à subversão e não passaria de um instrumento para aumentar o poder dessas nações, a começar pela URSS. Enquanto os países ocidentais seguem regras internacionais que buscam um equilíbrio no "concerto das nações", os países do Leste insistem que a legitimidade de uma causa pode levar um Estado a não se opor (no mínimo) à constituição de legiões voluntárias. Para eles, isso não deve ser assimilado a uma agressão e não pode, portanto, ser condenado no nível internacional. O problema das legiões não está claramente regulamentado; diz respeito essencialmente às escolhas feitas pelas legislações nacionais.

Notas

[1] Thénault (lieutenant-colonel), L'Escadrille La Fayette, op. cit., p.5.
[2] Idem, p. 4-5.
[3] C. L. Chennault, *Way of a Fighter: The Memoirs of Claire Lee Chennault*, op. cit., p. 32.
[4] Idem, p. 37.
[5] J.-C. Lauret e R. Lasierra, *Chennault et les Tigres volants*, Paris, Hachette, 1977, 332 p.
[6] M. Lefebvre e R. Skoutelsky, *Les Brigades internationales: images retrouvées*, op. cit., p. 35.
[7] J. Bernier, *La Percée*, Marseille, Agone, 2000, 213 p. (1ª edição em 1920).
[8] Apud D. Venner, *Les Corps francs allemands de la Baltique*, Paris, Le Livre de Poche, 1978, 509 p.
[9] Idem, p.190.
[10] J.-D. Avenel e P. Giuducelli, *L'Indépendance des pays de la Baltique*, Paris, Economica, 2004, 191 p.
[11] Testemunho do capitão Otto Wagener, apud D. Venner, *Les Corps francs allemands de la Baltique*, op. cit., p. 178.
[12] E. von Salomon, *Les Réprouvés*, Paris, Bartillat (reed.), 2007, 421 p.
[13] Idem, p. 196.
[14] Testemunho de Ernst von Salomon, idem, p. 207.
[15] Desejamos fazer referência aqui ao livro magistral de C. Browning, *Des hommes ordinaires: le 101ᵉ bataillon de réserve de la police allemande et la Solution Finale en Pologne*, Paris, Tallandier, 2007, 367 p. O autor buscou compreender como os alemães das classes médias, geralmente casados, bem integrados socialmente, puderam participar dos massacres dos grupos de extermínio, os Einzatsgruppen, no Leste.
[16] Apud P. Giolitto, *Volontaires français sous l'uniforme allemand*, op. cit.
[17] Idem, p. 141.
[18] No livro *Por quem os sinos dobram*, Ernest Hemingway apresenta-o como Massart, comissário obtuso que, sem dúvida, corresponde mais à realidade.
[19] De acordo com o historiador B. Benassar, *La Guerre d'Espagne et ses lendemains*, op. cit., p. 231.

20 Thénault (lieutenant-colonel), L'Escadrille La Fayette, op. cit., p. 4.
21 A. Morelli, Les Italiens de Belgique face à la guerre d'Espagne, em *Revue Belge d'Histoire Contemporaine*, XVIII, 1987, 1-2, p. 188-214.
22 Apud R. Skoutelsky, *L'Espoir guidait leurs pas*, op. cit., p. 170.
23 A. Beevor, *La Guerre d'Espagne*, op. cit., p. 229.
24 Idem.
25 Declaração extraída do livro de F. Gravas, *Le Sel et la Terre. Espagne 1936-1938: des Brigadistes témoignent*, Paris, Éditions Tirésias, 1999, 207 p.
26 Apud J. Keene, *Fighting for Franco*, op. cit., p. 162.
27 Idem, p. 118.
28 M. Lefebvre e R. Skoutelsky, *Les Brigades internationales: images retrouvées*, op. cit., p. 93.
29 C. de La Mazière, *Le Rêveur casqué*, Paris, Robert Laffont, 1972.
30 E. von Salomon, *Les Réprouvés*, op. cit., p. 297.
31 R. Skoutelsky, *L'Espoir guidait leurs pas*, op. cit., p. 192.
32 N. Guillain, *Le Mercenaire: carnet de route d'un combattant rouge en Espagne*, Paris, Fayard, 1938, 226 p.
33 Idem, p. 197.
34 No filme *O Vento de Liechtenstein*, de 1993, Roberto Enrico narra o destino de um regimento do Exército Vlassov conduzido por um russo branco, o general Smylowsky. Refugiado em Liechtenstein, ele salva uma parte de seus homens da vingança soviética em 1946, enquanto Vlassov é executado em Moscou.
35 R. L. Waite, *Vanguards of Nazism, the Free Corps Movement in post-war Germany*, Cambridge, Harvard University Press, 1952, 344 p.
36 H. Thomas, *La Guerre d'Espagne*, op. cit., p. 441.
37 Dados fornecidos por H. Thomas, idem, p. 441.
38 Dados fornecidos por J. Vernet, Les Volontaires de la LVF, em *Le Soldat volontaire en Europe au XXe siècle*, op. cit., p. 354.
39 G. Pesce, *Un Garibaldino in Spagna*, Roma, L. Longo, 1955, 254 p., p. 28.
40 W. Bruyère-Ostells, Giovanni Pesce, une chemise rouge dans la guerre civile espagnole, em *Inflexions*, op. cit.
41 J. Keene, *Fighting for Franco*, op. cit., p. 122.
42 Idem, p. 126.
43 G. Penaud, *La "Das Reich". 2e SS Panzer Division*, Périgueux, La Lauze, 2005, 556 p.
44 Horrorizado pela visão do campo de batalha de Solferino, em 1859, o suíço Henri Dunant funda a Cruz Vermelha para socorrer os feridos. Com o apoio de Napoleão III, ele milita por uma codificação da guerra, principalmente para melhorar a organização do socorro às vítimas dos conflitos. Sua ação culmina na redação da Primeira Convenção de Genebra, em 1864.
45 J.-L. Leleu, *La Waffen SS*, op. cit., p. 81-83.
46 E. David, *Mercenaires et volontaires internationaux en droit des gens*, op. cit., p. 57.
47 Idem, p. 137.
48 Idem, p. 136.
49 Idem.
50 Nações Unidas, Resolução 3314 (XXIX) de 14 de dezembro de 1974.
51 E. David, *Mercenaires et volontaires internationaux en droit des gens*, op. cit., p. 55.

Os Cães de Guerra

Depois da época do voluntariado internacional, a Guerra Fria rompe o paradigma e há um intenso ressurgimento da atividade mercenária clássica. A neutralização das duas superpotências e o risco de conflito atômico parecem favorecer o retorno dos soldados irregulares nos Estados. Por outro lado, o mundo colonial é uma zona na qual sempre se destacaram muito mais do que na Europa: os senhores portugueses ou a Guerra dos Bôeres foram os melhores exemplos disso.

Os Terríveis: renascimento de um fenômeno

Esse mundo colonial estava em pleno desmoronamento. O Congo belga, por exemplo, é o teatro de um confronto complexo. Em 1960, a eleição presidencial que deve preparar a independência é vencida pelo socialista Patrice Lumumba. Entretanto, ele cede o lugar a Joseph Kasa-Vubu e torna-se seu primeiro-ministro em junho num clima de grande violência. Por isso, a Bélgica resolve enviar tropas adicionais para proteger os europeus que permaneceram no Congo. O temor de um retorno da potência colonizadora provoca uma nova onda de violência em Léopoldville, dirigida contra os europeus. Tomados de pânico, a maioria desses expatriados decide sair do Congo e repatriar seus capitais. Asfixiado por uma súbita escassez de finanças, o governo exige cada vez mais das empresas mineradoras implantadas na província do Katanga. Organizadas em sindicato, estas passam a visar à secessão.

Oficialmente fundado em 11 de julho de 1960 pelo presidente provincial Moïse Tshombé, o estado do Katanga conta com o apoio oficial da Bélgica. Contudo, deve se preparar à reação do governo de Patrice Lumumba, que reivindica o retorno da província sediciosa ao seio da República congolesa. Katanga dispõe de um Exército muito embrionário de 350 homens, denominado Guarda Katanguesa, que, na verdade, é constituída por 350 membros das forças locais de segurança. Diante da provável intervenção do Exército nacional congolês, os separatistas precisam recrutar com urgência homens capazes de formar e recrutar mais tropas. Tshombé resolve apelar para mercenários, ex-militares europeus presentes na região.

Na primavera de 1961, a Guarda Katanguesa contabiliza 655 brancos em suas fileiras – 220 dos quais são oficialmente enviados pela Bélgica sob o disfarce de cooperação; os outros são soldados da fortuna. Muito rapidamente, são apelidados de "Terríveis". Um deles fornece a explicação mais provável para essa denominação, que passa a designar todos os mercenários desse período: "Quando retornavam de [...] incursões, os mercenários de combates de choque chegavam a E'Ville em um estado físico impressionante. As roupas esfarrapadas [...], cobertas de poeira e óleo, eram realmente terríveis de se ver, com suas cabeças raspadas, barbas descuidadas e rostos inchados por causa das picadas de insetos. Os colonos e os pequenos belgas chamaram-nos de Terríveis".[1] Logo, cerca de 11 mil soldados estão sob seu comando. Para liderá-los, o governo katanguês escolheu um veterano francês. Formado na Escola de Oficiais da ativa de Saint-Maixent, o coronel Trinquier combateu na Indochina, onde se habituou às técnicas de guerrilha e contraguerrilha. Em seguida, passa a figurar no estado-maior do general Massu na Argélia. É por isso que participa da elaboração do plano de contrarrevolução aplicado durante a Batalha de Argel. Favorável à permanência da França na Argélia, Trinquier volta à França em 1960 antes de se juntar a Katanga.

A pedido do governo congolês, a ONU obriga a Bélgica a retirar seus oficiais em agosto e ordena a Katanga se submeter a Léopoldville. Em setembro, os capacetes azuis intervêm no âmbito da operação "Rumpunch". Eles tentam capturar os mercenários estrangeiros que lideram a Guarda Katanguesa. Apenas 105 deles conseguem escapar às forças da ONU.

Ao mesmo tempo, o Exército nacional congolês lança uma ofensiva em Katanga e penetra no norte da província, onde conta com o apoio das tribos baluba. Comandados por cerca de 15 soldados da fortuna, um destacamento da Guarda Katanguesa interrompe o avanço das forças de Lumumba nas proximidades da fronteira do novo Estado. No entanto, as milícias tribais baluba dominam a zona, fora das aglomerações ocupadas pela Guarda Katanguesa. Por meio de um acordo assinado em 17 de outubro, uma zona-tampão é, portanto, confiada à ONU ao norte da linha Luena-Mitwaba-Manono-Albertville. Apesar disso, os feridos se multiplicam. Em fevereiro de 1961, Katanga rompe a trégua. Liderada pelos Terríveis, uma ofensiva permite a retomada de Luena, Bukama e, posteriormente, Manono.

Condenado pela ONU, esse ataque tem como consequência o envio de mais de cinco mil capacetes azuis extras, principalmente indianos e irlandeses. Em 13 de setembro, comandados por gurkhas, eles se lançam ao assalto de Elisabethville. As operações militares estendem-se também às outras grandes cidades de Katanga. Em Jadotville, a guarda cerca os irlandeses que estão na cidade. Para defender Elisabethville, mil guardas katangueses continuam sob a liderança dos mercenários europeus. Entre eles, Bob Denard: "Na noite de 19 de setembro, os combates são retomados com maior intensidade. Indianos [...] põem-se a atirar nas fachadas das casas. Pouco depois, uma unidade tshombista ataca os gurkhas, que guardam o Correio. Estes não cedem nem um centímetro de terreno, apesar da enorme quantidade de morteiros, foguetes e rajadas de metralhadoras pesadas que acompanham o concerto das armas leves, usadas pelos katangueses, como sempre, sem nenhuma moderação. Na manhã de 20 de setembro, quase todos os mil guardas katangueses entraram na floresta que cerca a cidade, abandonada aos soldados da ONU".[2] Um cessar-fogo é assinado, mas a ONU está decidida a dar um fim nessa província katanguesa que desafia a ordem internacional.

No lado oposto, usa-se essa pausa para chamar novos soldados da fortuna. A segunda ofensiva da ONU começa no dia 5 de outubro. Os capacetes azuis passam a contar com apoio aéreo e, para Bob Denard e seus companheiros, isso significa: "Nossas esperanças acabam quando aviões da ONU bombardeiam os aviões *Fouga Magisters* de Tshombé em sua base de Kolwezi".[3] A guarda katanguesa oferece, entretanto, grande resistência nas ruas de Elisabethville: "Massacrados pelos meus morteiros, metralhados pelas armas pesadas dos guardas, baleados como coelhos pelos grupos de assalto comandados por Faulques, os capacetes azuis acabam por não se arriscar mais nas grandes avenidas da cidade".[4] Porém, a força aérea da ONU corta os recursos logísticos do inimigo bombardeando suas reservas de hidrocarbonetos e as estradas de ferro. Tshombé prefere assinar uma trégua no dia 21 de dezembro. No final do mês, os capacetes azuis tomam completamente o controle de Elisabethville, e a maioria dos mercenários estrangeiros foge para a Rodésia do Norte.

Todavia, durante o ano de 1962, os Terríveis, encarregados da defesa dos diferentes distritos de Katanga, estão de volta. Bob Denard instala-se em Kamina, Jean Schramme em Albertville, Christian Tavernier cobre a província do norte. Uma nova campanha militar é necessária. No fim do ano, os capacetes azuis dominam a maior parte do território. Depois de serem retirados de Jadotville, os mercenários garantem a defesa de Kolwezi, onde se refugiou o governo de Tshombé. O presidente katanguês não deseja capitular e, em um ato de desespero, apela para uma guerra total. Por fim, em 18 de janeiro, ele é obrigado a se render e, nos dias seguintes, os últimos Terríveis realizam sua retirada para Angola: "Apesar das promessas de Moïse Tshombé, sei muito bem que todos os ministros de ex-Katanga, com exceção de Évariste Kimba e Godefroi Munungo, não hesitarão em nos transformar em bodes expiatórios e nos sacrificar nas negociações", afirma Bob Denard em suas *Memórias*.[5] Em que pese o fracasso, a participação dos soldados da fortuna na secessão katanguesa tem uma formidável repercussão. A epopeia dos Terríveis no ex-Congo belga logo inspira um romancista rodesiano, que publica, em 1965, *The Dark of the Sun*. Adaptado ao cinema com o título *Os Mercenários*, esses novos soldados são imortalizados em uma série de perfis mordazes.

Biafra, terra de abundância para os mercenários

Depois dessa primeira manifestação, o retorno dos Cães de Guerra nos conflitos de descolonização poderia ser abordado através de vários exemplos. Um deles chamará particularmente atenção: a Guerra de Biafra. Desta vez, os soldados da fortuna estão presentes nos dois campos: "Os mercenários de Mike Hoare escolheram ficar do lado de Lagos. Outros, dentre os quais Faulques, ficam do lado de Ojukwu [...]. Não sou o único soldado da fortuna que se ocupa dos interesses do general Ojukwu. Oficiais franceses, quase todos paraquedistas, como o capitão Souêtre, ex-membro do comando do ar, foragido de um campo onde sua atividade pró-Argélia francesa o levara, ou Gildas Lebeurrier, que se tornou famoso na Coreia ao conduzir um assalto à baioneta, também escolheram o campo dos ibos", escreve Bob Denard.[6]

O combatente juntou-se ao lado biafrense, apoiado pela França, pelo Gabão e pela África do Sul. A seu lado, encontram-se outros célebres soldados da fortuna, como Faulques, o sueco Gustave von Rosen e o escritor francês Jean Kay. O contexto nigeriano é explosivo: a ex-potência colonial, a Grã-Bretanha, retirou-se em 1960 sem ter preparado a passagem para a independência. A Nigéria é um país imenso (quase duas vezes o tamanho da França). Até então, o sistema econômico do país estava nas mãos dos britânicos, mas os recursos de seu subsolo atiçam a cobiça.

A Nigéria é povoada por cerca de 250 etnias divididas em três grupos. Os iorubás vivem no sudoeste; ao norte, os hauçás, de religião muçulmana, são maioria; os ibos ficam a sudeste. Cristãos, alfabetizados pelos missionários, estes ocupavam uma parte predominante na administração colonial. Além disso, a terra dos ibos abriga as minas de carvão e uma parte dos recursos petrolíferos cuja exploração estava, na época, em pleno desenvolvimento. A partir de 1966, a tensão entre ibos e hauçás aumenta. Ela se traduz por uma série de golpes de Estado e massacres de ibos, sobretudo no norte. Um mercenário relata o depoimento de um emissário da etnia cristã que ele encontra quando é contratado: "Aqui estão as ruas familiares que, normalmente, a essa hora, ecoam programas de chá-chá-chá transmitidos pelo rádio. Fumaça. Um estertor de fim do mundo, contínuo, intercalado por tiros, gritos selvagens e alaridos de terror. Na entrada do bairro, a casa do barbeiro, amigo de meu pai, está em chamas. A rua principal está coberta de destroços, móveis quebrados, carros virados, bicicletas retorcidas, também cadáveres ensanguentados em grandes poças marrom."[7]

Esses primeiros acontecimentos obrigam os ibos a fugir em massa para o leste. Em 1967, o general hauçá Gowon, que tomou o poder pela força alguns meses antes, lança a ideia de uma nova divisão administrativa. Essa reforma teria como principal consequência privar os ibos da renda petrolífera, pois importantes jazidas são exploradas desde 1956 no país. No dia 30 de maio de 1967, a zona meridional da *Eastern Region* separa-se, portanto, sob o nome de República do Biafra. Esse pequeno território de 75 mil quilômetros quadrados é povoado por 14 milhões de habitantes, com 8 milhões de ibos. O governador, o general Ojukwu, chefia o novo Estado.

Quando as companhias petrolíferas ocidentais anunciam sua intenção de entregar os *royalties* para o regime do general Ojukwu, Gowon, com o apoio da URSS, inicia as hostilidades. Oficialmente, a Grã-Bretanha e os EUA permanecem neutros. Os interesses da companhia britânica Shell-British Petroleum na região são enormes. Londres apoia discretamente, portanto, o Estado federal, a quem fornece mercenários comandados por Mike Hoare. A França, ao contrário, dá seu apoio à província separatista, visto que sua companhia Elf-Aquitaine explora uma importante jazida em Biafra. Por outro lado, o general de Gaulle está atento ao discurso de Ojukwu, que alardeia um anticomunismo virulento. Assim como Londres, Paris escolhe intervir indiretamente, por meio de soldados da fortuna e fornecimento de material militar aos ibos. As ex-potências coloniais tiram, assim, lições dos acontecimentos do Congo belga. O conflito dura dois anos e meio e provoca uma catástrofe humanitária: combates e fome matam mais de um milhão de biafrenses; centenas de milhares de crianças figuram entre as vítimas. A midiatização do conflito choca a opinião pública ocidental e provoca a multiplicação de ações humanitárias (por exemplo, a criação dos "Médicos sem Fronteiras"). No plano militar, a vitória do Exército federal põe fim ao conflito em 15 de janeiro de 1970: as forças nigerianas dispõem de mais homens e de uma logística – fornecida pelas grandes potências – muito mais desenvolvida.

Rolf Steiner, um mercenário humanitário?

Nesse terrível conflito, um mercenário ganha uma sólida reputação. Ex-legionário que passou pela Indochina e pela Argélia, o alemão Rolf Steiner vê sua carreira desmoronar devido a seus vínculos com a Organização Armada Secreta (OAS) e a uma grave doença pulmonar. Necessita de dinheiro e segue Faulques em Biafra. Desde sua chegada, Steiner destaca-se por uma primeira façanha: "Cheguei bem na hora de ver os biafrenses irem embora. Eles se comunicavam de modo confuso, e eu não entendia por quê [...]. Essas pessoas guardavam posições e as abandonavam antes de serem realmente atacadas! Eu via homens à minha volta fugindo. Então, fiquei bravo e os fiz parar. Mandei deitar todos que passavam ao meu alcance. Assim, juntei uns quarenta em cinco minutos. O inimigo continuava avançando com prudência. Então, mobilizei meus desertores. Peguei o FM [fuzil-metralhadora] de um atirador e contra-ataquei. Os nigerianos nos viram avançar. Nunca haviam visto isso antes, e se mandaram."[8]

O mercenário alemão dedica-se, depois, à formação de comandos: "Havia se tornado minha obsessão: um grupo de homens, educados como legionários, que serviriam como exemplo ao Exército biafrense e que eu poderia formar com o que encontrasse de melhor. Da mesma forma, para lançar o meu negócio, pedi a Coco que me trouxesse uns cinquenta voluntários, homens sólidos, que não fossem vadios. Com a bênção do general [Ojukwu], ele me mandou 180, que vinham todos de unidades combatentes."[9] Quando os soldados da fortuna de Faulques saem de Biafra em janeiro de 1968, Rolf Steiner recusa-se a segui-los: "Seu olhar [o do general Ojukwu] mergulhou no meu: 'Agradeço-lhe por ficar'. E vi que lágrimas corriam de seus olhos. E não me lembro mais do que lhe respondi, porque também fiquei emocionado."[10] Nomeado coronel, ele tornou-se chefe do 32º Batalhão de Comandos, que contabiliza cerca de mil combatentes.

Em 25 de maio de 1968, ele se destaca com seus homens durante um ataque à base nigeriana de Enugu: "Meu objetivo são os aviões [...]. Sei que possuímos, ao todo, dez foguetes. Meus rapazes atiraram seis muito rapidamente. E nada. Olho com o binóculo e sinto a angústia tomar conta de mim. O sétimo... De repente, vejo o primeiro avião Ilyushin abrir-se em dois como uma caixa mágica [...]. Ao caírem, os destroços incendiaram os outros alvos: como os Ilyushins estavam todos estacionados lado a lado, todos explodiram! Todos os quatro! Diante de mim, havia uma hecatombe [...]. Eles não estavam entendendo nada do que acontecia. Meus homens continuavam atirando, paralisados, colados nos FMs [...]. Os Migs estavam longe. E eu sabia que não havia tempo a perder antes que os outros se recompusessem [...]. De repente, quando eu ia dar a ordem de retirada, bum! Uma explosão! Não sei se foi um foguete que explodiu ou se era o combustível. Primeiro, um, e depois outro que estava bem ao lado [...]. E eis que os seis aviões estavam pegando fogo. Os tiros haviam cessado. Diante de mim, uma carnificina [...]. A bandeira abandonada dos nigerianos balançava tristemente a meio-mastro, com uma brisa."[11] Contudo, no outono de 1969, a resistência de Biafra fica impossível: "Apesar de todos os nossos esforços, fica cada vez mais difícil conter os ataques inimigos. Estávamos perdendo homens em todas as frentes [...]. Sabíamos que não poderíamos aguentar por mais tempo."[12] Por isso, Rolf Steiner deixa o país.

Após sua epopeia, Rolf Steiner recebe várias solicitações. Sua escolha recai, por fim, no Sudão, onde os anyanyas lutam contra o poder central de Cartum desde 1958. Esses rebeldes animistas do sul do país combatem os muçulmanos no governo. Um movimento conduzido pelo general Taffeng estimula a resistência em campos de refugiados em Uganda.

Rolf Steiner coloca-se a seu serviço, mas não deseja pegar em armas. Depois de tentar conseguir ajuda e fundos na Europa, ele se instala no sul do Sudão em setembro de 1969. Chefiando uma fazenda experimental chamada Fort Amaury, Rolf Steiner mostra às tribos anyanyas os novos métodos de agricultura intensiva e desenvolve uma rede de distribuição de seus produtos. Para garantir a proteção da tribo onde vive, ensina também fundamentos de autodefesa aos guerreiros locais. No entanto, a partir de 1970, ele é obrigado a combater novamente. Em julho, lidera um ataque militar contra um posto das autoridades sudanesas, depois organiza o tráfico de armas entre Uganda e as montanhas de Nuba. Com o assentimento do general ugandês Idi Amin Dada, o contrabando permite alimentar com armas e munições os combatentes anyanyas. Porém, Uganda vive, na época, o confronto entre vários clãs, dentre os quais o de Idi Amin Dada, para tomar o poder. Nesse contexto, enquanto cogita voltar à Europa, Steiner toma a capital ugandesa Kampala. Logo é preso e, em 8 de janeiro de 1971, entregue às autoridades sudanesas. Detido em condições terríveis, será finalmente expulso de volta à Alemanha Ocidental em 1974. Aposentado na Alemanha, Steiner acabaria morrendo no final dos anos 1970.

Curiosos "acidentes" em série para os opositores gaboneses

Assim como Rolf Steiner, Pierre-Louis Marin é marcado pela lembrança da Segunda Guerra Mundial e pelos conflitos franceses de descolonização. Nascido em 1924, esse bretão tem apenas 20 anos quando entra para o movimento de resistência das Forças Francesas do Interior (FFI). Loulou Marin entra depois para a Legião Estrangeira, na qual se destaca especialmente em Diên Biên Phu. Participa da expedição de Suez em 1956 e, posteriormente, combate na Argélia. Após essa brilhante carreira, Marin junta-se às fileiras dos soldados da fortuna. Ele assume primeiramente o papel de conselheiro militar na Arábia Saudita entre 1964 e 1968. A partir de 1970, vai para o Gabão, onde entra para a guarda presidencial de Omar Bongo. Permanecerá a seu lado até 1999.

O poder de Omar Bongo sempre se apoiou nos soldados da fortuna contratados para servi-lo. Mesmo que não haja nenhuma prova que possa vincular a guarda do presidente gabonês aos assassinatos de seus opositores, deve-se constatar que sucessivos desaparecimentos marcaram sua permanência no poder. Em 1971, seu principal rival, Germain Mba, desaparece em Libreville e seu corpo nunca é encontrado. Em 1977, o poeta Ndouma Depenaud é assassinado. No ano seguinte, Joseph Ambourouè Avaro, universitário ligado à oposição, morre em um acidente aéreo. A hipótese de sabotagem é cogitada na época, mas sem comprovação. De acordo com o jornalista Pierre Péan, os mercenários de Omar Bongo arquitetaram a eliminação, na França, de Pierre Fanguinoveny em 1979. Seu acidente de carro ocultaria, na verdade, um novo assassinato. Nos anos 1980, Doukakas Nziengui, cofundador da União pelo Povo Gabonês, é envenenado, e o capitão Mandza é executado em 1985. Por fim, em 1990, Joseph Rendjambe, outro grande opositor, desaparece em circunstâncias nebulosas.

O rei Bob Denard

Porém, na França, o homem que melhor encarna esses Cães de Guerra dos conflitos da África pós-colonial é incontestavelmente Bob Denard. Nascido em 1929 na região do Médoc, Robert é filho de um militar do exército colonial francês. Segue os passos do pai e alista-se na Marinha aos 16 anos. Fuzileiro naval enviado para a Indochina, abandona o Exército em 1952 depois de uma rixa em um bar. Ocupa diferentes empregos no Magreb, especialmente o de policial. Sua carreira como soldado de fortuna começa no Katanga, onde se liga aos mercenários belgas como Christian Tavernier. Depois, Denard combate pelas tribos do Iêmen. Após passar de novo pelo Congo e, posteriormente, por Biafra e Gabão, ele viverá o apogeu de sua carreira como mercenário quando aceita a oferta de Ali Soilih nas Ilhas Comores em 1975. Enquanto Mayotte deseja permanecer parte da República francesa, as Ilhas de Grandes Comores proclamam sua independência no dia 6 de julho, lideradas por Ahmed Abdallah. Algumas semanas depois, Bob Denard derruba o presidente. O novo homem forte do arquipélago, Ali Soilih, instaura, na época, um regime socialista e encobre vários massacres étnicos.

Bob Denard retorna em 1978, desta vez em nome de Ahmed Abdallah. Em 13 de maio de 1978, os 43 mercenários de Denard lançam-se ao assalto do palácio presidencial: "O soldado que abria caminho parou bem próximo a um posto de comando das forças comorenses. Segundo as últimas informações de Gilçou, a essa hora, o lugar devia estar sendo guardado apenas por alguns sentinelas, provavelmente com sono. O ataque foi realizado. Tiros foram disparados, e dois soldados de Soilih são derrubados. Os outros sentinelas não oferecem resistência."[13] Ali Soilih é rapidamente feito prisioneiro. Pouco depois, será morto. Denard relembra o último confronto com seu ex-empregador: "'Arrisque e tente fugir'. O ex-presidente olhou para mim fixamente. Ele entende que estou lhe oferecendo uma morte digna para o bom muçulmano que parece ter voltado a ser, já que passa seu tempo estudando o Corão. Já eu tenho consciência de que provavelmente me acusarão de tê-lo executado, mas estava resolvido a evitar a vergonha das pedras ou do machado. Após alguns segundos de reflexão, Ali Soilih solta em voz rouca: 'Obrigado, coronel!' Não cheguei a me afastar cem metros, escoltado por um de meus oficiais, e ouço estalar uma rajada de fuzil de assalto. Cerro os punhos e aperto o passo, saudando dentro de mim a coragem do homem que havia sonhado conduzir seu povo até um ideal inacessível."[14]

Para se vincular à pessoa de Denard e de seus homens, o novo homem forte das Ilhas Comores decide mantê-los a seu lado de forma duradoura. O mercenário francês é encarregado de criar uma guarda presidencial, que, em seguida, comandará. Com forte apoio da África do Sul, mas também da França, Denard transforma-se em Bako, o sábio, para os comorenses. À frente de uma guarda pretoriana de aproximadamente 600 homens, dirigida por 17 oficiais europeus, ele garante a estabilidade do regime de Ahmed Abdallah diante de diferentes tentativas de golpe de Estado. A república islâmica evolui aos poucos para uma ditadura. As tentativas de resistência são esmagadas sem piedade. Homem essencial para a sobrevivência do regime, Bako investe seus dividendos no arquipélago, criando a empresa Sogecom. O mercenário francês faz também das Ilhas Comores um polo de tráficos ilícitos (principalmente de armas) para a África do Sul. Ao mesmo tempo, as Ilhas Comores tornam-se a base a partir da qual Bob Denard continua conduzindo operações com seus soldados da fortuna.

Assim, em outubro de 1981, o chadiano Hissène Habré traz das Ilhas Comores três mercenários da guarda presidencial. Desde 1979, seu país é atormentado por uma guerra civil que opõe o norte muçulmano ao sul cristão. Em 1980, o campo do norte divide-se entre partidários de Hissène Habré e de Goukouni Oueddei; este último vence com o auxílio das tropas líbias, que ocupam a maior parte do país na época. Para preparar sua revanche, Hissène Habré aproxima-se, portanto, dos homens de Denard, que lançam, em 1982, a "Operação 61": uma dezena de homens extras unem-se ao Chade. Comandado por eles, o exército lança uma contraofensiva ao exército líbio. No dia 9 de abril de 1982, essa unidade retoma Abeche. O objetivo seguinte é a tomada de Oum Hadjer na estrada de N'Djamena. De Oum Hadjer, uma coluna parte para o Poço de Goss: "Enorme foi a surpresa deles ao descobrir este poço de água salgada defendido com garra. Os sobreviventes fogem desordenadamente pelo deserto [...]. Hissène entende a necessidade de reconquistar a *baraka*.* Dá a ordem a Deby de reconquistar Goss [...]. A maior parte de nossas forças vai ser mobilizada nesta batalha; se o inimigo ficasse sabendo, Oum Hadjer desguarnecida ficaria vulnerável [...]". Durante o combate, um dos homens de Bob Denard, Jean-Baptiste Pouye, é morto: "Jean-Baptiste atacara com Toyotas barulhentos, de pé em seu carro. Talvez estivesse gritando 'morte aos imbecis' quando a primeira bala o atingiu em pleno coração."[15] A operação termina em 1983. Outras expedições para Moçambique ou para as Ilhas Vanuatu serão igualmente organizadas a partir de Comores.

Em dezembro de 1989, o regime acaba caindo, depois que Ahmed Abdallah pede a Bob Denard para desarmar as forças militares suspeitas de trabalhar em favor de uma nova tentativa de golpe. Na época, os soldados da fortuna são impotentes para impedir o levante durante o qual Bako é ferido. Ahmed Abdallah é morto e substituído por Saïd Mohamed Djohar, meio-irmão de Ali Soilih. A guarda presidencial é dissolvida; Denard não pode mais contar com o apoio de Pretória nem de Paris; é condenado a prisão domiciliar na África do Sul.

O "Velho": o fim de uma época

Em 1995, Bob Denard tenta um último retorno às Ilhas Comores. Cercado por seus homens fiéis, ele recruta e prepara a "operação Kashkazi": "É em Narvik, no norte da Noruega, que descubro, enfim, o Tell Elkabell, um antigo navio de cabo submarino argelino [...]. Eu o comprei por meio de uma empresa de armamentos panamenha [...]. Está inscrito com o nome de Vulcain [...]. Encontrei sem dificuldades, com os revendedores franceses e belgas, armas desmilitarizadas que fizemos facilmente voltar a funcionar [...]. Quando o Vulcain foi para o mar [a partir de Roterdã] com

---

* N. T.: A palavra *baraka*, de origem árabe, refere-se a uma crença dos povos primitivos africanos em um poder herdado ou adquirido

12 voluntários, fiquei no cais. Embarquei um pouco depois, nas Ilhas Canárias, com outros 18 homens."[16] Um desses jovens mercenários, Franck Hugo, atesta: "Dia após dia, eu me dava conta de que a tropa estava longe de ser homogênea. O Velho [Denard] havia pego todo o dinheiro que lhe restara e quase tudo o que encontrava." Após desembarcar no arquipélago do Oceano Índico na noite do dia 27 para 28 de setembro, a bordo do navio que partira dos Países Baixos, uns trinta homens do comando afugentaram, entretanto, o presidente Djohar sem a menor dificuldade. Em seguida, colocam de volta no poder os opositores, Mohammed Taki e Sad-Ali Kemal.

Contudo, os tempos haviam mudado, como mostra o apelido que recebe da nova geração de Franck Hugo. Paris não parece mais poder aceitar (abertamente?) o golpe de Estado. Uma operação é rapidamente organizada para intervir nos Comores: "Djibuti não fica longe. Portanto, era a Legião. Para esse tipo de operação, haveria obrigatoriamente paraquedistas, talvez Fumacos, comandos de fuzileiros navais. Tudo o que eu sabia é que não era bom para nós".[17] Seiscentos soldados franceses lançam ataque contra Moroni. Muito menos numerosos e impressionados com as consequências de um combate contra a potência francesa, os homens de Denard são desestabilizados, a exemplo de Franck Hugo: "Sem visão noturna, mirei contra sombras em movimento. Com o dedo no gatilho, hesitei. Eu tinha pelo menos três na minha linha de tiro. Era só apertar o gatilho e estaria tudo terminado... haveria medo, tiros em resposta, feridos que se contorceriam na maca. Sim, haveria tudo isso, mas haveria também uma perseguição implacável na ilha e, no fim das contas, uma bala na cabeça. Nesses momentos, não se pode hesitar. Hesitei, e perdi." O Velho e seus mercenários são presos e levados a Paris. Denard é colocado na prisão de La Santé, onde fica até julho de 1996. O homem em torno do qual havia se organizado por trinta anos o círculo dos soldados da fortuna franceses põe, assim, fim à sua carreira de combatente irregular.

Notas

[1] R. Pasteger, *Le Visage des Affreux: les mercenaires du Katanga (1960-1964)*, Bruxelles, Éditions Labor, 2005, 229 p.
[2] B. Denard, *Corsaire de la République*, Paris, Robert Laffont, 1998, 436 p.
[3] Idem, p. 122.
[4] Idem, p. 124.
[5] Idem, p. 139.
[6] Idem, p. 250 e 258.
[7] R. Steiner, *Carré rouge, du Biafra au Soudan, le dernier condottiere*, Paris, Robert Laffont, 1976, 450 p.
[8] Idem, p. 86.
[9] Idem, p. 101.
[10] Idem, p. 108.
[11] Idem, p. 171-172.
[12] Idem, p. 243.
[13] B. Denard, *Corsaire de la République*, op. cit., p. 312.
[14] Idem, p. 324.
[15] H. de Tressac, *Tu Resteras ma fille: le nouveau combat d'un soldat de fortune*, Paris, Plon, 1992, 235 p.
[16] B. Denard, *Corsaire de la République*, op. cit., p. 417.
[17] F. Hugo e P. Lobjois, *Mercenaire de la République*, Paris, Nouveau Monde Éditions, 2009, 429 p.

Um retorno dos *condottieri*?

Apesar do último périplo comorense de Denard, os anos 1980 e, principalmente, os 1990 marcam uma inflexão nas práticas dos soldados da fortuna. Aos métodos artesanais, até mesmo amadores do período anterior, sucede uma estruturação progressiva do círculo dos mercenários. Essas duas décadas veem coexistir os Terríveis e novos empreendedores de guerra: "O círculo havia sido mantido sob controle graças a Denard [...]. Os tempos estavam mudando. Nova geração, novos métodos. Os anglo-saxões haviam sentido antes de nós o vento mudar de direção. Enquanto o círculo francês buscava um novo chefe, australianos, ingleses e americanos estavam reinventando a mais antiga profissão do mundo", escreve Franck Hugo.[1] Na realidade, essa transição para a situação atual tem origem principalmente nos conflitos da África Austral.

Novos mercenários na África anglo-saxã: da Rodésia...

A Rodésia do Sul e a África do Sul constituem de fato destinos apreciados por inúmeros soldados irregulares estrangeiros. Na Rodésia do Sul, representadas por Ian Smith, as elites brancas haviam proclamado a independência da Grã-Bretanha em 1965. A partir de 1970, elas instalam uma República baseada em leis de segregação racial. O regime é amplamente dependente da vizinha África do Sul e tem de enfrentar uma guerrilha negra e comunista. A comunidade internacional pressiona as autoridades rodesianas para obter uma divisão, até mesmo uma transferência, de poder com a população negra amplamente majoritária no país. O governo branco prefere a disputa e recorre a unidades especializadas em contrarrevolução, como os Grey's Scouts. Essa tropa vai acolher em suas fileiras especialmente soldados da fortuna vindos da Grã-Bretanha, Austrália, EUA, e alguns franceses. Entre eles, Patrick Ollivier, um ex-paraquedista do 6º Regimento de Paraquedistas de Infantaria de Marinha (RPIMA).

Perseguida pelos Grey's Scouts, a guerrilha multiplica os atos de extrema violência, como o massacre de Umtali em 24 de junho de 1978, no qual 12 civis ingleses de uma missão religiosa são assassinados a golpes de machado. Entre as vítimas, estão 5 mulheres (previamente violentadas), 3 crianças de 4, 5 e 6 anos e 1 bebê. A eficácia, às custas da ética, é portanto a prioridade dos Grey's Scouts. Chefiando a unidade, o major Williams é um mercenário americano. Os 150 a 200 homens que recruta fazem operações de comando em território inimigo. As práticas da unidade de choque rodesiana foram reveladas por um jornalista americano que fora entrevistar o major Williams. De acordo com Patrick Ollivier, tratava-se de uma armadilha: "Ele falsificou alguns negativos, acusando o exército, neste caso os Grey's Scouts, de infligir tratamentos desumanos aos membros da resistência capturados. Foi por isso que se viu, em uma das fotografias, um negro esfarrapado, arrastado por uma corda amarrada no pescoço. O infeliz havia percorrido, desse jeito, vários quilômetros dentro do mato. Essa foto [...] serviu para trazer de volta à tona as acusações feitas pelos rebeldes, [...] que mencionavam torturas, especialmente o *water treatment*, uma versão renovada do famoso "suplício da banheira", criado outrora pela sinistra Gestapo."[2] Mesmo não negando a existência de certos excessos dos Grey's Scouts, Patrick Ollivier busca marginalizá-los: "Essas práticas detestáveis eram atos de apenas alguns homens isolados."[3] Em todo caso, depois da divulgação desse caso, o major Williams é julgado responsável pela prática. Cansados dessa experiência de *bush war*,* muitos antigos membros do Grey's Scouts se retiram para a vizinha África do Sul, enquanto a Rodésia se transforma no Zimbábue em 1980, e o chefe da guerrilha negra, Robert Mugabe, assume a liderança do país.

Ao lado dos Grey's Scouts ou da Rhodesian Light Infantery, mercenários franceses formam a 7ª Companhia Independente. O recrutamento é realizado por ex-legionários do 2º REP [Regimento Estrangeiro de Paraquedistas], Laviola e Roland de l'Assomption.[4] Figura do círculo mercenário, conhecido por ter servido na guarda presidencial de Omar Bongo (Gabão), este ex-membro do 11º Batalhão de Choque construiu sua reputação primeiramente na Indochina e depois na Argélia. A pequena tropa combate na fronteira de Moçambique, onde perde alguns membros em uma série de confrontos. Entre os soldados livres, Marquez, ex-membro do 2º REP, futuro braço direito de Bob Denard em 1995, começa sua carreira como combatente privado, bem como Mélis, ex-membro do *Tercio* e futuro tenente nas Ilhas Comores.

...à África do Sul

Na época, o regime sul-africano parece muito estável, ao contrário de seus vizinhos atormentados pelas guerras civis (Rodésia do Sul ou Angola). Em 1975, refugiados ingleses chegam à Namíbia, que era um protetorado sul-africano. Esses homens combateram na Guerra Civil Angolana pela União Nacional para a Independência Total de Angola (Unita) ao lado da África do Sul. Habituados à guerrilha e a ações de comando, formam o núcleo de uma nova unidade, o 32º Batalhão, ou Batalhão Buffalo. A maioria deles é negra, mas o regime os coloca rapidamente sob a liderança de suboficiais e oficiais brancos. Em 1979, outros brancos, que estão fugindo da Rodésia do Sul e desejam entrar para a South African Defence Force, chegam para engrossar suas fileiras.[5] O 32º Batalhão logo se impõe como uma força especializada na contrarrevolução contra as diferentes rebeliões da África Austral.

---

* N. T.: O termo *bush war* faz referência à guerra civil da Rodésia, em inglês *Rhodesian Bush War*, de 1964 a 1979.

Em 20 de maio de 1980, os homens do 32º Batalhão preparam uma emboscada contra Savate, em Angola, onde se encontram combatentes do Movimento Popular de Libertação de Angola (MPLA): "De seu posto de observação à margem do rio, a equipe de reconhecimento de Ratte anunciou que um grande grupo inimigo estava se deslocando a pé ao longo da estrada ao norte [...]. O que eles não entenderam foi que uma coluna os aguardava e, quando abriu fogo, o caos se espalhou nas fileiras dos combatentes do MPLA. O rádio interceptou uma mensagem dizendo que o comandante da brigada estava preparando uma retirada organizada ao norte. Mesmo quando se abriu fogo nessa direção, ele aparentemente decidiu que seria prudente continuar com esse plano. Como foi anunciado o primeiro comboio de 29 veículos carregados de tropas para sair da base, Ferreira [que comanda a unidade do Batalhão Buffalo envolvida] exigiu um relatório do avião de observação [...] sobre a retirada do inimigo." Depois, o assalto foi realizado: "O combate era feito corpo a corpo nas trincheiras, barracos e prédios. Agora, estava evidente que o conjunto das forças do MPLA estava derrotado. Às duas horas da tarde, uma chamada nominal da força de assalto fez o balanço de 13 mortos e 22 feridos, com um cabo e um soldado desaparecidos."[6] As perdas inimigas se elevam a várias centenas de homens de um total de mil combatentes. Os mercenários sul-africanos se retiram com rapidez para seu país e, no dia seguinte, as forças da Unita podem oficialmente declarar vitória.

Enviado para o norte da Namíbia, o 32º Batalhão sai atrás de rebeldes namíbios da Organização do Povo do Sudoeste Africano (Swapo) e multiplica as operações a partir de bases temporárias. De lá, patrulhas se espalham a pé durante dois ou três dias. Os combatentes obtêm informações, localizam unidades inimigas e preparam emboscadas. As bases temporárias são regularmente deslocadas, e as operações em território hostil podem durar de cinco a sete semanas. Nos anos 1980, algumas dezenas de mercenários europeus, australianos e americanos entram também para essa unidade. O Batalhão Buffalo pratica a *bush war* até 1989. Para tanto, esses homens aperfeiçoam as técnicas de perseguição com a introdução das tecnologias mais modernas (mísseis, aviões de apoio etc.) e se mostram perigosamente eficazes. Enquanto a Namíbia se prepara para obter sua independência em 1989, Pretória traz o 32º Batalhão de volta para a

África do Sul. A reputação dessa unidade provoca, por fim, seu desaparecimento em 1993.

Outras forças de segurança são dissolvidas na mesma época e pelas mesmas razões. Entre elas, a Swapol-Tin, apelidada de *Koevet* ("pé de cabra"), uma unidade de contrarrevolução da polícia encarregada de perseguir os rebeldes da Swapo que tivessem ultrapassado a fronteira sul-africana. Em 1989, ela contabiliza cerca de dois mil homens, liderados por mercenários e rodesianos, muitas vezes oriundos das unidades brancas do país que se tornou o Zimbábue. Alguns deles passaram pela 44ª Brigada Aérea ou Pathfinder Company no início dos anos 1980. Esse destacamento paraquedista também combate contra a Swapo; ele intervém em Angola e até na África do Sul contra os rebeldes como força de ação rápida, frequentemente transportada por helicóptero. A Brigada é dissolvida a partir de 1982, e seus membros entram, logicamente, para o Koevet ou para o 32º Batalhão.

Mercenários voluntários para a Iugoslávia...

Na Europa, a eclosão do conflito na ex-Iugoslávia mobiliza mercenários nas diversas tropas presentes. A Croácia recruta soldados da fortuna franceses a partir do final de 1991. Muitas vezes realizado nos círculos da extrema-direita, esse recrutamento é, na realidade, um meio-termo entre a atividade mercenária e o voluntariado internacional. Alguns recrutas entram para as fileiras da Legião Negra de Mladen, outros se alistam na Brigada Condor dentro da HOS (Força de Defesa Croata, braço armado de um movimento herdeiro dos ustashes). Entre eles, encontra-se um grupo de franceses. Apesar de sua experiência adquirida ao lado dos karens na Birmânia, Gaston Besson confirma a dificuldade desse teatro de operações: "A maioria dos croatas não tinha competências militares. Não era um exército. Sua estratégia era 'Droga, abaixem-se!'. Uma verdadeira confusão. Eu tinha vontade de dar tudo de mim. Encontrei-me no comando do 6º Batalhão da HOS em Vinkovci. Estávamos instalados em porões, saíamos à noite, em terra de ninguém, entre as linhas sérvias, para 'pegar' um blindado ou um morteiro. No início, eu estava com um cara apelidado de

'Chicago', um louco furioso que havia passado dois anos nos EUA. Ele nos obrigava a fazer qualquer coisa, sair direto à frente, nas linhas, e atacar o inimigo a esmo. Uma loucura [...]. Os combates foram muito duros em novembro e dezembro de 1991."[7]

Aos poucos, esta tropa vai perdendo uma parte de seu financiamento para a Guarda Nacional Croata, e sua posição se torna cada vez mais difícil: "Eu estava comandando um grupo de doze homens. Acabou muito mal. Todo o grupo foi abatido em uma operação. Partimos em meio às minas. De minha parte, fiz um blindado saltar; mas os outros deram de cara com a reserva da guarda. À luz dos sinalizadores, todo mundo foi pego sob o fogo das metralhadoras, em meio às minas que explodiam: uma carnificina. Houve dois sobreviventes. Era o fim da guerra na Croácia. Nessa época, muitos croatas bósnios já estavam voltando para a Bósnia. Dois ou três meses antes, todos sabiam o que ia acontecer. Então, iam para lá. Eu voltei para Zagreb, colocaram-me em uma unidade especial croata, os boinas verdes. Destino: Herzegovina." Tanto na Bósnia como na Croácia, os combates são terríveis, e vários mercenários perdem a vida. Gaston Besse relata um confronto particularmente fatal com os sérvios: "Fomos cercados pelos blindados, duas horas para voltar para nossas linhas com dois mortos e doze feridos. François levou duas balas na coxa, se esvaiu em cinco minutos. Tinha 27 anos. Eu o adorava. Isso me tocou. Teve Pierre, um ex-legionário, morto com uma bala na cabeça em Livno. E Jean-Louis, ex-membro do exército francês, morto em dezembro de 1991. E John, morto em quinze dias. Ele não sabia por que estava lá."[8] Por fim, Besson decide voltar à França em fevereiro de 1993.

Outras nacionalidades também se juntaram às fileiras croatas. Um espanhol, Eduardo Flores, organiza um pelotão de voluntários estrangeiros em 3 de outubro de 1991. Em junho de 1992, esse grupo se une à 108ª Brigada bósnia, composta por uns sessenta homens, dividida em três grupos, um deles inteiramente composto por estrangeiros: alemães, ingleses, canadenses e franceses. Nessa unidade, Gaston Bresson encontra Franck Hugo. Essa pequena tropa se destaca na tomada de Gorice: "Uma carnificina, sim... mas, no dia seguinte à batalha, tornamo-nos heróis. Dois dias depois do confronto, Dario voltou com uma pilha de jornais comprados

Um retorno dos *condottieri*?

em Srbnik. As manchetes eram irreais: 'O lendário combate da 108ª Brigada: Gorice libertada. O corredor [de Posavina] foi, enfim, cortado'. Ele traduziu para o inglês. Diziam que, graças a nós, os sérvios haviam perdido o domínio do corredor. O que nos encheu um pouco foi que ninguém mencionava que um bando de estrangeiros tinha participado do negócio. Fazer o quê... Estávamos contentes mesmo assim. Tivemos nosso momento de glória."[9] Maurice G. Dantec retratará, aliás, esses mercenários franceses em seu romance *Babylon Babies*.

Os estrangeiros são, em parte, croatas da diáspora, mas não apenas: Gaston Besson comandava uma seção de trinta homens, dentre os quais "três quartos eram croatas vindos dos EUA, da Austrália e dois croatas franceses. Havia apenas três estrangeiros de verdade: um holandês, um inglês e um ex-legionário francês, sargento-chefe que se tornou general [...]. Havia muitos legionários, ex-militares que haviam servido oito ou dez anos na ativa [...]. Alguns franceses, alemães. Quantos estrangeiros? Quinhentos no total, sendo sessenta permanentes."[10]

Do lado sérvio, soldados da fortuna são empregados nas milícias que operam na Croácia, especialmente em nome da "República de Krajina". No primeiro escalão, figuram militares do Exército sérvio que se juntam a essas tropas de "irmãos" da Bósnia. Uma das mais tristemente conhecidas é a tropa dirigida por Zelko Arkan, os Tigres. Contudo, o que a ONU denuncia em 1995 é, em especial, a presença de estrangeiros, como esses "dois oficiais russos, os coronéis Vladimir Loginov e Aleksandar Chromchenko, que antes comandavam tropas da Unprofor* no ex-setor leste, [que se encontram agora] também na região. Hoje se sabe, de fonte segura, que depois de ter saído da Unprofor, o coronel Loginov ficou em Vukovar, onde é conselheiro militar do 'Exército da República Sérvia de Krajina', responsável pela formação e pelo planejamento das operações armadas."[11] Outro russo, Alexander Skrabov, ex-oficial da Marinha russa, é morto em combate em Gomolje na Bósnia-Herzegovina. Ele havia abandonado as fileiras da Unprofor para chefiar um grupo de mercenários

---

* N. T.: *Unprofor* são as forças de proteção das Nações Unidas, inicialmente criadas para levar paz e segurança à Iugoslávia.

russos a serviço de milícias sérvias. Ainda na primavera de 1995, a ONU registra a chegada de quinhentos russos adicionais e de uma centena de gregos.¹² Esses reforços parecem demonstrar a solidariedade ortodoxa aos croatas católicos e bósnios muçulmanos.

Isso confirma a presença de combatentes estrangeiros ao lado dos bósnios muçulmanos. A partir do outono de 1992, entre duzentos e trezentos mujahedins* estão presentes em Travnik, mais de duzentos na Bósnia-Herzegovina central e várias centenas em Sarajevo. Pasradans** iranianos operam na Bósnia-Herzegovina e compõem unidades do Hezbollah na Jordânia. Essas forças são utilizadas para operações terroristas clandestinas na Bósnia-Herzegovina. No início do mês de novembro de 1992, mais de cinquenta terroristas adicionais, membros do Hezbollah, entram na Bósnia-Herzegovina. Ali, são criados dois campos de treinamento: um próximo a Zivinice e outro perto de Tuzla, nas cercanias do aeroporto, o que, por outro lado, permite que muçulmanos controlem as entregas de armas ilícitas. Seis instrutores vindos das forças especiais jordanianas também participam da formação da 505ª Brigada muçulmana em 1993. Além disso, a divisão muçulmana Hanjar, que contabiliza cerca de seis mil soldados, também é comandada e treinada por mujahedins vindos do Afeganistão e do Paquistão. Inúmeros albaneses, oriundos da Albânia e de Kosovo, entram para essa unidade.¹³ Junto a eles, encontram-se argelinos, egípcios, sudaneses, árabes do Golfo Pérsico, paquistaneses, afegãos, sírios e turcos.¹⁴

...participam das violências interétnicas

Ideologicamente convencidos ou não, os estrangeiros são mergulhados em uma atmosfera de violências interétnicas e participam dos excessos cometidos pelos combatentes locais. Gaston Besson conta sobre o mecanismo ao qual aderem os mercenários. Primeiro, testemunham violências:

---

* N. T.: Os *mujahedins* são combatentes informais que ficaram conhecidos na luta contra a invasão soviética.
** N. T.: Os *pasdarans*, Guardiães da Revolução Islâmica, são corpos de milícias paramilitares iranianos.

Um retorno dos *condottieri*?

"Selvageria?... Sim. Dos outros e a própria. Depois de cada ida ao *front*, percebemos que não somos mais os mesmos. Depois, bebemos para esquecer o medo de morrer, para esquecer os civis. Eles eram evitados a qualquer custo. Quando os croatas queriam nos traduzir suas histórias de massacres e estupros, fugíamos. Não queríamos ouvir nem saber. Eu não vi massacres de civis, vi apenas túmulos diante das casas. Vi cadáveres sem olhos e sem orelhas. Era comum. Principalmente depois dos combates, havia sempre gente da retaguarda que vinha revirar os cadáveres."

De espectadores, os estrangeiros se transformam muito rapidamente em atores: "Pergunta: Você executou prisioneiros. Resposta: [...] Sim. Uma única vez. Em Zeric... durante os combates [...]. Na rádio, ouvi que haviam prendido dois milicianos armados. Fui até lá. Era o meu papel como oficial. No local, logo entendi, pelo clima, que os dois rapazes não sairiam dali vivos [...]. Cabia a mim fazê-lo. Na hora, é você que tem de decidir a vida ou a morte das pessoas. No momento, é muito lógico [...]. Pergunta: Se, um dia, houver um tribunal por crimes de guerra na ex-Iugoslávia, você poderia estar sentado no banco dos réus. Resposta: Seria preciso levar para lá todos os sérvios, todos os croatas e alemães da Segunda Guerra Mundial e todos os outros!"[15] Dentro da 108ª Brigada bósnia, Raymond van der Linden e um grupo de mercenários estrangeiros são identificados como os autores de atrocidades cometidas contra civis e feridos sérvios na Operação Medak.[16] Entre os muçulmanos, atribui-se às unidades do Hezbollah envolvidas na Bósnia o massacre do mercado Markale em Sarajevo, no dia 5 de fevereiro de 1994.

Pode-se discutir a dimensão do envolvimento ideológico desses estrangeiros que foram combater nas fileiras das diversas tropas presentes nos conflitos iugoslavos. Em contrapartida, alguns mercenários são empresários de guerra, atraídos por um terreno favorável às suas atividades. Na Bósnia-Kosovo, os *contractors** da DynCorp fecham um contrato para manter a ordem na região. Contratos de missões de logística para os contingentes são assinados pelos EUA (Kellog Brown & Root e ITT) e pelo Canadá

---

* N. T.: *Contractors* são mercenários das empresas privadas que atuam em regiões de conflitos com a missão de proteger locais-chave e pessoas importantes, além dos comboios.

(AtcoFrontex). Essas estruturas empresariais são uma garantia contra os excessos dos mercenários? Em 1999, empregados da DynCorp são pegos em um escândalo de tráfico de adolescentes e vendas ilícitas de armas na Bósnia-Herzegovina. Afastados, nenhum deles foi, porém, acusado.

Os remanescentes dos "Terríveis"

Até anos mais recentes, os mercenários "à moda antiga", herdeiros dos Terríveis, continuam atuando na África. Seus resultados são, com frequência, muito decepcionantes em relação às indústrias anglo-saxãs. No entanto, encontram ainda contratos nessa terra lavrada há quatro décadas. Por exemplo, a Costa do Marfim retorna com regularidade ao fogo cerrado da mídia. Após a época de estabilidade e de desenvolvimento econômico do reinado de Félix Houphouët-Boigny, o país entrou em um período de agitação e confrontos sangrentos. A etnia dominante, baulê, mantém-se depois da morte de Houphouët-Boigny em 1993. Com a escalada dos rebeldes do norte, a alternância se torna possível na pessoa de Alassane Ouattara, muçulmano de origem burquinense. Para afastar essa eventualidade, o general Robert Guei toma o poder pela força em dezembro de 1999. No ano seguinte, Laurent Gbagbo é eleito em circunstâncias contestáveis.

O presidente Gbagbo apela para combatentes privados, que vão se destacar no domínio aéreo. Muitos desses homens chegam dos Bálcãs ou do Leste Europeu, mas também há franceses. Um deles aceitou falar sobre seu envolvimento ao jornal *Le Figaro*: "J. J., o piloto francês [...] é muito hábil. Ele conhece bem a África e seus conflitos podres. Em seu histórico, estão Zaire, Libéria, Serra Leoa. Salvo por milagre em várias ocasiões, chega a forçar o respeito dos militares franceses no aeroporto de Yamoussoukro, que ainda se perguntam como ele conseguiu fazer seu Cessna de reconhecimento aterrissar. Atingido por uma rajada de metralhadora de grosso calibre em Vavoua, ele aterrissou a aeronave com apenas um trem de pouso." Perguntado sobre as violências interétnicas, o soldado da fortuna responde: "Os danos colaterais, todos esses civis mortos em ataques de helicópteros em vilarejos, os casebres queimados... é o preço a ser pago para salvar a

Um retorno dos *condottieri*?

democracia [...]. Hoje, o perigo é ver a Costa do Marfim se transformar na Libéria ou em Serra Leoa. Estamos aí para impedir isso."[17] Pouco importa a sinceridade desse discurso, em todo caso, outros franceses, ex-braços direitos de Bob Denard, fizeram a mesma escolha.

De fato, a rebelião, comandada por Guillaume Soro, ganha amplitude no norte a partir de 2002. O "comandante Marquez", cujo nome verdadeiro é Dominique Malacrino, lidera 37 mercenários europeus que chefiam uma pequena companhia de uma centena de homens, comandados diretamente por Gbagbo,[18] encarregada de atacar os rebeldes. Contudo, Marquez não se revela à altura da tarefa, pois os mercenários são severamente atacados em dezembro de 2002 por milicianos liberianos no oeste do país. São atacados com armas pesadas, enquanto avançam a bordo de veículos: "O veículo da frente toma dois tiros de foguetes RPG nas portas. Um legionário é ferido no rosto pelas explosões, enquanto o motorista tem as pernas atingidas. Dois legionários tchecos da nossa equipe fazem maravilhas e os socorrem. Durante esse tempo, eu [Franck Hugo] e minha equipe damos cobertura até que os dois tchecos venham nos tirar de lá. Perdi mais de 50% da minha seção."[19] A exemplo de Franck Hugo, alguns mercenários, surpresos por combates tão duros, preferem se retirar.

Enquanto Paris faz pressão sobre Gbagbo para que renuncie aos seus mercenários franceses, a França adota a lei nacional antimercenários e lança a operação "Licorne" de intervenção entre as forças governamentais e os rebeldes. A África do Sul usa também, pela primeira vez, seu arsenal jurídico contra soldados da fortuna. Um ex-funcionário de Denard instalado em Pretória, Richard Rouget, é condenado a uma pena de prisão com direito a condicional e uma pesada multa. Simultaneamente decepcionado pelos soldados da fortuna de origens diversas que havia recrutado (franceses, mas também liberianos, bielorussos etc.), Gbagbo prepara-se para apelar aos "industriais" das empresas militares privadas, mas é surpreendido pelo desembarque de franceses e soldados da ONU.[20] O século XXI que está começando vê, portanto, acabar a aventura dos Terríveis de Denard na Costa do Marfim.

Notas

[1] F. Hugo e P. Lobjois, *Mercenaire de la République*, op. cit., p. 141.
[2] P. Ollivier, *Commandos de brousse*, Paris, Grasset, 1985, 275 p., p. 166-167.
[3] Idem, p. 167.
[4] F. X. Sidos, *Les Soldats libres, la grande aventure des mercenaires*, op. cit., p. 270.
[5] J.-J. Roche, *Des gardes suisses à Blackwater*, Paris, Études de l'Irsem n. 2, maio de 2010, 150 p., p. 62.
[6] Trecho do livro de P. Nortje, *32º Battalion: The Inside Story of South Africa's Elite Fighting Unit*, que pode ser consultado no site que mantém a memória do batalhão: www.32battalion.net.
[7] Entrevista concedida à revista *Le Nouvel Observateur* em agosto de 1993.
[8] Idem.
[9] F. Hugo e P. Lobjois, *Mercenaire de la République*, op. cit., p. 102.
[10] Entrevista concedida por Gaston Besson à revista *Le Nouvel Observateur* em agosto de 1993.
[11] Relatório da 50ª sessão da Assembleia Geral da ONU de 29 de agosto de 1995 (A/50/390/Add1).
[12] Idem.
[13] Reportagem do *Daily Telegraph* de 20 de fevereiro de 1993.
[14] Relatório da 50ª sessão da Assembleia Geral da ONU de 29 de agosto de 1995, op. cit.
[15] Entrevista concedida por Gaston Besson à revista *Le Nouvel Observateur* em agosto de 1993.
[16] Relatório da 50ª sessão da Assembleia Geral da ONU de 29 de agosto de 1995, op. cit.
[17] Artigo do *Le Figaro*, 16 de dezembro de 2002.
[18] Artigo de 17 de janeiro de 2003 do jornal *Libération*.
[19] F. Hugo e P. Lobjois, *Mercenaire de la République*, op. cit., p. 349.
[20] P. Chapleau, *Les Mercenaires de l'Antiquité à nos jours*, op. cit., p. 106.

Bombas-h ou mercenários?

Os Terríveis representaram, portanto, meio século de atividade mercenária. Na segunda metade do século XX, o retorno ao primeiro plano do cenário militar mundial desses soldados da fortuna se assemelha à epopeia dos *condottieri* na Renascença. Sede de glória, ganância, violência e proximidade com o poder – ou suas antecâmaras – levam a pensar que a mentalidade desses combatentes irregulares mudou. Resta estabelecer os fatores que explicam essa ruptura em relação à evolução anterior.

De Seigne ou o arquétipo do mercenário do Antigo Regime

Na França, Pascal de Seigne encarna muito bem essa imagem. Aliás, parece tê-la assumido, já que intitulou a narrativa de suas aventuras *Au nom de ma horde* [Em nome de minha horda], alimentando, assim, o topos do *condottiere*, até mesmo do chefe "experiente" da Guerra dos Cem Anos,[1] ao escrever: "Os mercenários são soldados que escapam ao controle dos governos. Escolhem seu campo, suas causas, são foras da lei que não obedecem mais às regras de nenhuma sociedade tradicional – e o mundo civilizado não gosta que homens livres escapem dele para propagar a guerra."²

Sua trajetória se assemelha a muitas outras. Ele é tenente na Legião Estrangeira quando entra em contato com Bokassa, presidente da República Centro-Africana, a mando do qual ele ataca o ex-Congo belga para conseguir uma soma vultosa em dinheiro. Leva, assim, os homens de sua companhia para o caminho da atividade mercenária: "A partir desse momento, ordena-lhes o tenente De Seigne, eu vou [lhes] pedir que retirem suas placas de identificação militar, não somos mais legionários. Ao entreabrir suas camisas, os Leopardos retiram suas placas, que Werner coleta em uma bandeja."³ A narrativa da operação dá conta da ganância por dinheiro que se apodera de De Seigne: "E, no fim das contas, bela, brilhante, aparece-lhes a porta blindada do cofre. Bardin e De Seigne giram as chaves, quatro voltas, seis voltas, e marcam 426326 nas grandes rodas dentadas da porta. Ambos flexionam seus músculos e giram a roda que, por fim, cede [...]. Ficam pasmos por um instante, depois assobiam de admiração. Diante deles, ergue-se uma pirâmide de caixas. Ao acaso, abrem uma delas: dez lingotes de dez quilos brilham perante seus olhos. As notas estão alinhadas em prateleiras, novas, formidáveis."⁴

Tendo sido essa primeira operação "privada" concluída com sucesso, De Seigne continua servindo na Legião Estrangeira, de onde sai somente em 1967 para se juntar aos mercenários de Rolf Steiner em Biafra. Condenado em seu retorno à França, ele não é acusado de atividade mercenária e incitação à deserção. Em contrapartida, as acusações de desobediência e de insubmissão lhe valem uma condenação de nove anos de prisão na fortaleza de Landau. Finalmente libertado em 1969, é reformado por uma comissão psiquiátrica e dá seguimento à sua carreira como soldado de fortuna. Ele se une à sua tropa no Laos em 1971 e assume o comando de duas companhias de *méos* contra as forças comunistas do movimento Pathet Lao. Também chamados de hmongs, esse povo montanhês do norte do Vietnã e do Laos serviu nas unidades francesas durante a Guerra da Indochina. O norte está tomado pelos comunistas, que consideram os hmongs traidores e os perseguem. Sustentados financeiramente pelos americanos, os hmongs se armam e resistem ao Pathet Lao. De Seigne faz parte dos ocidentais que combatem ao lado deles. Reconhecido como rei no alto da montanha, passa, assim, a usar o brinco de prata dos chefes *méos*. Tem seu próprio conselho, coordena a justiça e lidera a guerrilha hmong até 1975.

No fim de sua obra, De Seigne resume o que aconteceu com seus homens e com ele mesmo depois de sua retirada do Laos. O ex-chefe abriu galerias de arte e mora em Los Angeles. Ainda se percebe nesse *condottiere* os tons de um homem fora de controle. "Sou como um chinês mandarim: vivo à frente de meu exército particular", diz. Entretanto, o discurso adquire um tom mais reivindicatório: "Minha elite vem das periferias e dos campos de refugiados. Estabeleço aqueles que governarão os países do Terceiro Mundo amanhã: negros, chineses, *bougnoules*,* rebeldes. Em todos os lugares, existem pequenos carniceiros, pequenos tremores de terra que anunciam o grande, o último. Porém, os Estados precisam da guerra: aumentam sua zona de influência, vendem e retardam a falência geral. A guerra contra Saddam Hussein é o típico exemplo de manipulação ou de enganação em larga escala. Jamais exigi uma nova ordem mundial, então me deixem a escolha de ser imprevisível. Oficial de mercenários, anarquista, déspota, chamem-me do que quiserem. Dedico-me unicamente à minha Horda. Devo merecer sua confiança e seu respeito."[5] O homem certamente deseja ser chefe de bando, mas entende-se que sua conduta resulta de sua análise da política dos Estados que comandam soldados regulares.

Uma outra passagem de suas memórias é ainda mais reveladora. Pouco antes de se juntar às tropas mercenárias de Steiner em Biafra, ele tem uma conversa com um embaixador do povo ibo na França. Assim, ele reproduz as palavras que teria dito: "Todos vocês, tanto na África como na Europa, brincam com a palavra genocídio porque, de um lado, doze companhias petrolíferas internacionais que exploram na Nigéria querem manter a unidade custe o que custar e salvar, deste modo, a extração de 70 milhões de toneladas de petróleo. Então, por outro lado, para reuni-los, o coronel Ojukwu proclamou a secessão no dia 30 de maio de 1967 e declarou que o estado ibo da província leste se tornava independente, com o nome

---

* N. T.: Nome pejorativo para nativos do Norte da África.

Biafra. Católicos do mundo todo, ajudem-nos! Ajudem-nos." Não sem cinismo, acrescenta: "[As violências] são as de todos os negros, todos os povos da África. Guerras que se transformam em carnificinas tribais sempre têm boas razões para eclodir. Assim como ocorreu no Congo, os muçulmanos se voltaram contra sacerdotes, religiosos: estupros rotineiros, assassinatos em série! Porém, pela primeira vez, negros católicos fizeram de tudo para exterminar hauçás muçulmanos retirando seus intestinos por uma fenda estreita e usando-os como uma corda para pendurá-los em árvores."[6]

Seu envolvimento com os ibos não teria, portanto, nenhuma motivação ideológica. Em contrapartida, De Seigne faz uma leitura geopolítica e geoeconômica do conflito pelo qual optou por abandonar o Exército francês. Ele percebe o peso das multinacionais nos conflitos africanos, que multiplicarão as solicitações à atividade mercenária, mas também o peso dos Estados em segundo plano: "Vocês acham que a França não está envolvida em Biafra, que está fora da competição? [...]. A Shell, a British Petroleum (BP), a Empresa de Pesquisas e Atividades Petrolíferas (ERAP) francesa pagam os militares para fazer relatórios! Então perguntem ao coronel Faulques o que ele pensa de tudo isso."[7]

Nos bastidores da extrema-direita

Na realidade, parece que De Seigne constitui uma exceção. Seu apoio ao povo hmong no Laos está próximo daquele dos militantes da causa karen. Outra minoria particularmente presente nas montanhas, a etnia karen vive no leste da Birmânia, próximo à fronteira com a Tailândia. Ela se distingue dos outros por sua religião, o cristianismo, em um país inteiramente dominado pelo budismo. Ao resistir contra o governo central birmanês desde 1948, a Karen National Union (KNU) irá atrair a simpatia de militantes cristãos tradicionalistas na França e depois, de modo mais amplo, dos meios da extrema-direita. Uma pequena rede de apoio chega a constituir um comando de uma centena de homens recrutados pelos franceses. Ele se destaca em operações a tal ponto que os mercenários têm sua cabeça posta a prêmio pela junta de Rangoon. Entretanto, as perdas são grandes. Desse modo, Jean-Phillipe Courrège é morto no dia 4 de outubro de 1985 pelos soldados birmaneses durante um ataque próximo à fronteira com a Tailândia e a 150 quilômetros de Rangoon. Esse ex-membro do Groupe Union Défense (Grupo União Defesa, GUD), organização estudantil de extrema-direita surgida na Universidade de Assas, em 1968, representa o combate de sua família política pelos karens. Os irmãos Besson também combatem na pequena unidade e divulgam sua causa ao filmar um documentário sobre o tema. Atualmente, a midiatização desse combate é feita por uma associação "Amizade Franco-Karen", cujo presidente é o comandante Pierre Guillaume.

Guillaume é uma das duas personalidades que melhor representam esse vínculo entre envolvimento com os karens e extrema-direita. Imortalizado sob o nome de "*crabe-tambour*" [caranguejo-tambor], Pierre Guillaume é um ator de primeiro plano do golpe de Argel, em abril de 1961, e posteriormente na OAS. O ex-oficial da Marinha participa, em seguida, da aventura de Bob Denard nas Ilhas Comores. Porém, a causa dos karens irá mobilizar a última parte da vida desse militar da extrema-direita francesa até sua morte em 2002. Amigo pessoal de Jean-Marie Le Pen, o apresentador de radio Courtoisie é, de fato, presidente da associação Amizade Franco-Karen. Oriundo de uma família militante, o segundo, François-Xavier Sidos, inicia sua carreira como mercenário na guarda presidencial das Ilhas Comores em 1986. Após o retorno à França, recruta para a causa karen e depois volta com Denard às Ilhas Comores, em setembro de 1995, onde é preso. Na mesma época, Sidos é diretor-adjunto do gabinete de Jean-Marie Le Pen e redator-chefe adjunto de *La Lettre de Jean-Marie Le Pen*.[8] "Em Paris, Fx [François-Xavier Sidos] e Charles tinham entrado para o Gabinete Político da Frente Nacional. Mercenários políticos! Todo mundo se divertia em volta da mesa. Eu pensava que eles iam criar um exército particular que iria combater cantando a glória de Jean-Marie Le Pen! Não dei bola. Não era mesmo o meu negócio. Toda essa confusão ideológica sempre me aborreceu. Sempre me vi mais como um cavaleiro do estilo Dom Quixote ou Lawrence da Arábia."[9]

Em 1999, os vínculos entre a Frente Nacional e esse grupo de mercenários franceses foram trazidos a público. Durante a cisão da Frente entre os fiéis a Jean-Marie Le Pen e os partidários de Mégrét, fica-se sabendo que o Département Protection et Sécurité (Departamento Proteção e Segurança,

DPS), serviço de segurança do movimento de extrema-direita, enviou alguns de seus membros para operações na África, especialmente ao Congo, para servir Sassou-Nguesso. Na realidade, a permeabilidade entre os dois meios é antiga. Tanto François-Xavier Sidos como os soldados da fortuna que foram apoiar Sassou-Nguesso saíram das redes de contato de Bob Denard. O próprio "coronel" transitou do Exército francês para a profissão de mercenário frequentando os círculos da Argélia francesa. Suas simpatias pela extrema-direita eram, aliás, conhecidas por todos. Próximo de Denard e chefe da guarda presidencial de Omar Bongo no Gabão, Loulou Marine também abandona o Exército francês após ter participado do golpe dos generais de abril de 1961 na Argélia.

Rolf Steiner segue a mesma trajetória e passa à ação: "Neste meio, com esses sentimentos, teria sido impensável que eu não me envolvesse nas atividades da Organização Armada Secreta (OAS) [...]. Eu só aplicava o contraterrorismo a contragosto. Porém, a Front de Libération Nationale (Frente de Libertação Nacional, FLN) não deixava barato e a ordem era responder a cada atentado com represálias".[10] Depois de passar alguns meses na prisão de La Santé, Rolf Steiner relembra as circunstâncias de seu envolvimento em Biafra: "Esse bar era, por que não dizer, uma espécie de bolsa de aventura, de agência de recrutamento para os "valentões" disponíveis. Na pequena sala do subsolo onde ocorriam as transações, encontravam-se às vezes tipos esquisitos [...]. Todos tinham um leve ar de família: o gênero *hippie* não era o da casa, que favorecia mais os de nuca raspada [...]."[11] Mais tarde, é a Rodésia, onde os brancos defendem sua posição contra uma guerrilha negra e marxista, que seduz os círculos da extrema-direita. Da mesma forma, Patrick Ollivier, que se inscreveu nos Grey's Scouts, especifica que, por ocasião de sua partida à África Austral, ele "se encontrou no meio do pequeno grupo de amigos da Ação Francesa que vieram recebê-lo e celebrar"[12] sua chegada na Gare d'Austerlitz, em Paris. O ex-paraquedista da Infantaria de Marinha confirma que os recrutamentos aconteciam nos lugares frequentados pelos jovens da extrema-direita. Ele cita o café Chat Noir, a dois passos da Rua de Rivoli, onde se encontram antigos membros do GUD, estudantes prontos para se juntar às Falanges Cristãs do Líbano e aqueles que, como ele, preferiram a Rodésia.[13]

As redes de contato da extrema-direita voltaram a ser mobilizadas no âmbito dos conflitos da ex-Iugoslávia. Treinando um contingente de mercenários desde o início da guerra, Michel Faci e Nicolas Peucelle apelidam sua unidade de "Grupo Doriot", simbolizando suas referências políticas. Um setor garante o recrutamento dentro do pequeno grupo francês "Nouvelle Résistance" em prol da Legião Negra croata. Entre esses voluntários, André-Yves Beck encontra a morte algumas semanas depois de sua chegada aos Bálcãs. O fenômeno não é uma particularidade francesa: os mercenários italianos são recrutados por meio de anúncios classificados veiculados pela Renascença Nacional, partido neofascista de Andrea Insabato.

Na tradição dos soldados da fortuna

Mais do que qualquer outra geração de soldados irregulares, os mercenários da Guerra Fria e da descolonização gozaram de uma imagem extremamente negativa. Os termos pelos quais são designados ilustram a condenação que sofreram de nossos contemporâneos: Terríveis, Cães de Guerra etc. Entretanto, não se pode afirmar que esses homens se distinguem fundamentalmente das outras gerações por suas motivações ou sua ética. Assim, um dos fatores principais de seu envolvimento mercenário atende à tradicional busca por aventura. Em prelúdio à narrativa de sua carreira como mercenário, Patrick Ollivier declara ter ido para a Rodésia "levando como bagagem apenas dois livros de cabeceira: *A esperança*, de Malraux, e *Les enfants humiliés* [As crianças humilhadas], de Bernanos, um par de tênis, alguns itens de higiene pessoal e 2,5 mil francos [...]. Não estou à procura de felicidade e dinheiro fácil. O Cruzeiro do Sul, Antares, o grande Y e todas essas estrelas cadentes das noites austrais me parecem inspirar o sonho, a meditação. *Dai-me, meu Deus, o que Vos resta / Não quero a riqueza / Quero a insegurança e a inquietude / Dai-me o que os outros não querem / Mas dai-me também a coragem e a força, e a fé.* Precisei de três anos de selva e mil noites sob o céu meridional para ter essa certeza. O que o jovem aspirante Zirnheld estava pedindo em sua magnífica "Prece do paraquedista", eu encontrei na Rodésia."[14]

Jovem combatente na Indochina, Bob Denard também é seduzido pela miragem de aventuras exóticas: "Eu me vejo como soldado livre para escolher meu campo, percorrendo o delta do Mekong à frente de um batalhão de piratas."[15] Seu discípulo, Franck Hugo, também é explícito: "Aparentemente, li os livros que não deveria, livros em que se combatia pela glória com um grande machado, livros em que se arriscava a vida por uma causa maior que si mesmo, em que se morria no campo de batalha, mas nos quais as pessoas, mais tarde, se lembram da gente com suspiros na voz. Antigamente, havia cavaleiros que partiam pelo vasto mundo e combatiam em países longínquos por causas incertas. Eu amava esse tipo de personagem."[16] Este último testemunho nos permite mensurar o peso das representações em seu envolvimento e seu desejo por glória, tão próximo daqueles de seus antecessores do século XIX.

De fato, a exemplo das gerações da segunda globalização no fim do século anterior, Franck Hugo confessa também a atração exercida por teatros de operação longínquos em uma época na qual o mundo está entrando na terceira fase da globalização: "O artigo sobre a Birmânia continuava fazendo efeito nos meus neurônios. O país me fascinava, e eu pressentia grandes aventuras no futuro. Estava ao alcance da mão, era preciso apenas esticar o braço."[17] Mais do que nunca, cada parte do mundo se transforma em um lugar potencial de operações. Aliás, o avanço do mundo ocidental em matéria de cultura e formação militares parece trazer garantias de glória a quem escolhe o caminho da atividade mercenária. Acima de tudo, esta busca pela luz, o meio de atrair para si os olhares graças à aventura militar: "A guerra só seria justa como instrumento para obter para si uma parcela de glória. E para deixar o nome da família na história."[18]

Por mais surpreendente que possa parecer, esses soldados da fortuna parecem, assim, estimulados por uma espécie de idealismo. Apaixonados por aventura, esses homens podem aspirar a construir um novo mundo, como seus antecessores do século XIX. Rolf Steiner escreve: "A vergonha dos campos da morte, a de Oradour [Steiner é alemão e passou pelas estruturas nazistas de recrutamento de crianças, o *Jungvolk*], não me fez esquecer os bombardeios de Dresden, nem os civis alemães massacrados pelos poloneses, nem as deportações de Stalin. Quem tem sangue nas mãos? Na história, a razão do vencedor é sempre a melhor. As lembranças desses anos de fogo levaram muito tempo para serem digeridas. Levei muito tempo para tomar consciência, mas os choques recebidos tinham sensibilizado minha alma e, aparentemente, determinado o que eu faria da minha vida: a proteção

Bombas-h ou mercenários?

dos fracos e a defesa das causas justas."[19] A criança marcada pelos horrores da Segunda Guerra Mundial se torna depois um mercenário que pretende escolher as causas que defenderá. É, sem dúvida, o caso de Biafra, que ele defende até o fim. Durante seu processo no Sudão, onde se envolveu com os rebeldes cristãos do sul, chega a declarar: "Nunca fui mercenário, nem em Biafra, muito menos no Sudão. Nunca estive a serviço de uma potência, fosse ela religiosa ou política. Minhas escolhas sempre foram guiadas por uma preocupação com a justiça e com meu senso de honra. E a única razão de minha presença no Sudão é o genocídio que o exército de vocês está cometendo lá."[20] Por trás da provocação, existem meias-verdades.

Consequentemente, esses mercenários desejam se integrar em sua nova pátria, como puderam fazer alguns veteranos napoleônicos na América do Sul após as guerras de independência. Rolf Steiner assume a nacionalidade de Biafra. Bob Denard relata que o mesmo procedimento é frequente dentro da guarda presidencial dos Comores: "Esses voluntários não vieram se juntar a mim pela briga, já que a calma passou a reinar. Também não estão aqui com a intenção de fazer fortuna rapidamente [...]. No decorrer de nossas conversas, dou-me conta de que foi sobretudo a perspectiva de participar da criação de um novo país que os atraiu para o Oceano Índico. Pesou na balança a doçura do clima e também as mulheres, certamente, que são muito bonitas em Comores. Vários de meus homens, seguindo meu exemplo, constituíram lares e não estão perto de renunciar a eles para voltar à velha Europa. O espírito predominante entre meus voluntários não é, portanto, aquele que se costuma atribuir aos mercenários. Abdallah não se enganou ao declarar [...] que dispunha de uma tropa regular, uma espécie de legião estrangeira que obedecia às regras comuns a todos os exércitos constituídos."[21] Relativizemos, porém, seu propósito, lembrando que a atividade mercenária desses homens é retomada várias vezes entre 1978 e 1989.

Entretanto, Denard também segue a tradição dos europeus que foram vender seus talentos pelo mundo, levando sua contribuição ao desenvolvimento econômico do arquipélago. Ele investe em uma fazenda-modelo de seiscentos hectares em Sangali, manda construir novas estradas e integra Comores ao mercado das armas com destino à África do Sul. Este regime amigo de Comores é igualmente solicitado pelo mercenário francês para programas mais vastos de desenvolvimento: "Passo, em seguida, ao programa de desenvolvimento turístico. A construção de um complexo hoteleiro exigirá novos esforços de meus voluntários [...]. Não esqueço, em minha análise detalhada, do desenvolvimento da pesca nem da instalação de uma filial do Instituto de Pesquisa da Construção, para erguer habitações sociais que, financiada pela África do Sul, exigirá novos técnicos sul-africanos."[22]

O anticomunismo: uma poderosa motivação

Um outro ponto pode indicar uma aproximação entre esta geração de soldados da fortuna e as anteriores: o envolvimento ideológico. Depois de ter reconhecido as ambições pessoais, o desejo de glória individual desses homens, é preciso constatar que professam também motivações políticas, não necessariamente muito distantes daquelas dos soldados regulares e voluntários internacionais. Nesse aspecto, lembram muito a geração dos soldados desmobilizados na época que se seguiu às guerras revolucionárias e imperiais, que foram vender seus serviços nos diferentes movimentos nacionais e liberais da Europa e da América do Sul.

Os mercenários ativos entre 1945 e os anos 1970-1980 são amplamente estimulados por um anticomunismo visceral, a exemplo de Chennault, o chefe dos Tigres Voadores, que não abandona a causa nacionalista chinesa após a Segunda Guerra Mundial. De volta à Louisiana, ele retoma rapidamente o caminho do Extremo Oriente diante do avanço comunista. Em 1946, organiza uma pequena empresa de transporte aéreo, a Civilian Air Transport (CAT), cujo objetivo é o fornecimento de víveres e também de armas para as regiões dominadas pelas forças de Chiang Kai-shek e cercadas pelos comunistas. A partir de 1950, Chennault não hesita em entrar em contato com a CIA para financiar seu combate anticomunista na China, agora inteiramente sob o controle de Mao, que fundou a República Popular. Partindo da base de Clark, nas Filipinas, a CAT atua, assim, em missões de paraquedismo para os derradeiros focos de resistência nacionalista que não se retiraram com Chiang Kai-shek para Taiwan.[23]

Pioneiro no apoio aéreo às forças anticomunistas no Extremo Oriente, a CAT constrói uma crescente reputação. Em 1952, em plena Guerra da Coreia, a empresa já efetuara mais de 15 mil missões.[24] Após o fim do conflito na Coreia, suas atividades se voltam principalmente ao apoio à França, envolvida na Indochina contra o Viêt-Minh. Nesse novo teatro de operações, continua servindo aos interesses americanos por meio da CIA, já que os EUA não podem declarar oficialmente o apoio à França nesse conflito de descolonização. Em 1953, a CAT recebe a missão de estabelecer uma ponte aérea entre Hanói e a Planície dos Jarros no Laos. No ano seguinte, com seus aparelhos pintados com as cores da França, os pilotos da CAT sobrevoam os céus de Diên Biên Phu e alguns deles deixam a vida no último combate do exército francês na Indochina. Em 1959, a CAT se transforma na AAM (Air America) e continua suas missões aéreas contra as forças comunistas. Durante toda a Guerra do Vietnã, ela dá, em especial, apoio logístico aos combatentes hmongs do Laos. De 1959 a 1975, o combate anticomunista leva à morte 87 pilotos da CAT/AAM.[25]

O major Williams, ex-combatente das forças especiais na Coreia, passou pelo Vietnã, participou da tentativa de desembarque na Baía dos Porcos contra a Cuba castrista, antes de iniciar, em 1965, uma carreira de mercenário na África. Quando se aproxima de Patrick Ollivier na Rodésia, ele lhe confidencia que o anticomunismo é um dos fios condutores de sua carreira, iniciada em 1945, como intérprete junto à delegação soviética nos processos de Nuremberg: "O importante foi o que me ensinaram os oficiais políticos enviados por Stalin com quem trabalhei durante dois anos: comunista bom é comunista morto."[26] Na linhagem do major Williams, Ollivier nota, aliás, que a partir de 1977, "o fluxo dos veteranos do Vietnã que vêm retomar o combate na savana rodesiana não para. Sejam eles pilotos de helicópteros e antigos *marines*, simples soldados ou oficiais, brancos e, às vezes, até mesmo negros, apenas uma coisa lhes importa: fugir da América que os despreza e ganhar aqui a guerra que perderam no Vietnã".[27] Da mesma forma, os diferentes envolvimentos de Bob Denard são motivados por um conhecido anticomunismo.

Os mercenários e o tabuleiro da Guerra Fria

De fato, o retorno dos soldados da fortuna após 1945 ao primeiro plano é explicado, em grande parte, pelo contexto geopolítico. Muito rapidamente, a nuclearização dos dois gigantes, americano e soviético, torna perigoso demais um eventual enfrentamento. É por isso que, em cada bloco, os serviços secretos dos diferentes Estados vão recorrer a ações indiretas por meio de mercenários. Nos anos 1970, a Operação Condor, conduzida pelas ditaduras sul-americanas (Argentina, Uruguai, Paraguai, Brasil, Chile e Bolívia) é um exemplo tristemente célebre. "Esquadrões da morte" se encarregam da luta antissubversiva e do assassinato de opositores políticos. Nesse vasto cenário, os EUA estão em segundo plano. O ex-agente da CIA Michael Townley passa, assim, a trabalhar para o general Pinochet no Chile. Ele organiza a eliminação de importantes opositores. Em 1974, planeja o assassinato do ex-ministro da Defesa de Allende, Carlos Prats, em Buenos Aires, e atua novamente, dois anos depois, no atentado a bomba contra o carro de outro ex-ministro chileno, Orlando Letelier, em Washington. Durante seu processo por este segundo caso, Townley afirma que recorreu a cinco mercenários cubanos.[28]

A França também é acusada de ensinar métodos de luta antissubversiva, obra de ex-militares da "Argélia francesa" que foram para a América Latina nos anos 1970. Parece, em especial, que Michael Townley esteve em contato com uma organização fundada em Lisboa por antigos membros da Organização Armada Secreta (OAS). Por trás da fachada da Aginter Press, esses veteranos franceses vendem seus conhecimentos adquiridos na Indochina ou na Argélia às ditaduras anticomunistas do mundo todo. Seu chefe, um ex-membro da 11ª Meia-Brigada de Paraquedistas de Choque, Yves Guérin-Sérac, teria afirmado: "Durante esse período, estabelecemos sistematicamente contatos próximos com grupos que compartilham a nossa ideologia que surgem na Itália, na Bélgica, na Alemanha, na Espanha ou em Portugal, a fim de formar a base de uma verdadeira Liga Ocidental de Luta contra o Marxismo."[29]

Nesse contexto de confronto planetário, os dois blocos estão prontos para financiar movimentos que permitam ganhar um novo Estado para sua causa. Os problemas nas zonas em via de descolonização, como a África, são portanto particularmente sensíveis. Assim, as circunstâncias – que, por muito tempo, permaneceram misteriosas – da morte de Patrice Lumumba, primeiro-ministro socialista do Congo, agora são mais bem conhecidas graças à divulgação de documentos secretos da CIA[30] e a um inquérito parla-

Bombas-h ou mercenários?

mentar na Bélgica.[31] Já se sabia que a agência americana havia planejado assassinar Lumumba por medo de vê-lo fazer o Congo-Zaire pender para o lado da URSS. Os inquéritos americano e belga consolidam a tese de que a CIA "comprou", na época, os principais atores do governo, especialmente o presidente Kasa-Vubu e o chefe do estado-maior Mobutu. Lumumba é secretamente transferido para uma fortaleza nas mãos de separatistas do Katanga, que se encarregam de torturá-lo e executá-lo e depois dissolver seu corpo em ácido. Pela morte desse líder democraticamente eleito no ano anterior, a CIA teria pago 500 mil dólares ao governo do Zaire como recompensa por essa eliminação discreta por terceiros. Afinal, no Katanga, é provável que a tortura e a execução do ex-primeiro-ministro tivessem sido praticadas por "Terríveis". As pesquisas feitas pelo sociólogo Ludo de Witte, que deram origem ao inquérito parlamentar belga, evidenciam o papel de mercenários oriundos da antiga metrópole. Segundo ele, estão particularmente presentes durante as sessões de tortura "uns cinquenta policiais militares e seus chefes Michels, Léva, Son e Gat; dois pelotões de policiais e seu chefe Seger; Mumba, inspetor de polícia, e Sapwe, comissário de polícia; os ministros katangueses Munongo, Kibwe e Kitenge; os oficiais superiores belgas Weber, Vandewalle e Crève-Coeur; os comandantes Smal e Verdikt; o capitão Protin e, por fim, os civis Carlo Huyghé, Lindekens, Tignée e Betty Jacquemain".[32] Baseando-se em testemunhos diretos, ele afirma que um dos Cães de Guerra teria "ferido a mão de tanto bater nos prisioneiros".[33]

Em Angola, os dois lados que se enfrentam desde a descolonização portuguesa em 1975 se utilizam dos mercenários. Certamente, até o fim da Guerra Fria, o Movimento Popular de Libertação da Angola (MPLA) dos rebeldes marxistas pode contar com o apoio técnico e material da URSS, das democracias populares, de Cuba e até da Coreia do Norte. Será preciso chegar aos anos 1990 para que se feche um contrato com a Executive Outcomes. A União Nacional para a Independência Total de Angola (Unita), em contrapartida, que recebe material americano e financiamentos de associações anticomunistas, usa seus fundos, desde os anos 1970, para recrutar soldados da fortuna. Algumas potências ocidentais, como a França (com Bob Denard), são aliás um pouco cúmplices desses recrutamentos. A Unita é apoiada também pela África do Sul e seus batalhões especiais são compostos, em parte, por mercenários (por exemplo, 32º Batalhão).

Passíveis de serem repudiados a qualquer momento, os mercenários são uma força armada extremamente útil para os serviços secretos dos dois blocos, que manobram por todo o mundo. Assim, Rolf Steiner, envolvido com os rebeldes cristãos do sul do Sudão, é preso e torturado pela forças governamentais de Cartum. Depois de uma primeira etapa à qual ele resiste, dois europeus tomam as rédeas: "O sotaque não engana: são alemães da Alemanha. Mas qual delas? No Sudão de 1970, cujas simpatias pró-comunistas são conhecidas, só podem existir alemães orientais." A análise do mercenário não é desmentida por seus interlocutores: "Somos conselheiros da embaixada da República Democrática da Alemanha (RDA) e nossa tarefa consiste em manter a harmonia das relações entre o governo sudanês e os 18 mil colaboradores técnicos que nosso país está-lhe cedendo. Em segundo lugar, ocupamo-nos também de segurança... o que nos levou a tratar do seu caso."[34]

O depoimento de Bob Denard confirma a importância do segundo plano da Guerra Fria. Desse modo, ele confessa que, depois de sua passagem em Biafra, esteve "em contato com agentes secretos de todos os campos".[35] Antes, sua tropa de mercenários que atuou no Iêmen em 1963-1964 foi financiada pelo MI6,* preocupado que sua ex-colônia fosse cair na órbita do Egito de Nasser.[36] Homem da geração seguinte, Franck Hugo tem uma ótima fórmula para designar o uso de seus mestres (ele serviu a Denard) neste contexto: "Nos anos do pós-guerra, os serviços secretos se aproveitaram amplamente dos círculos mercenários; até mais do que isso, eles os estimularam. Não houve um golpe de Estado na África sem um mercenário francês. No momento da descolonização, o serviço criou para si um eficaz sistema por baixo dos panos. Esse pequeno grupo de "Terríveis" executará todas as tarefas repudiadas pela legalidade."[37]

A "Françáfrica": redes de Estado...

De fato, no pano de fundo da Guerra Fria, a principal razão do retorno dos mercenários ao primeiro plano é o contexto de descolonização. As

---

* N. T.: MI6, Military Intelligence, Section 6, é o serviço de inteligência britânico.

Bombas-h ou mercenários?

antigas potências colonizadoras não desejam renunciar às riquezas que exploravam, nem abandonar o resto de poder de sua influência sobre uma parte do planeta. A esse respeito, o caso da França ilustra muito bem as complexas relações mantidas entre o poder e os mercenários oriundos do país. Desde os primeiros anos da descolonização, o célebre Jacques Foccart tece as redes da "Françáfrica". Nomeado pelo general De Gaulle para aconselhar o governo para assuntos africanos e malgaxes desde 1960, ocupa esse posto até 1974. Depois, Foccart volta a ser chamado pelo primeiro-ministro Jacques Chirac em 1986 e em 1995, quando este é eleito presidente da República.[38]

Nesse ambiente difuso, os soldados da fortuna franceses desempenham um papel de primeiro plano. Após se envolverem com Tshombé no Katanga, Denard passa a servir Mobutu a partir de 1964, o que ocorreu se não com o apoio da França, pelo menos com seu acordo tácito. Fala-se de "sinal amarelo" dado pelas autoridades francesas às operações do soldado de fortuna: nem oficialmente autorizadas (sinal verde), nem reprovadas (sinal vermelho): "Os serviços secretos franceses não me fornecem nenhum apoio, sequer uma ordem precisa. Porém, o coronel Robert, que dirige a divisão África do SDECE [Serviço de Documentação Exterior e de Contraespionagem] me avisou que está contando comigo para informá-lo sobre os objetivos dos russos e dos chineses [...]. Assim que desembarquei em Léopoldville, estabeleci relações semioficiais com o embaixador da França, Pierre Kosciusko-Morizet e também com o adido militar."[39]

Na realidade, esses soldados livres são manipulados ou abandonados pelos "interesses" da França ao capricho das circunstâncias. É com muito rancor em relação à França que Rolf Steiner deixa Biafra: "O SDECE e os outros serviços paralelos que tinham como missão me observar e me usar me abandonaram, sem paraquedas."[40] Ele conta, em seguida, sobre sua saída de Biafra: "Mas estes [os aviadores franceses encarregados de repatriá-lo em Libreville] se recusavam a nos levar: achavam que, por vingança, iríamos capturá-los quando estivéssemos a bordo e fazê-los desviar para Lagos. Para convencê-los de que estavam enganados e acabar com isso, eu mesmo propus que nos algemassem, o que fizeram. Entramos na aeronave como ladrões, algemados. Fiquei pensando nesses símbolos."[41]

No entanto, as relações nem sempre foram tão tensas entre as redes da "Françáfrica" e homens como Rolf Steiner ou Bob Denard. É nesse espírito que o mercenário francês intitula suas memórias *Corsaire de la République* [Corsário da República]. Nelas, apresenta uma belíssima passagem que ilustra as manipulações da célula africana do governo francês. Quando sente que a França irá abandonar Mobutu, a quem ainda está servindo em 1967, ele se apresenta "à sede dos Assuntos Africanos e Malgaxes, na Rua de Grenelle. É o reino do todo-poderoso Jacques Foccart [...]. Quando [Jean Mauricheau-Beaupré] começa a se gabar dos méritos de Moïse Tshombé, fiquei chocado: achei que a França estava alinhada definitivamente ao clã dos amigos de Mobutu. Expus a Maricheau-Beaupré os motivos que me estimulam a confiar no presidente do Zaire. Ele os recusa um por um [...]. Ao voltar para o Zaire, fui convocado por Mobutu, que me acusou de ter estado com Tshombé e me trata como renegado [...]. Depois de ter tranquilizado o presidente, fiquei-me perguntando se os serviços de Jacques Foccart não teriam convencido Mobutu de minhas relações com Tshombé, com o intuito de me constranger".[42] Pouco depois, os mercenários de fato se afastam de Mobutu e são combatidos pelo Exército nacional congolês. Seriamente ferido no rosto, o "corsário da República" é, então, levado para um hospital rodesiano por ordem do SDECE.

A "Françáfrica" sobrevive a Foccart e atua durante toda a Quinta República. No mandato de François Mitterrand, tanto Guy Penne quanto seu assistente, Jean-Christophe Mitterrand, desempenham um papel semelhante. O segundo ganha o apelido "Papamadi".* Em 1995, Foccart volta a ser chamado por Jacques Chirac antes de ceder seu lugar a seu "filho espiritual", Raymond Bourgi, junto a Nicolas Sarkozy. Durante a última epopeia de Bob Denard nas Ilhas Comores, a França intervém oficialmente contra os mercenários, neutralizando-os em nome dos acordos bilaterais assinados com o Estado comorense. Até o seu processo em 2006, Bob Denard afirmará ter recebido "sinal amarelo" de Jacques Foccart. Exigirá, aliás, a convocação, como testemunha, de Alain Juppé, primeiro-ministro

---

* N. T.: A palavra é uma representação sonora da frase *"papa m'a dit"* em francês, que significa "papai me disse".

na época dos fatos, e de Charles Millon, ministro da Defesa. Ex-embaixador francês nas Ilhas Comores, Alain Deschamps tende a corroborar as palavras do mercenário: "Também não sei se o SDECE, agora DGSE [Direção Geral da Segurança Externa], iniciou o golpe pelo qual seu honesto colaborador derrubou Djohar, mas é difícil imaginar que ele se tenha lançado nessa aventura sem garantias sólidas, e por mais míopes que sejam nossos serviços de informação, como acusam as más línguas, não se pode acreditar que tenham ignorado a empreitada [...]. Como explicar, por outro lado, a presença, entre os guerreiros da Operação Azaleia, de alguns agentes da DGSE e até mesmo do ramo Ação?"[43]

Em 1996, ex-companheiros de armas de Bob Denard são recrutados no Zaire por Mobutu para tentar salvar seu regime, ameaçado pela rebelião conduzida por Laurent-Désiré Kabila. Alguns elementos levam a pensar que o governo francês deu seu aval. De fato, entre os homens recrutados, encontram-se mercenários sérvios comandados por Dominic Yugo. Um deles afirma a um jornalista do *Le Monde*: "Sou sérvio, mas também francês. Perguntem na Place Beauvau [sede do Ministério do Interior francês], eles sabem quem sou eu." Abordado para partir também, Franck Hugo dá uma versão semelhante: "A França deu o sinal amarelo piscando [...], mas, além disso, é preciso que você saiba que a Direção de Segurança do Território recrutou uma centena de sérvios para garantir a segurança de Mobutu."[44] Em 1997-1999, a França parece, mais uma vez, ter feito vista grossa para o envolvimento, no Congo-Brazzaville, de mercenários oriundos das redes de Denard para compor as milícias do presidente Sassou-Nguesso.

...nos meios empresariais

Além das relações ocultas entre "serviços" e soldados irregulares, o papel dos meios econômicos na "Françáfrica" – e, mais particularmente, do tráfico de armas – transparece já no início da aventura comorense de Denard em 1975. Contatado por patrocinadores parisienses, Denard assiste a uma primeira reunião com "Ferdinand Serre, um empresário gaullista cujo destino está ligado há muito tempo às Ilhas Comores [...], o sr. Rousseau, que foi ministro das Comunicações do general De Gaulle, Sultan Chauffour, que representa os interesses de Ali Soilih e Sako Khatchiakan, um armênio especializado em importação e exportação [...]".[45] Mais uma vez, a operação é conhecida dos serviços franceses: "Depois de me terem garantido da parte do SDECE que ninguém vê inconveniente maior nessa nova missão, assumo a identidade de Gilbert Bourgeaud."[46]

Encarnação das relações conturbadas entre a célula africana do governo francês e interesses privados, Maurice Robert – citado por Bob Denard e que solicitou mercenários várias vezes – termina sua carreira na ELF depois de ter sido expulso dos serviços secretos franceses em 1973. Mais recentemente, o caso ELF revelou os vínculos entre a empresa petrolífera, os círculos políticos (Roland Dumas) e as organizações militares (vendas de armas, suas comissões e até mesmo retrocomissões). O personagem de Alfred Sirven representa o cruzamento entre esses diferentes mundos que se encontram na "Françáfrica". De fato, ex-sargento-chefe na Guerra da Indochina, o homem organiza o recrutamento de mercenários em 1991 para afastar os adversários de Sassou-Nguesso no Congo-Brazzaville, com seus amigos Charles Pasqua e Jean-Charles Marchiani. Aliás, Loïc Le Floch-Prigent, então diretor-geral da Total, declarará posteriormente a jornalistas que o Congo "se tornou marxista por algum tempo, mas sempre sob o controle da ELF".[47]

Os mercenários: "colarinhos verdes" das multinacionais

Assim como a empresa ELF-Total, as grandes companhias ocidentais não hesitam em recorrer aos mercenários para garantir seus recursos em zonas instáveis. Em Angola, a Executive Outcomes se situa, assim, na zona difusa militar-empresarial da Heritage Oil and Gas. Essa empresa petrolífera assina contratos de exploração em Angola e possui filiais no domínio da extração de diamantes, especialmente a empresa canadense Diamondworks. Seu diretor é o ex-membro do Special Air Service Tony Buckingham, que faz o meio de campo no recrutamento de mercenários. Seguindo a intervenção dos *contractors* sul-africanos em Angola, a Diamondworks adquire minas de diamantes que se estendem por vários milhares de quilômetros quadrados. Depois, o dono da Executive Outcomes, Eeben Barlow, torna-se um dos importantes acionistas da companhia mineradora, que também consegue contratos em Serra Leoa, na região que os soldados da fortuna de Barlow contribuíram para retomar dos rebeldes da Frente Revolucionária Unida (RUF).[48]

A mesma confusão entre apoio militar privado e interesses econômicos se encontra no auxílio dado por Robert Mugabe, presidente do Zimbábue, a Laurent-Désiré Kabila, chefe de Estado da República Democrática do Congo. Para tanto, Robert Mugabe transforma seu Exército nacional em força mercenária a serviço de Kabila, mas também recorre a soldados da fortuna, que são enviados a ele. Em 2001, um relator especial da Comissão de Direitos Humanos da ONU sobre o emprego de soldados irregulares, Enrique Bernales Ballesteros, escreve: "Destacamos a presença de combatentes mercenários recrutados por empresas de segurança militar, cujo interesse principal ainda é a região de Mbuji-Mayi, capital dos diamantes da província do Kasai Ocidental. O relator especial recebeu informações assinalando que empresas de segurança militar e companhias aéreas de transporte registradas no estado de Nevada (EUA), nas ilhas anglo-normandas e principalmente na África do Sul, na província de Gauteng, e no Zimbábue, dedicam-se ao transporte de tropas, armas, munições e diamantes. Ele chegou a apontar que uma dessas empresas participava de operações de bombardeio aéreo. Para isso, elas contam em suas fileiras com mercenários, pilotos e tripulação de nacionalidade ucraniana em especial..." A empresa militar que leva seu apoio ao regime zairense está baseada no Zimbábue. Em troca, o governo da República Democrática do Congo libera uma concessão de exploração entre as mais importantes jazidas de diamantes do Kasai Oriental para uma empresa cujos principais acionistas são oficiais zimbabuanos e próximos a Robert Mugabe, associados à família Kabila.[49]

Novos avanços legislativos

O recrudescimento da atividade mercenária no decorrer das guerras de descolonização e/ou a serviço de transnacionais ocidentais incitou as instituições internacionais a legislar melhor sobre as atividades militares. A primeira a implementar uma nova legislação é a Organização da Unidade Africana (OUA). Em sua conduta pan-africana e de independência, é lógico que a organização regional tenha desejado proibir as atividades dos soldados da fortuna no continente. Em 1972, ela adota uma convenção sobre a eliminação da atividade mercenária na África. O texto nunca entrou realmente em vigor, mas tem um alcance simbólico pelo tom empregado. Os soldados da fortuna são descritos como uma "grave ameaça à independência, à soberania, à segurança, à integridade territorial e ao desenvolvimento harmonioso" dos Estados africanos.

Em um segundo momento, são os acordos de Genebra que sofrem uma pequena reforma para responder melhor à situação dos anos 1970. O artigo 47º do Protocolo Adicional às Convenções de Genebra responde a essa preocupação em 1977. Ele especifica que o mercenário é especialmente recrutado para combater em um conflito armado", que "participa diretamente das hostilidades", que busca uma "vantagem pessoal ou uma remuneração nitidamente superior" à dos combatentes regulares, que não é "cidadão nem membro das forças das partes em conflito" e que não "foi enviado em missão oficial por um outro Estado". Vários países, a começar pelos EUA, recusaram-se a adotar esse texto. Contudo, para ser reconhecido como mercenário conforme os termos desse protocolo adicional, é preciso responder ao conjunto de seis critérios, o que continua sendo excepcional. Assim, os soldados da fortuna da guarda presidencial comorense de Bob Denard, alguns dos quais de nacionalidade comorense, recebem um soldo aproximadamente três vezes menor em relação ao dos colaboradores militares franceses na região.

O texto permite, assim, distinguir os mercenários das unidades como a Legião Estrangeira, o Tercio espanhol ou os gurkhas britânicos. De fato, se tomarmos a tropa francesa, ela parece bem diferente dos Cães de Guerra e outros Terríveis. Mais de 50% de seu recrutamento atualmente é nacional:

esses homens são então obrigados a se alistar sob identidades belgas, suíças ou canadenses. A Legião é, por outro lado, um componente do Exército francês, não é uma organização de direito privado. Ela sempre teve uma política de integração à nação francesa (obtenção da nacionalidade ao fim de cinco anos de serviço) e está totalmente integrada a ela.

Entretanto, o texto de 1977 não parece ter impacto, pois não criminaliza a atividade mercenária como tal. Simplesmente a exclui dos procedimentos humanitários previstos para as pessoas envolvidas em um conflito. Um novo texto, a "Convenção Internacional contra o Recrutamento, o Uso, o Financiamento e a Instrução de Mercenários", é, pois, elaborado pela ONU em 1989.[50] Essa nova legislação marca a primeira tentativa de criminalização das atividades mercenárias no Direito Internacional.[51] É uma forma de resposta institucional à impunidade dos soldados da fortuna. É adotada enquanto dúvidas pairam sobre os homens de Bob Denard no assassinato do presidente comorense Ahmed Abdallah algumas semanas antes. Ela define, sobretudo, novos elementos em relação aos Protocolos de Genebra. Assim, especifica-se que será considerada como tal toda pessoa "que não seja oriunda nem residente do Estado contra o qual o ato é dirigido", que busca "derrubar o governo ou, de alguma forma, trazer ameaça à ordem convencional de um Estado", ou que busca "trazer ameaça à integridade territorial de um Estado". Especifica-se que se exclui toda pessoa enviada em missão por um exército estrangeiro e todo membro estrangeiro de uma força armada do Estado envolvido. Por fim, retoma-se a disposição africana que incita os estados "a não recrutar, utilizar, financiar ou instruir mercenários, e proibir as atividades dessa natureza".

Todavia, o novo texto está longe de conseguir adesão, já que apenas 38 Estados o ratificaram, dentre os quais 3 europeus.[52] Vários pontos explicam as ressalvas. O primeiro é o possível envolvimento de pessoal delegado a título de assistência técnica. De fato, não está mais especificado que o mercenário toma uma parte direta nas hostilidades. O segundo, especialmente no caso francês, é uma incriminação potencial da França acerca da especificidade da Legião Estrangeira. Ao suscitar a reserva de potências militares de primeiro escalão, o Direito Internacional da ONU ainda tem dificuldade para criminalizar as atividades dos soldados da fortuna e os

Estados que os empregam. Na realidade, as medidas mais eficazes na luta contra os mercenários são tomadas pelas legislações nacionais. As primeiras são produto de Estados que estão às voltas com o desenvolvimento das atividades militares privadas, como a África do Sul (leis de 1998 e, posteriormente, 2007). A França também adotou sua própria legislação em 2003.

Notas

1. P. de Seigne, *Au nom de ma horde*, Paris, Jean-Cyrille Godefroy, 1991, 502 p.
2. Idem, p. 226.
3. Idem, p. 158.
4. Idem, p. 165.
5. Idem, p. 497.
6. Idem, p. 216.
7. Idem, p. 217.
8. Artigo de R. Dely e K. Laske no *Libération* do dia 6 de junho de 2001.
9. F. Hugo e P. Lobjois, *Mercenaire de la République*, op. cit., p. 230.
10. R. Steiner, *Carré rouge...*, op. cit., p. 57-58.
11. Idem, p. 65.
12. P. Ollivier, *Commandos de brousse*, op. cit., p. 10.
13. Apud M. Klen, *L'Odyssée des mercenaires*, op. cit., p. 156.
14. P. Ollivier, *Soldat de fortune*, op. cit., p. 8.
15. B. Denard, *Corsaire de la République*, op. cit., p. 38.
16. F. Hugo e P. Lobjois, *Mercenaire de la République*, op. cit., p. 23.
17. Idem, p. 25.
18. Idem, p. 14.
19. R. Steiner, *Carré rouge...*, op. cit., p. 19.
20. Idem, p. 416.
21. B. Denard, *Corsaire de la République*, op. cit., p. 330.
22. Idem, p. 361.
23. S. Seagrave, *Les Mercenaires de l'air*, Amsterdam, Éditions Time life, 1982, 176 p.
24. Idem.
25. Números fornecidos por P. Chapleau em seu artigo em J.-J. Roche (org.), *Des Gardes suisses à Blackwater*, op. cit.
26. P. Ollivier, *Soldat de fortune*, op. cit., p. 36.
27. Idem, p. 51.
28. Ver, em particular, "L'enquête sur cinq victimes françaises rebondit", em *Libération*, 2 de novembro de 1999.
29. Apud S. Christie, *Stefano Delle Chiaie*, Londres, Anarchy Publications, 1984. Lembremos também a investigação feita pela jornalista M. M. Robin, *Escadron de la mort. L'école française*, Paris, La Découverte, 2008, 453 p., que questiona diretamente o Exército francês a respeito do ensino de técnicas de tortura nas ditaduras sul-americanas.
30. Arquivos liberados ao público em 2007, mas cujo teor já havia sido revelado antes pela imprensa americana (Revelações sobre o papel dos Estados Unidos no assassinato de Lumumba, em *The Washington Post*, 21 de julho de 2002).
31. Comissão parlamentar belga formada em 2001 logo após a publicação do livro de Ludo de Witte, *L'Assassinat de Patrice Lumumba*, Paris, Karthala, 2000.

Bombas-h ou mercenários?

[32] Idem, p. 238.
[33] Idem, p. 247.
[34] R. Steiner, *Carré rouge...*, op. cit., p. 389.
[35] B. Denard, *Corsaire de la République*, op. cit., p. 259.
[36] Stephen Dorril, *MI6: Inside the Covert World of Her Majesty's Secret Intelligence Service*, Free Press, 2002, 928 p.
[37] F. Hugo e P. Lobjois, *Mercenaire de la République*, op. cit., p. 222.
[38] F. X. Verschave, *La Françafrique, le plus long scandale de la République*, Paris, Stock, 2003, 379 p.
[39] B. Denard, *Corsaire de la République*, op. cit., p. 174.
[40] R. Steiner, *Carré rouge*, op. cit., p. 275.
[41] Idem, p. 278.
[42] B. Denard, *Corsaire de la République*, op. cit., p. 223-224.
[43] A. Deschamp, *Les Comores d'Ahmed Abdallah: mercenaires, révolutionnaires et cœlacanthe*, Paris, Khartala, 2005, 199 p.
[44] F. Hugo e P. Lobjois, *Mercenaire de la République*, op. cit., p. 242.
[45] Idem, p. 271.
[46] Idem, p. 272.
[47] Entrevista concedida à revista *L'Express* do dia 12 de dezembro de 1996.
[48] Ver o capítulo "O comércio da guerra".
[49] Ver o artigo "Le retour des mercenaires", em *Politique internationale*, n. 94, 2002.
[50] Resolução 44/34 da ONU em *Documents officiels de l'Assemblée générale*, 44ª sessão, suplemento n. 49, p. 322-324.
[51] Os textos da Organização da Unidade Africana vinculam somente os Estados signatários do continente africano.
[53] Bélgica, Chipre e Itália.

As empresas de guerra, um próspero mercado

Evidentemente, os Terríveis possuem agora empresas, mais ou menos informais, que oferecem serviços militares. De Claire Chennault a Bob Denard, alguns mercenários foram levados a dar uma aparência comercial oficial aos seus serviços. Contudo, as duas últimas décadas são marcadas por uma estruturação muito maior dessas empresas e, principalmente, por uma explosão de sua quantidade e volume de negócios. Uma das primeiras a servir de modelo a essa nova geração de empresas de guerra é a Executive Outcomes.

Do petróleo angolano aos diamantes de Serra Leoa

A Executive Outcomes foi fundada em 1989 por Eeben Barlow. Nascido na Rodésia do Norte (atual Zâmbia), Barlow emigra para a África do Sul com seus pais com apenas 6 anos de idade. Ele se alista em 1972 e entra para o 32º Batalhão em 1978. Logo se torna chefe da companhia de reconhecimento dessa unidade de choque. Em seguida, passa para os serviços secretos. Em 1989, ele chega ao topo do Escritório de Cooperação Civil, encarregado da repressão contra os adversários do regime (em especial, a prática de assassinatos políticos). No fim de sua carreira, Barlow volta para o setor privado. Primeiramente oferece auxílio à União Nacional para a Independência Total de Angola (Unita), em Angola. Ex-colônia portuguesa, o país obteve sua independência em 1975. Depois da queda de Salazar, Portugal democrático descoloniza brutalmente, sem um período de transição. Angola é dirigida pelo partido que havia conduzido uma guerrilha marxista contra o colonizador português, o Movimento Popular de Libertação da Angola (MPLA).

Bem depressa, o partido no poder se choca com o partido anticomunista, a Unita. O país logo mergulha na guerra civil, acompanhada pelos problemas internacionais ligados à Guerra Fria. O MPLA recebe armas e instrutores da URSS, enquanto a Unita conta com o apoio dos EUA e da África do Sul e recruta mercenários ocidentais. De fato, a Unita é financiada pelas minas de diamante do sul de Angola. O MPLA obtém seus recursos das jazidas *offshore* de petróleo, ao largo da costa da capital Luanda. O conflito ainda estava em pleno andamento no início dos anos 1990. Fragilizado pela queda de seu protetor soviético, o MPLA decide recrutar novos soldados de fortuna para garantir sua vitória. O dinheiro do petróleo permite pagar os soldos desses mercenários estrangeiros. Uns cinquenta combatentes sul-africanos, que, em sua maioria, tinham combatido antes pela Unita, passam assim a servir o MPLA na primavera de 1993. Após uma operação bem-sucedida contra o porto de Soyo, os mercenários da Executive Outcomes impõem derrotas por toda parte às forças da Unita.[1] Seu chefe, Jonas Savimbi, é obrigado a assinar um acordo de paz em Lusaka em novembro de 1994. No ano seguinte, a guerra civil recomeça. Porém, a partir de 1996, a Executive Outcomes se retira sob a pressão exercida pelos EUA e pela ONU sobre o MPLA.

No entanto, a empresa militar agora passa a ser um ator importante em outros teatros de operação na África. Desde 1991, Serra Leoa também está às voltas com uma guerra civil. O chefe da rebelião liberiana, Charles Taylor, contribui para desestabilizar Serra Leoa, dando apoio à Frente Revolucionária Unida (RUF). Em 1992, os militares que lutam contra a RUF tomam o poder. A nova junta é dirigida por Valentine Strasser. Diante das pressões internacionais, este se compromete a organizar uma eleição presidencial até o final do ano de 1995. Esse contexto agitado é complicado pelos interesses econômicos externos ao país. Rica em diamantes, Serra Leoa é pilhada por licenças confiadas a estrangeiros, especialmente comerciantes libaneses, que corrompem o poder vigente, mas também por meio de explorações ilícitas. As minas de diamantes servem para financiar o tráfico de armas e drogas na região.

Nesse contexto de caos e enfraquecimento do Estado, as companhias mineradoras estrangeiras, atraídas pela perspectiva de pôr as mãos em jazidas tão formidáveis, apoiam diferentes facções em guerra. Em 1995, prazo dado pela comunidade internacional, o poder militar está em uma situação cada vez mais perigosa, já que as forças guerrilheiras estão nos limites da capital Freetown. Os 12 mil homens do Exército nacional são mal pagos e relativamente indisciplinados, apesar da assistência militar dos Estados da região (Gana, Guiné e Nigéria).[2] Um auxílio vem primeiramente da Gurkha Security Guards, empresa britânica dirigida por um ex-oficial rodesiano, o coronel Robert McKenzie. Entretanto, esse primeiro apelo a mercenários é abreviado, pois McKenzie é morto durante uma missão destinada a determinar sua futura base. Em seguida, a Gurkha Security Guards se recolhe à sua missão de garantir a segurança da capital e recusa qualquer envolvimento em operações de combate estrito contra a RUF.

Seguindo os conselhos de uma companhia canadense, a junta militar no poder recorre à Executive Outcomes para repelir a ofensiva dos rebeldes da RUF. Em maio de 1995, os primeiros *contractors* chegam a Serra Leoa. Seu chefe, o ex-general Burt Sachs, reorganiza as forças nacionais serra-leonesas. Após um curto período de formação, os mercenários se juntam a elas em uma operação de reconquista contra a RUF. Em algumas semanas, os sul-africanos libertam a península de Freetown e depois retomam o distrito de Kono-Koidu. Por fim, permitem ao governo retomar o controle do sudoeste do país, onde abundam titânio e bauxita. Esse sucesso é possível graças à logística de que dispõem os homens de Burt Sachs. Seu avanço é apoiado por dois helicópteros de transporte armado MI-17 e um helicóptero de combate MI-24V.[3]

O poder é minado por lutas internas. Em janeiro de 1996, com o apoio dos mercenários sul-africanos, o vice-presidente Julius Maada Bio afasta Valentine Strasser e prepara eleições multipartidárias para a primavera. No final do ano de 1998, a paz parece ter sido restabelecida em Serra Leoa. O novo presidente eleito, Ahmad Tejan Kabbah, inicia negociações com a RUF. Finalmente, a guerra civil recomeça devido às manobras de Charles Taylor, que desejava também, por meio da RUF, pôr as mãos nos diamantes de Serra Leoa. Ao mesmo tempo, a Executive Outcomes é dissolvida em 1998.

O conhecimento militar dos mercenários sul-africanos explica o rápido restabelecimento da ordem em 1995-1996. Todavia, esses homens têm interesse em manter uma boa imagem, a fim de romper com a reputação dos Cães de Guerra da geração anterior. A Executive Outcomes participa, assim, do financiamento da eleição presidencial com um valor que chega a 50 mil dólares. A empresa de guerra também não hesita em corromper todos os chefes que podem perturbar o bom andamento do escrutínio em algumas regiões do país. Ela se impõe rapidamente como o único elemento de estabilidade de Serra Leoa, como provam os depoimentos elogiosos coletados por jornalistas franceses. Um padre de Koidu afirma: "Apenas eles [os homens da Executive Outcomes] gozam da confiança do povo. Fizeram um bom trabalho"; um motorista de táxi acrescenta: "Se forem embora, Kono cairá em dois dias – pela terceira vez em quatro anos". Até o ex-secretário-geral adjunto da ONU parece apoiar o trabalho dos mercenários sul-africanos: "Profissionais, disciplinados e eficazes, que sustentam um governo legal em sua luta contra um banditismo dos mais perversos: nada incômodo, ele afirma. Seu passado pouco importa. Eu os julgo por sua ação, aqui e agora."[4]

Às vésperas de sua dissolução, a empresa sul-africana parece estar, então, no topo de seu poder. Ela conta com uma equipe de mais de 2 mil *contractors* e um armamento impressionante: três Boeings 727, os helicópteros usados em Serra Leoa, aviões leves, mas também caças. A Executive Outcomes oferece uma gama de serviços de excelência: tiro de precisão a longa distância, formação em contrainsurreição urbana ou rural (o forte da experiência do 32º Batalhão), paraquedismo etc. Em 1996, a empresa militar privada sul-africana obtém um contrato para formar os membros das forças especiais indonésias, a Kopassus, para agir contra rebeldes sequestradores na Papua Ocidental. Conhecidos por empregar métodos que valem à Indonésia críticas regulares da comunidade internacional e exigências reiteradas de supressão, a Kopassus assassina separatistas, usa práticas violentas contra civis nos bairros dos opositores etc.

A Executive Outcomes envia consultores para oferecer uma formação em "técnicas especiais" no campo de Keneyam. Treinados e orientados pela firma de mercenários sul-africana, o comando Kopassus lança, no dia 9 de maio de 1996, um ataque mortal contra o vilarejo de Geselema, onde se escondem os sequestradores. Contando com o apoio de helicópteros de combate, a operação deixa vários mortos e inúmeros feridos na população. Uma das aeronaves envolvidas no ataque tem, segundo os testemunhos, o símbolo da Cruz Vermelha e transporta soldados brancos.[5] Eeben Barlow reconhece a participação de seus homens no ataque: "Trabalhando estreitamente com as forças especiais indonésias, Duncan e sua equipe desceram por suas longas cordas [a partir do helicóptero], desapareceram sob a espessa cobertura de folhagens e caminharam na selva [...]. Logo, depararam-se com Maria McIvor, uma das reféns britânicas. Quase imediatamente, entraram em confronto com os terroristas [...] e os combateram."[6] De acordo com Barlow, a luta dura mais de seis horas, e a operação é um sucesso; portanto, ele rejeita a acusação de ter aberto fogo contra civis inocentes. Depois desse primeiro contrato, a Executive Outcomes é encarregada de outras tarefas de formação na Indonésia (manejo de explosivos) e de apoio, especialmente para "operações secretas altamente sensíveis e especializadas" (projeto Nemesis).[7]

As crias ocultas da Executive Outcomes

Oficialmente dissolvida em 1998, a Executive Outcomes vê seus membros se dispersarem na África, fundarem novas empresas ou atuarem em outras companhias mercenárias. Segundo Eeben Barlow, "milhares de ex-soldados e ex-policiais da África do Sul migram para as zonas desestabilizadas por conflitos para se juntar às forças antiterroristas e levar a paz [...]. Esse vácuo [deixado pela primeira empresa militar privada dessa importância, a sua] foi rapidamente preenchido por empresas internacionais e sul-africanas que fazem exatamente a mesma coisa que nós".[8] No país de Barlow, a cidade de Pomfret parece ser a última base da diáspora dos membros da Executive Outcomes. Antiga cidade mineradora nos limites do deserto do Kalahari, Pomfret era um local de treinamento do Batalhão Buffalo nos anos 1980.

Transformada em centro de recrutamento da Executive Outcomes nos anos 1990, abriga antigos membros do 32º Batalhão e suas famílias. É por isso que, até a decisão das autoridades de Pretória de destruir a cidade em 2005, ela continuou sendo um ninho de soldados de fortuna.[9] Os anos 2000 são marcados pela ação dos ex-empregados de Eeben Barlow a partir dessa base ou de outras menos visíveis. Mais de 2 mil mercenários sul-africanos podem ser encontrados no Iraque em 2004; duas empresas sediadas em Pretória também abriram escritórios em Bagdá.[10]

Em 2002 e 2003, outros *contractors* oriundos da extinta empresa sul-africana estão presentes na Costa do Marfim a serviço de um empresário de diamantes saudita. No entanto, a pressão diplomática da França acarreta rapidamente a retirada da maioria deles. A exemplo de Simon Mann, o fundador do braço britânico da Executive Outcomes, encontram-se mercenários do berço da empresa, o Batalhão Buffalo, na Guiné Equatorial, em março de 2004. Eles estão envolvidos em uma tentativa de golpe de Estado contra o poder vigente. Parece que a operação tinha por objetivo colocar no governo do terceiro produtor de petróleo subsaariano um opositor do regime, Severo Moto, ligado a uma corretora britânica especializada em hidrocarbonetos. Por essa tentativa de golpe, Simon Mann é condenado a sete anos de prisão na Guiné Equatorial.[11] Esse episódio é o último no qual se pode, com certeza, identificar mercenários da zona difusa sul-africana originada da Executive Outcomes.

Iraque, Afeganistão:
guerras impossíveis sem as empresas militares privadas

Ao mesmo tempo, o precursor sul-africano deixou sucessores. Nos conflitos contemporâneos travados pelo exército americano, o esforço militar da primeira potência mundial não seria possível sem a complementaridade oferecida pelas empresas militares privadas. De fato, a mobilização necessária aos EUA seria considerável e inflaria seus efetivos para além do período do conflito. A lógica da terceirização permite, portanto, responder a uma demanda imensa de pessoal e de material dos quais se separa facilmente ao término do contrato no momento do retorno à paz ou da retirada do país.

As empresas de guerra, um próspero mercado

Da logística à segurança pessoal de membros da ONU, ONGs ou empresários, as empresas militares privadas estão presentes em todos os segmentos "não combatentes" da guerra. Os contratos chegam a 85 bilhões de dólares somente no período de 2003 a 2007.[12] Assim, os negócios são tentadores para as empresas e, aparentemente, para seus *contractors*: "O trabalho não era novidade para mim. Era segurança privada como eu já tinha feito em Paris. Tínhamos que servir como babás de nossos clientes. O cliente andava na rua, tínhamos que ficar atrás dele, mas também na frente e dos lados. Resumindo, era preciso estar em todos os lugares para não perdê-lo. Em contrapartida, novidade era o fato de também andarmos com armas pesadas", relata Franck Hugo.[13]

Em todo caso, esses novos conflitos abrem caminho para contingentes cada vez maiores de soldados privados. Em setembro de 2007, uma investigação realizada por um jornalista do *Le Monde* estimava em 177 o número de empresas militares privadas presentes no Iraque, calculando que empregassem cerca de 50 mil homens.[14] Talvez estejam até mesmo presentes no centro das operações de combate, particularmente na caçada a Osama bin Laden no Afeganistão. Este deve ser o caso dos *contractors* da Blackwater entre 2004 e 2008, de acordo com a imprensa americana.[15] A morte de quatro mercenários é, por outro lado, reconhecida pelas autoridades por ocasião da reconquista da cidade de Fallujah no Iraque em 2004.

Blackwater, a escandalosa

Em 2010, Erik Prince, seu fundador, anuncia que sua empresa X^e está à venda.[16] Adotado em fevereiro de 2009, esse nome esconde, na verdade, a péssima reputação da Blackwater. Presente tanto no Iraque quanto no Afeganistão, ela faz parte das empresas militares privadas que rapidamente prosperaram no rastro do exército americano. Criada em 1997 na Carolina do Norte, a empresa começa sua atividade com contratos de formação para escolas de polícia: ensina-lhes os fundamentos da intervenção no meio escolar após as imperícias ocorridas no massacre de Columbine. Ex-membro dos Seals (batalhões da Marinha), Erik Prince vê aí a oportunidade de trabalhar como terceirizado do Exército americano. A partir de

2001, a empresa amplia muito rapidamente a gama de serviços oferecidos a seus clientes: consultoria em segurança e logística, apoio tático, formação para operações aéreas.

Com o início da Guerra do Iraque em 2003, a empresa fecha grandes contratos de segurança privada com altas autoridades, a começar pelo administrador civil Paul Bremer. Em seguida, estende suas atividades às embaixadas e à administração das prisões. A Blackwater logo adquire a envergadura de um verdadeiro exército privado. Dividida em várias empresas especializadas (Blackwater Training Center, Blackwater Target Systems, Blackwater Security Consulting, Blackwater Air, Blackwater Canine e Blackwater Maritime), ela dispõe de vários campos de treinamento, de sua própria frota de veículos blindados Grizzly para transportes de tropas e até de vinte helicópteros e aviões de combate. Por meio da empresa EP Aviation (de Erik Prince), conta com 51 aeronaves, segundo a administração americana.[17] A empresa recruta em todos os grandes reservatórios de mercenários: americanos, mas também gurkhas nepaleses, britânicos, sul-africanos etc. Em 2006, é constituída por 23 mil soldados posicionados em 9 países e 21 mil reservistas.[18] Contudo, perdeu seus contratos no Iraque em 2009. No decorrer de seu envolvimento nesse teatro de operações, vários de seus mercenários foram mortos sem que se possa fazer uma contagem oficial. Além dos quatro primeiros mortos em Falluja,[19] seis empregados búlgaros da Blackwater foram abatidos a bordo de seu helicóptero de combate em abril de 2005.

Mesmo que os contratos no Iraque constituíssem o grosso do volume de contratos da empresa, ela tornou-se também onipresente no mercado da segurança nos EUA e nos mercados instáveis onde o país tem interesses. Em 2005, após as destruições do furacão Katrina em Nova Orleans, a Blackwater garante a ordem nos campos de abrigo de refugiados da catástrofe natural. Participa também das ações de reconstrução dos diques. A empresa americana foi igualmente encarregada de proteger o estratégico oleoduto da TBC, que liga as jazidas do mar Cáspio ao porto turco de Ceyhan e atravessa o Cáucaso. Por fim, oferece missões de formação em Taiwan ou no Quênia.

Objeto de todo tipo de crítica, exemplo dos abusos das empresas militares privadas usado pelos opositores da privatização da guerra, a empresa foi alvo de uma vasta reportagem do jornalista americano Jeremy Scahill. Este afirma que a Blackwater teria feito operações secretas em nome do serviço secreto americano. Suas informações teriam vindo do próprio Erik Prince. Desde 2004, a Blackwater e outras empresas estariam empregando cerca de quinhentos mercenários encarregados de executar ações clandestinas na América Latina. Uma unidade seria mais especificamente destinada a Cuba. O objetivo seria promover uma "mudança de regime" e uma "transição" na ilha do Caribe. Os *contractors* de Erik Prince seriam também atores do dossiê iraniano. Tratar-se-ia, desta vez, de alimentar uma rebelião xiita para desestabilizar o regime islâmico. Segundo o dono da Blackwater, "eles [os EUA] não vão conseguir resolver o problema [do Irã] com soldados de uniforme. É muito mais complicado. O setor privado pode operar lá sem deixar quase nenhum rastro". Assim, por seus "abusos"[20] e missões obscuras de desestabilização de regimes condenados pelos EUA, a empresa atualmente goza de uma má reputação que lembra a da geração dos Terríveis.

MPRI: braço esquerdo do Estado americano?

Entretanto, outras empresas souberam escapar dessa imagem sombria. Entre as mais importantes, a Military Professional Ressources Inc. (MPRI) também é uma das mais antigas, já que foi fundada em 1987 por oito ex-oficiais generais do Exército americano e logo ofereceu seus serviços a Washington. Dá um importante apoio às Forças Armadas americanas e às agências governamentais como a CIA, o FBI ou ainda outros organismos ligados às questões de defesa (guarda costeira, *marshals* etc.). Por exemplo, a MPRI garantiu a formação e a consultoria à Polícia de diferentes estados americanos na luta antiterrorista. Em seguida, a empresa ampliou sua clientela para governos estrangeiros, aos quais oferece seus serviços em matéria de formação militar, orientação estratégica ou fornecimento de material (inclusive humanitário). Em 2000, foi comprada pela empresa L-3.

Um dos primeiros contratos importantes fechados pela MPRI foi o acompanhamento de missões humanitárias e o envio do material médico para

Repúblicas da ex-URSS. Depois, trabalhou com a guarda nacional kuaitiana para melhorar e atualizar seus sistemas de segurança. Em 1994, a empresa conseguiu um contrato de formação do Exército croata para manobras de defesa. Em seguida, o Exército bósnio foi equipado e formado pela MPRI. A partir de 1999, ela contribuiu para a formação do Exército nacional colombiano na luta contra a guerrilha e os narcotraficantes. Na Arábia Saudita, a empresa foi enviada para missões de avaliação das ameaças e de gestão dos recursos humanos. A MPRI teria uma dúzia de contratos no Iraque, onde conta com cerca de quinhentos *contractors*. Por fim, implantou-se na África, da Nigéria à África do Sul, passando por Mali e Zaire. No total, atua em aproximadamente quarenta países.

Essa empresa militar privada tem a particularidade de estar muito próxima da administração do governo. Nos contratos domésticos, começou empregando soldados da reserva do Exército americano ou da Guarda nacional. Aliás, os contratos que assina são todos aprovados pelo Pentágono, e os mais importantes, acima de cinquenta milhões de dólares, necessitam do aval do Congresso. Por meio da MPRI, o governo americano poderia agir mais discretamente nas áreas sensíveis da política externa e conduzir operações de tipo militar sob o disfarce de uma organização privada. Essa fórmula proporciona aos EUA mais autonomia de ação e orçamento. Na ex-Iugoslávia, os empregados da MPRI levaram, assim, seu conhecimento às tropas americanas. Segundo o especialista canadense em relações internacionais Yves Goulet, "outros relatos sugerem que a assistência de Washington à Croácia sob o disfarce da MPRI era uma condição para que a Croácia concordasse com a criação de uma federação croato-muçulmana, para a construção de uma base da CIA na ilha de Krk, abrigando aviões-espiões do tipo Predator e o apoiando uma série de lançamentos aéreos de mantimentos para os muçulmanos bósnios".[21]

Concluindo, a estruturação do meio mercenário em empresas militares privadas oferece uma paisagem muito diversificada da Blackwater, que parece escapar a qualquer controle, de perfil contrário ao da MPRI. Pronunciar-se sobre esse modelo somente a partir do caso da empresa de Erik Prince seria redutor demais. Além disso, não se deve esquecer o peso dos britânicos ou de outros neste mercado da privatização da guerra.

As empresas de guerra, um próspero mercado

Notas

1. Ver, em especial, os capítulos dedicados a esse período por E. Barlow, *Executive Outcomes: Against All Odds*, Alberton, Galago, 2008, 552 p.
2. J.-J. Cécile, *Les Chiens de guerre de l'Amérique: enquête au cœur des sociétés militaires privées*, Paris, Nouveau Monde Éditions, 2008, 297 p.
3. Idem, p. 270.
4. Les nouveaux chiens de guerre, em *L'Express*, 2 de maio de 1996.
5. Artigo de P. Cronau, em *Pacific Journalism Review 2000 East Timor*, vol. 6-1, janeiro de 2000.
6. E. Barlow, *Executive Outcomes...*, op. cit.
7. Idem, p. 420.
8. Idem, p. 527.
9. P. Chapleau, *Les Mercenaires de l'Antiquité à nos jours*, op. cit., p. 79.
10. J.-J. Roche (org.), *Des Gardes suisses à Blackwater...*, op. cit., p. 64.
11. J.-J. Cécile, *Les Chiens de guerre de l'Amérique*, op. cit.
12. J.-J. Roche (org.), *Des Gardes suisses à Blackwater...*, op. cit., p. 71.
13. F. Hugo e P. Lobjois, *Mercenaire de la République*, op. cit., p. 366.
14. Pistoleros à Bagdad, em *Le Monde*, 23 de setembro de 2007.
15. "Blackwater tied to clandestine CIA raids", em *The Washington Post*, 14 de dezembro de 2009.
16. Mesmo que a imprensa internacional tenha mencionado em janeiro de 2011 a presença de 2 mil soldados privados de Erik Prince para lutar contra os islamistas e a pirataria na Somália (ver, por exemplo, *Courrier international* de 26 de janeiro).
17. J.-J. Roche (org.), *Des gardes suisses à Blackwater...*, op. cit., p. 106.
18. J. Scahill, *Blackwater, l'ascension de l'armée privée la plus puissante du monde*, Arles, Actes Sud, coletânea Questions de société, 2008, 430 p.
19. Ver capítulo "O comércio da guerra".
20. Ver capítulo "O comércio da guerra".
21. Y. Goulet, MPRI: Washington's Freelance Advisors, em *Jane's Intelligence Review*, julho de 1998.

O comércio da guerra

As décadas de 1990 e 2000, principalmente, são marcadas por uma transformação da atividade mercenária artesanal dos Cães de Guerra em um modelo empresarial. Essa nova feição da "segunda profissão mais antiga do mundo" acompanha, às vésperas do terceiro milênio, profundas mudanças geopolíticas e societais, como a reorganização do mundo após a Guerra Fria.

O "fim da história", morte programada das Forças Armadas nacionais?

O filósofo americano Francis Fukuyama vê o fim da Guerra Fria como o "fim da história". Cunhada por Hegel, essa expressão significa que a história poderá se encerrar com o triunfo da democracia em detrimento de outras ideologias. Para Fukuyama, a dissolução do Bloco Oriental indica a vitória definitiva do sistema político liberal. Após o fracasso das ditaduras autoritárias (península ibérica de Franco e Salazar, Grécia dos coronéis, juntas militares latino-americanas), a derrocada dos regimes comunistas representa o desaparecimento de modelos alternativos à democracia liberal. Na

África do Sul, o regime do *apartheid* também termina em 1991. Ressalte-se, no entanto, que a tese de Fukuyama, muito controversa desde sua formulação, vincula-se ao idealismo do início dos anos 1990.

Os méritos alardeados dos novos aparatos e estratégias militares, principalmente durante a Guerra do Golfo (1990-1991), que a mídia cobre 24 horas por dia, levam a opinião pública a pensar que essa nova era é também a das "guerras limpas" para os soldados ocidentais, protegidos por um arsenal tecnológico. Surge a ideia da "morte zero": "Trata-se de fazer guerra com um custo mínimo, até mesmo nulo, em vidas humanas", escreve o general de Bressy em 1999.[1] No entanto, os combates na ex-Iugoslávia ainda mostram toda a violência dos conflitos contemporâneos. Nessa nova sociedade, em que a guerra está onipresente nos meios de comunicação, a força emocional engendrada pela morte de militares em combate implica uma importante pressão sobre os poderes políticos. A opinião pública interroga-se sobre a necessidade de matar seus soldados em conflitos de baixa intensidade, no outro lado do planeta, em razão de interesses que não parecem diretamente ligados à segurança nacional, e continua assim concebendo, com bastante frequência, a "guerra legítima". Por conseguinte, é grande a tentação de livrar-se desse peso por meio do emprego de *shadow armies*, soldados da sombra, não oficialmente ligados ao contingente nacional, cuja eventual morte é menos visível.

Nesse novo contexto, a corrida armamentista do período anterior já passou e é hora de reduzir orçamentos e efetivos militares. Entre 1987 e 1994, estes passaram de 28,3 a 23,5 milhões de homens no mundo todo. Entre 1988 e 1997, 98 das 495 bases americanas foram fechadas; simultaneamente, o número de alistamentos passava de 2,1 milhões a 1,45 milhão. O Exército russo herda, em 1992, dois terços do contingente do ex-Exército Vermelho, ou seja, 2,8 milhões de homens; em 2000, tem apenas 1,3 milhão e, em 2005, cerca de 1 milhão. O Exército francês perde 30% de seus efetivos, ou seja, 53 regimentos, de 1988 a 1995.

Também na África do Sul, o número de soldados passa de 135 mil em 1994 a 70 mil em 1999. Essa redução drástica atinge mais particularmente os brancos.[2] Alguns deles são afastados por terem servido nas tropas de choque do regime do *apartheid*, tais como os membros da unidade Koevoet, perseguidos sem trégua pelos combatentes da Organização do Povo do

Sudoeste Africano (Swapo), rebeldes separatistas negros da Namíbia, até sua dissolução em 1989. A empresa Executive Outcomes vai prosperar nesse terreno de desprezados da nova África do Sul, recrutando ex-combatentes de elite: "A [o fim da] Guerra Fria deixou um grande vazio e eu vi que um nicho acabava de surgir no mercado [da guerra]", resume Eeben Barlow.[3]

Um mundo mais instável, uma nova geografia da atuação mercenária

Portanto, essa mudança de tendência oferece a numerosos militares experientes a seguinte alternativa: retomar uma vida civil bastante monótona ou continuar a carreira de combatente fora dos exércitos tradicionais. O fim da URSS faz dessa zona uma nova reserva de soldados da fortuna. Ora, a fragmentação do ex-Império soviético também provocou grandes conflitos, principalmente na região do Cáucaso, onde a Rússia deseja manter sua influência (devido aos recursos em hidrocarbonetos do mar Cáspio). Consequentemente, os mercenários multiplicam-se ali. Especialista em Rússia contemporânea, Jean Radvanyi considera que "os serviços de segurança que trabalham para grandes companhias serviram, quando necessário, para intimidar os concorrentes. Nas grandes empresas, como a russa Gazprom, exportadora de gás natural, comenta-se que eles constituíam verdadeiros exércitos privados [...]. Mas é difícil estabelecer com certeza o número de efetivos. E igualmente difícil saber quando um grupo armado exerce pressões sobre uma empresa ou perturba a atividade de uma administração, que financia realmente a ação".[4]

Um relatório da ONU, de 1995, responde a uma intimação das autoridades armênias sobre o suposto emprego de mercenários no Alto Karabakh pelo Azerbaijão. Os armênios denunciam a contratação de "mercenários, originários da Comunidade dos Estados Independentes (CEI), [que] são incorporados às Forças Armadas do Azerbaijão em unidades especiais formadas por cidadãos estrangeiros. Os russos foram frequentemente recrutados pelos centros de alistamento russos e enviados a Baku, capital do Azerbaijão. Recebem cerca de quinhentos mil rublos russos, metade em dólar. Esses mercenários chegaram a Baku em vários grupos e em datas diferentes: em

1992, o primeiro, com 70 pessoas; em 1993, o segundo, com 150 pessoas. Quanto aos cidadãos dos outros Estados que servem como mercenários no Azerbaijão, eles vêm sobretudo da República Islâmica do Irã, da Turquia e do Afeganistão".⁵ Todos esses homens foram desmobilizados de forma brutal. Dentre os 12 mercenários capturados pelos armênios, encontram-se soldados do ex-Exército Vermelho (ucranianos, letões, quirguizes, russos). Os iranianos, por sua vez, transformam-se em mercenários ao final da Guerra Irã-Iraque, nos anos 1980, assim como os afegãos que lutaram contra a ocupação soviética. Encontram-se mercenários ucranianos ou bielo-russos na África Ocidental (por exemplo, na Costa do Marfim) e russos na Bósnia. As ex-democracias populares são igualmente atingidas por esse fenômeno. Nos conflitos da ex-Iugoslávia, a ONU registra combatentes de diferentes países eslavos.⁶

O caso de Israel é um pouco diferente. A reputação de combatentes dos israelenses faz do Estado hebraico um centro de recrutamento de soldados da fortuna desde os anos 1980. Também é possível que militares israelenses que se tornaram mercenários tenham sido utilizados pelos Estados Unidos na busca de mais discrição.⁷ Assim, foi provavelmente Washington que aconselhou o presidente dos Camarões, Paul Biya, a buscar o apoio do ex-militar israelense de Abraham Avi Sivan, em 1984, para organizar sua Guarda presidencial, pois ele não confia nos franceses. Assim que chega ao país, o coronel Sivan chama instrutores de Israel e equipa com material israelense a Guarda pessoal do presidente camaronês; cria também uma unidade encarregada de combater a grande criminalidade e o batalhão leve de infantaria, que se destaca particularmente na luta contra os bandos armados do norte do país e da região de Bakassi. Esse batalhão torna-se, a seguir, uma força de intervenção rápida, independentemente da hierarquia militar camaronesa. Quando sua influência militar aumenta cada vez mais, à sombra do presidente Byia, o mercenário israelense morre em um acidente de helicóptero em 2010.⁸

Esses soldados irregulares destacam-se especialmente na América Latina. Michel Harari e Yair Klein talvez sejam os soldados da fortuna mais ativos dentre os formados pelas Forças de Defesa de Israel, conhecidas como Tsahal. Ex-oficial do Serviço de Inteligência israelense, o Mossad, Harari é mais conhecido por sua atuação no Panamá, já que comanda a Guarda pessoal do ditador, o general Noriega. Para isso, ele recruta ex-militares israelenses, e sua equipe também cuida da formação das unidades encarregadas da "luta antiterrorista". Deixa o país em 1989, pouco tempo antes da intervenção americana. Na Colômbia, Klein forma esquadrões da morte em 1987 e depois vai para a Nicarágua para fazer o mesmo. Por fim, forma os oficiais guatemaltecos e treina a guarda pessoal dos ditadores Rios e Oscar Mejia Victores.[9]

Klein também atua na África. Preso em 1999, em Serra Leoa, ele participa da instrução das tropas rebeldes da Frente Unida Revolucionária (RUF) a partir da Libéria. A formação da guarda pessoal do presidente congolês Pascal Lissouba é confiada durante três anos a uma empresa militar privada israelense, a Levdan. Hoje em dia, os *contractors* israelenses estão bem presentes no mercado, como a Silver Shadow. Fundada em 1995 por Amos Golan, ex-oficial da Tsahal especializado em luta antiterrorista, a empresa trabalha na Colômbia desde 1996 para uma petroleira canadense e para a britânica British Petroleum.

Isso prova que a América Latina tornou-se um dos maiores campos de atuação das empresas militares privadas. Esse novo mercado pode ser explicado pela violência crescente dessa zona desde o final da Guerra Fria. O aumento das desigualdades, provocado pela abertura econômica e pela globalização, assim como o poder da máfia do narcotráfico, torna o subcontinente muito inseguro: 75% dos sequestros no mundo acontecem na América Latina. Em média, há 27 assassinatos por 100 mil habitantes, ao passo que a média mundial é de 5 por 100 mil.[10] De acordo com um grupo de trabalho da ONU, os soldados da fortuna são solicitados para tarefas cada vez mais amplas na região: proteção de sítios industriais ou mineiros, vigilância de fronteiras ou prisões, segurança pessoal, inclusive de trabalhadores humanitários.[11]

Essa privatização da segurança na América Latina pode ser observada pelo caso colombiano. Graças ao Plano Colômbia, lançado em 1998 para lutar contra as duas guerrilhas principais (FARC e ELN), cerca de vinte empresas militares privadas estrangeiras instalaram-se ali e contrataram aproximadamente oitocentos mercenários. Muitos são cidadãos americanos de origem latino-americana, segundo a comissão da ONU. Conforme um dos membros, Amada Benavides de Perez, três mercenários estadunidenses participaram da libertação de Ingrid Betancourt em 2 de julho de 2008. A crescente insegurança, a privatização dos recursos para remediar essa situação e a pobreza de grande parte da população também ocasionaram a multiplicação dos *contractors* do subcontinente em outros teatros de operações: haveria mais de três mil deles só no Iraque.[12]

Novos conflitos assimétricos e redução das atribuições do Estado: rumo à privatização da guerra?

Na verdade, o fim da Guerra Fria é marcado pela clara diminuição das guerras entre Estados e pelo aumento das guerras civis e dos atos de terrorismo, simbolizados pelos atentados de setembro de 2001. O crime organizado, aproveitando-se da globalização, também assumiu uma amplitude sem precedentes. Nesse novo contexto, viu-se o conceito de Defesa evoluir para o conceito mais global de Segurança. Publicado em 2008, o último texto programático de orientações para as Forças Armadas francesas intitula-se *Livre blanc pour la défense et la sécurité* [Livro branco para a defesa e a segurança]. Essa inflexão não é semântica; ela requer a adaptação do aparato militar, agora utilizado com mais frequência nas missões de intervenção, pacificação e/ou contrarrevolução.

Todavia, a instabilidade do mundo nos anos 2000 torna as Forças Armadas convencionais insuficientes, apesar de seu envolvimento maciço nesses conflitos assimétricos. Ora, essas novas formas de confronto dão uma liberdade de ação cada vez maior a forças não estatais: movimentos locais de libertação, organizações terroristas (Al-Qaeda, Hezbollah etc.). Esses novos agentes dos conflitos e das guerras do século XXI jogam com as fronteiras e com os regulamentos internacionais que regem a ação das forças militares convencionais. Isso pode ser visto, por exemplo, na dificuldade encontrada pelos diferentes Estados envolvidos para combater a ação da Al-Qaeda no Magreb islâmico, formada por apenas algumas centenas de homens na faixa do Sahel. Esse apagamento relativo dos Estados é concomitante com as dificuldades financeiras de vários grandes países, que acabam interferindo menos.

Atualmente consultor internacional para questões de segurança e de inteligência militar, Eeben Barlow analisa o formidável sucesso de sua empresa militar privada nos anos 1990: "Fundei a Executive Outcomes em 1989 e fui seu presidente até sair, em 1997. Até ser dissolvida em 1998, a empresa atuou principalmente na África, auxiliando os governos africanos que haviam sido abandonados pelo Ocidente e que estavam às voltas com insurreições, terrorismo e crime organizado. Ela também atuou na América do Sul e no Extremo Oriente."[13] A proliferação de empresas como a Executive Outcomes na década de 1990 e 2000 resulta de um enorme aumento da necessidade de segurança, quando os Estados reduzem e reorganizam suas Forças Armadas.

A aceleração da globalização a partir dos anos 1970 acompanhou-se da transferência de inúmeras atribuições públicas para o setor privado: adução e redes de água potável, telefonia, transportes públicos... Os setores da segurança e da guerra não escapam a essa regra. As empresas militares privadas assumem uma responsabilidade cada vez maior nos conflitos e crescem muitíssimo nos últimos vinte anos: calcula-se que se passou de uma proporção contratual privado/militar de 1 para 10 durante a Guerra do Golfo para 1 para 1 atualmente. Apesar da ausência de estatísticas oficiais sobre o assunto, estima-se que o número de *contractors* presentes no Iraque poderia ser superior a 120 mil.

O setor da privatização da defesa e da segurança gera mercados potencialmente muito proveitosos. O volume de negócios das empresas militares privadas seria hoje de cem bilhões de dólares. Enquanto a sociedade francesa Géos movimenta cerca de 18 milhões de euros em 2005, as empresas britânicas firmam-se nesse mercado emergente: Aegis atinge 93 milhões de euros em 2005; Armor Group, 105 milhões, ou seja, 30% a mais do que no ano anterior. Sua concorrente, Eryinys, embolsa contratos de várias dezenas de milhões de euros no Iraque e mantém no país cerca de 14 mil *contractors*.[14]

Um *outsourcing* difícil de controlar: o modelo anglo-saxão

A proliferação das empresas militares privadas e seu peso nos conflitos do Iraque e do Afeganistão levantam vários problemas. O primeiro está ligado, sem dúvida, a esse sucesso muito rápido. A excessiva demanda de *outsourcing** do Exército americano, até mesmo de outras forças, obrigou as empresas militares privadas a um recrutamento maciço, o que se deu provavelmente em detrimento da qualidade dos soldados enviados em missão; prova disso é o pessoal da Blackwater: 30% não têm formação militar, mas veio da polícia. Os escândalos ligados aos maus-tratos infligidos a prisioneiros iraquianos na prisão de Abu Ghraib ou aos "abusos" dos membros da Blackwater em Bagdá tendem a confirmar essa fragilidade. Por exemplo, esses homens provocaram a morte de 17 civis iraquianos e feriram cerca de 20 pessoas em Bagdá, quando escoltavam um comboio oficial em 16 de setembro de 2007. Testemunhas afirmaram que os mercenários atiraram sem motivo. Os jornalistas do jornal suíço *Le Temps* pintam um quadro implacável da atitude dos empregados da Blackwater: "A bala atravessou a cabeça de Haithem Ahmed. Sem tiros de advertência anteriores, sem tensão particular em Bagdá, esse projétil mata instantaneamente o iraquiano quando ele dirige um carro, acompanhado de sua mãe. Com o motorista morto, o carro acelera. E os 'mercenários' da Blackwater também: disparam centenas de balas na praça Nisour, cheia de gente, onde os passantes tentam desesperadamente se abrigar. Lançam granadas, e os helicópteros dos seguranças privados agem rapidamente para acabar o trabalho."[15]

Depois dos suíços, os jornalistas do mundo inteiro multiplicam as investigações e escrevem reportagens que mostram mercenários prontos a humilhar a população e a multiplicar as provocações, ostentando suas armas. Na França, o jornal *Le Nouvel Observateur* publica um artigo intitulado "Profissão: cães de guerra", em que, após uma descrição sumária de homens superarmados, a posição do jornal fica clara desde as primeiras linhas: "Arrogantes, brutais, eles exibem seus bíceps de cinquenta centímetros de circunferência nas ruas de Peshawar ou de Bagdá, onde buscam brigas com os

---
* N. T.: *Outsourcing* refere-se ao o uso estratégico de recursos externos para as atividades-fim de uma empresa; difere da terceirização, que indica a transferência a outra empresa de suas atividades-meio.

muçulmanos, que chamam de *hadjis*. São precedidos por esse perfume de testosterona e de abusos que atraem ódio na sua passagem. São os mercenários da Blackwater."[16]

Quanto às operações em si, a morte de quatro agentes em Falluja foi muito comentada pela mídia e permitiu, em parte, tirar o véu que cobria as condições da presença dos *contractors* no feudo da resistência iraquiana, mantido principalmente pelos combatentes da Al-Qaeda. Os funcionários da empresa militar americana são emboscados e mortos, e seus cadáveres, entregues à população de Falluja. Por fim, são exibidos à guisa de troféus, pendurados nos postes de luz de uma ponte sobre o rio Eufrates. Chocadas, as famílias dos quatro agentes levam a questão à justiça americana. Segundo elas, seus familiares teriam sido enviados em missão sem o menor preparo, sem mapas rodoviários ou equipamento adequado.[17]

Por outro lado, divulga-se, em outubro de 2007, um relatório da Câmara dos Representantes. Ele contava com 195 tiroteios envolvendo agentes da Blackwater entre 1º de janeiro de 2005 e 12 de setembro de 2007. Em 163 casos, os agentes atiraram primeiro.[18] O relatório também ressalta que o Departamento de Estado americano não pediu mais justificativas sobre os inúmeros "incidentes" no centro da polêmica contra a empresa de segurança, mas a maioria dos contratos da Blackwater com os Estados Unidos não foi renovada. Do mesmo modo, após o escândalo provocado por uma festa com muita bebida, assédio sexual e presença de uma prostituta na base da Armor Group, no Afeganistão, o Departamento de Estado decidiu contratar outra empresa em 2010. Ao que parece, agora as exigências de ética e de profissionalismo são levadas em conta para o fechamento de novos contratos. Enfim, apesar da cobertura excessiva pela mídia dos abusos cometidos, não se deve esquecer o papel diário das empresas militares privadas nas boas condições de atuação das tropas estatais (americanas, britânicas ou outras) nesses teatros de operações distantes.

Mais estruturais são as críticas feitas contra a eficiência militar dos mercenários no Iraque e aquelas ao modelo econômico da privatização de certas tarefas militares. Em primeiro lugar, parece que os erros cometidos por essas empresas prejudicaram a estratégia de contrarrevolução definida pelos Estados Unidos. Segundo Peter Singer, "o governo estadunidense deve rever sua tarefa e reavaliar o apelo aos mercenários, em particular nas operações contrarrevolucionárias, que supõem o uso de armas pesadas [...]. Nosso *outsourcing* militar transformou-se numa dependência que vira rapidamente um fracasso".[19] É por essa razão que os Estados Unidos consideram hoje integrar combatentes privados à cadeia de comando de suas forças. Decorrente desse problema, a terceirização de grandes empresas militares privadas a mercenários locais prejudica a clareza das instruções dadas pelo mandante inicial. Por exemplo, um contrato HNT (*host nation trucking*), para a proteção de 70% dos comboios de abastecimento de combustível, víveres e munições, é confiado à empresa Watan Risk Management. Por trás dessa denominação anglo-saxã, esconde-se uma empresa de segurança recentemente acusada de pagar os serviços de um líder local para garantir a proteção dos comboios que ela mesma deve proteger entre Cabul e Kandahar. De maneira mais genérica, os terceirizados afegãos teriam propensão a fazer transações financeiras com seus líderes locais para cumprir as missões que lhes cabem. Esse funcionamento reforça os jogos de clientelismo e de corrupção e constitui inclusive "uma fonte significativa de financiamento potencial para o movimento talibã".[20]

Em segundo lugar, de acordo com alguns, a partir do momento em que a necessidade de segurança torna-se um mercado, seus agentes não têm interesse em vê-lo desaparecer. É o que afirma Gilles Carbonnier, ao explicar que "seguindo uma racionalidade puramente econômica, essas empresas têm interesse em ver a demanda por seus serviços se intensificar graças a um aumento do sentimento de insegurança, até mesmo a uma multiplicação dos conflitos armados".[21] No Afeganistão, o presidente Hamid Karsai anunciou seu desejo de combater a proliferação das empresas militares privadas porque seus recrutamentos prejudicam o alistamento nas forças oficiais de segurança, isto é, na Polícia afegã.[22] Elas seriam, portanto, um obstáculo à estabilização do país.

Profissionalização e "conflito de interesses" entre setores público e privado: o exemplo de Paul Barril

Fundamentalmente, o espaço cada vez maior que as empresas militares privadas assumem nos conflitos contemporâneos levanta o problema das competências necessárias para esta ou aquela missão em um teatro de combate. A profissionalização das Forças Armadas acompanhou-se da ideia de que o soldado dispõe de um *know-how* particular, inculcado ao longo de formações rigorosas. Na França, com o fim do alistamento, explicou-se aos cidadãos que o princípio da "nação em armas" não se adapta aos conflitos contemporâneos, pois seria impossível para o conscrito ser eficaz nas operações externas cada vez mais distantes e baseadas em logística e tecnologia de ponta. As forças americana e inglesa são apontadas como modelo. No entanto, as Forças Armadas francesas haviam dado uma solução às especificidades das operações externas: a participação de recrutas era proibida (salvo para voluntários com um contrato mais longo), e unidades de elite (Legião Estrangeira, Infantaria de Marinha e paraquedistas) eram enviadas mais sistematicamente nesses teatros em nome de Sua Excelência.

Essa profissionalização permitiu dispor de especialistas em guerra. Difíceis de reconverter às atividades civis, eles tornam-se então potenciais recrutas para a atuação mercenária, que sempre alegou dispor de um *know-how* inigualável. Nesse sentido, Franck Hugo exalta a excelência do soldado da fortuna contemporâneo: "Hoje em dia, o mercenário não é mais um mercenário, é um conselheiro em segurança. Tornou-se *contractor* no Iraque e no Afeganistão, técnico da força que propõe uma avaliação especializada de uma situação perigosa. O mundo se tornou técnico, nós também. O mercenário moderno [...] é assinante do jornal de atualidades africanas *Jeune Afrique l'Intelligent*, conhece todos os estrategistas antigos, cita Sun Tzu e Clausewitz, conhece o livro chinês dos 36 estratagemas, o da estratégia política dos árabes, sabe 2.500 anos de histórias militares e políticas na ponta dos dedos. Marca encontros usando seu iPhone, deposita dinheiro no exterior, conhece as taxas de câmbio, sabe fazer relatórios no PowerPoint...".[23] Vimos que a explosão dos efetivos das empresas militares privadas anglo-saxãs as havia levado a baixar o nível de competência requerido; entretanto, a França está propondo um modelo diferente. Assim como altos funcionários das empresas do setor privado, os responsáveis do alto escalão da Defesa ou da Informação também estão entrando hoje em dia no mundo nebuloso da segurança privada, da inteligência estratégica ou da consultoria.

O caso mais famoso é o de Paul Barril. Esse ex-comandante do Grupo de Intervenção da Polícia Militar Nacional (GIGN), batalhão francês de operações especiais, participou principalmente da criação da célula antiterrorista do governo francês em 1982. Depois de sua entrada precoce para a Reserva, ele se dedica a atividades na área da segurança privada. Sua empresa, a Sociedade de Estudos de Concepção e de Realização de Equipamentos Técnicos de Segurança (Secrets), foi notícia por seu papel no genocídio ruandês. Após o atentado fatal contra o presidente Habyarimana, em 1994, sua viúva contrata Paul Barril e seus soldados da fortuna para encontrar os assassinos. Barril conclui pela responsabilidade da Frente Patriótica de Ruanda (FPR), e os tútsis tornam-se, então, alvo dos genocidas hutus, etnia do ex-presidente. Suspeita-se sobretudo que os mercenários franceses tenham desempenhado um papel ativo no assassinato em massa. Concluída em 1993, "Inseticida" é uma operação de formação da Guarda presidencial às técnicas de infiltração. Ora, essas técnicas são empregadas pela mesma Guarda nos primeiros dias do massacre. Aliás, o nome do contrato retoma o termo "baratas" pelo qual eram designados os tútsis durante o genocídio. Paul Barril reconhece sua presença em Ruanda nos primeiros dias do massacre.[24] Com um cargo nas Relações Exteriores nessa época, Hubert Védrine afirma que "é possível que mercenários franceses, ou outros, estejam envolvidos no atentado (de 6 de abril de 1994)".[25]

O papel provável de Paul Barril em Ruanda levanta o problema da transferência de altos graduados militares para o setor privado. De fato, o ex-comandante do GIGN invoca sua função de ex-conselheiro militar junto a François Mitterrand. Ele afirma estar defendendo os interesses nacionais no local e, por meio de um processo judicial na França, coloca a justiça francesa na situação de defender os interesses das autoridades ruandesas genocidas.[26] Em 1996, Hubert Védrine opõe a posição oficial da diplomacia francesa às censuras feitas à França por causa de agentes irregulares como Paul Barril: "A possibilidade de relações demasiado estreitas entre certos militares franceses, ou serviços, e o governo do presidente Habyarimana não muda nada da linha de conduta clara da diplomacia francesa acerca do problema ruandês de 1991 a 1994."[27]

De resto, seu *status* de ex-membro do alto escalão do governo francês explica, sem dúvida, por que Paul Barril não foi interpelado sobre seu papel nebuloso em Ruanda. Ao contrário, sua empresa prospera no final dos anos 1990; fornece mercenários ao presidente congolês Sassou-Nguesso, ou assegura a proteção do presidente Ange-Félix Patassé na República Centro-Africana, em 2002. Jornalistas do *Le Figaro* escrevem: "Paul Barril faz o que bem entende em Bangui. Tem a confiança de Patassé, com comportamento frequentemente grotesco. Em sua última entrevista, por exemplo, o presidente centro-africano confiava seu desejo de construir um aqueduto ligando Bangui ao Oriente Médio [...]. Encarregado de proteger o ex-primeiro-ministro do Imperador Bokassa I, Paul Barril foi promovido, por decreto, a responsável pela luta antiterrorista, e ele detesta ser comparado a um mero mercenário. Seu empregador não tem muitas dificuldades para remunerar seus serviços: de acordo com o último relatório das Nações Unidas, a República Centro-Africana é um país de trânsito do tráfico da pilhagem dos recursos do Congo."[28] Em uma paisagem marcada pela penúria de mão de obra qualificada nas empresas militares privadas anglo-saxãs, mas também por uma relativa manutenção da esfera de influência francesa na África francófona, a competência francesa foi igualmente solicitada no mercado da privatização. Agora é preciso interrogar-se sobre a opção francesa de não recorrer a empresas militares privadas, e mesmo de não encorajar sua emergência.

Uma situação francesa insustentável

As empresas anglo-saxãs têm o monopólio quase total do mercado dos combatentes privados: "É preciso dizer que a queda das Torres Gêmeas em 11 de setembro alavancou o mercado. As empresas militares privadas anglo-saxãs multiplicavam-se à sombra agressiva do Departamento de Estado americano. A terceirização funcionava a pleno vapor. Exceto para os franceses. Mais uma vez, estávamos uma guerra atrasados. Nada podia ser feito sem a concordância do Estado", lamenta o mercenário francês Franck Hugo.[29] De fato, a reticência da opinião pública acerca do recuo do controle estatal ou outras considerações de ordem ética impediram o desenvolvimento de poderosas empresas militares privadas. Contudo, alguns consideram que a lei de 2003 basta para impedir o risco de ver essas empresas de segurança praticar as formas de atividade mercenária dos anos de Guerra Fria e de descolonização. Em um documento que passou despercebido em 2008, quatro oficiais superiores, dentre os quais o atual chefe das forças francesas no Afeganistão, Jean-François Hogard, pregam o "fim dos tabus". Eles afirmam que "de um ponto de vista econômico e político, a ausência de empresas francesas nesse nicho é prejudicial à eficácia e à influência da França nessas duas áreas". Para eles, "a inexistência, na França, de um verdadeiro debate político sobre o fenômeno das empresas militares privadas de uma maneira geral e sobre sua utilização é lamentável, pois a França priva-se de meios de ação. Ela é inútil, pois a realidade do mercado impõe-se a todo ator no cenário internacional. Ela é perigosa, pois a ausência de um posicionamento claro não diminui a responsabilidade do Estado".[30]

Esses oficiais não desejam alinhar-se ao mundo anglo-saxão, mas adaptar o modelo francês à realidade dos teatros de operações contemporâneos. Para isso, defendem a ideia de um esclarecimento sobre o funcionamento do Exército francês, assim como um enquadramento jurídico claro e que permita a criação de empresas militares privadas, capazes de concorrer com as empresas inglesas ou americanas sem faltar com a ética defendida pela França. Eles veem nisso outra vantagem, a "implantação de um dispositivo eficaz de acompanhamento e de reconversão dos militares, a partir de um acordo com as empresas envolvidas", pois o recrutamento dessas empresas privadas causa preocupações cada vez maiores aos estados-maiores, hoje impotentes para agir.

Desde 2005, por exemplo, o jornal *Le Monde* revela a presença de ex-soldados da Legião Estrangeira no Iraque.[31] Um dos chefes de equipe, um homem de 36 anos, nascido na Tchecoslováquia (hoje República Checa), fora um dos guarda-costas do general Robert Guei, efêmero presidente da Costa do Marfim, em setembro de 2000. A empresa anglo-saxã que emprega *contractors* franceses, a Unity Resources Group (URG), recruta quase exclusivamente ex-legionários do 2º Regimento Estrangeiro Paraquedista (REP). Os empregados do grupo Areva, raptados no Níger em 2010, também tinham ex-legionários como guarda-costas. A empresa Experts Parceiros para a Empresa no Exterior (EPEE) dava consultoria à transnacional francesa especializada em energia nuclear, que é dirigida por Jacques Hogard.[32] Esse ex-coronel paraquedista serviu principalmente no 2º REP. Na cidade de Arlit, ele empregava cinco ex-legionários desse regimento na segurança dos empregados da Areva. O fórum de internet do 2º REP ilustra essa permeabilidade crescente entre a Legião Estrangeira e as empresas militares privadas, visto que testemunhos de ex-legionários que se tornaram *contractors* são postados nesse espaço, sem contar os anúncios de recrutamento de empresas francesas (Secopex, por exemplo) e anglo-saxãs (Controle Risks).[33]

A situação atual da França é realmente pouco satisfatória, pois o Estado já recorreu a certas formas de *outsourcing*: parcerias público-privado eram uma prática corrente do Exército francês da Revolução até as vésperas da Segunda Guerra Mundial. Desde 2002, a Lei de Orientação e de Planejamento para a Performance da Segurança Interna (LOPPSI) autoriza o Estado francês a delegar a construção e a manutenção de imóveis para a Polícia Civil, Polícia Militar e Forças Armadas.[34] A lei de planejamento militar 2003-2008 também estabeleceu diretrizes para o *outsourcing* de certas tarefas. As operações de manutenção são quase todas encaminhadas ao setor privado: a empresa Panhard, por exemplo, foi encarregada da manutenção dos veículos blindados de combate. Todavia, essas tarefas não têm relação com a atividade principal do soldado. Em contrapartida, missões de instrução técnica de exércitos estrangeiros que dispõem de material francês podem ser confiadas a empresas privadas. Mais ainda, certas formações de soldados franceses são hoje delegadas a empresas privadas. É o caso da aprendizagem inicial dos pilotos de helicópteros de combate da Escola de Aplicação da Aviação Leve do Exército (EAALAT), confiada a uma sociedade mista.[35] Contudo, o *Livre blanc* [Livro branco], de 2008, que orienta a política militar da França, não indica uma inflexão para um maior *outsourcing*. Talvez porque não haja empresas francesas capazes de concorrer com as anglo-saxãs e porque seria um risco terceirizar certas tarefas a empresas estrangeiras, o que certamente seria muito malvisto pela opinião pública.

No entanto, uma evolução rápida é provável. Os fatores financeiros são primordiais, mas o estado-maior das Forças Armadas francesas também é menos reticente, pois tem consciência de que as empresas militares privadas são, de qualquer forma, inevitáveis nos conflitos recentes. Um relatório institucional analisou o emprego desses novos mercenários no Afeganistão e no Iraque.[36] Em fevereiro de 2011, o deputado Jacques Ménart manifestou o desejo de que a comissão da defesa da Assembleia Nacional francesa também se ocupasse desse assunto.

Rumo a um modelo francês original?

Portanto, debate-se muito nos círculos militares e políticos franceses. Dentre as primeiras sociedades privadas de segurança francesas, destaca-se a Secopex, assumindo o *status* de empresa militar privada. Após 25 anos de serviço na Infantaria de Marinha, um ex-oficial paraquedista, Pierre Marziali, fundou essa empresa em 2003, hoje mais próxima do modelo anglo-saxão.[37] No entanto, ela foi provida de uma carta ética, que indica seu intuito de atuar de acordo com a Declaração Universal dos Direitos Humanos, a Convenção de Genebra de 1949 e a da ONU contra o recrutamento de mercenários.[38] Por outro lado, Pierre Marziali afirma que a Secopex recusa qualquer missão combatente e qualquer contrato contrário aos interesses franceses no mundo.[39] Ele defende a ideia de um modelo francês original, baseado em uma verdadeira parceria público-privado.

Nesse esquema, as empresas militares privadas francesas estariam ligadas à Defesa Nacional e teriam a vantagem de se tornarem muito mais visíveis no mercado da privatização da guerra em relação a seus concorrentes anglo-saxões. Contando com o *French touch*, elas poderiam buscar novos clientes na esteira da Defesa, pois capitalizariam, segundo Marziali, a imagem do combatente francês, que respeita mais a cultura e os usos locais do que seus concorrentes. Desde a abertura da nova base francesa, a Secopex está comercialmente presente, por exemplo, em Abu Dhabi. Seu diretor vê o Oriente Médio como uma região com grande potencial de demanda em segurança e consultoria estratégica e um mercado promissor para as empresas francesas.[40]

Essa parceria público-privado seria vantajosa também para a Defesa francesa, visto que seria um argumento para convencer os jovens recrutas, que sofrem para se recolocar no mercado após três, cinco ou dez anos de serviço. Teriam a garantia de uma segunda carreira. Ela evitaria também que a Defesa sofresse com fluxos apertados de pessoal nas operações externas e com a diminuição das rotações das unidades de combate fora da França. A essa vantagem se soma uma outra, segundo Pierre Marziali, mais psicológica. Ele lembra uma operação das forças especiais francesas no Congo-Brazzaville, em 1998: para garantir a segurança da base desses soldados de elite, haviam sido mobilizados regimentos de Infantaria de Marinha, frustrados por terem de se limitar a essa missão de apoio logístico. A parceria poderia até disponibilizar arsenal das Forças Armadas aos *contractors* franceses desde que não circulassem armas de guerra em território nacional. Por fim, ele menciona encargos precisos e um quadro jurídico claro.

Redigido por iniciativa da Suíça e do Comitê Internacional da Cruz Vermelha, em 2008, o documento de Montreux parece um bom ponto de partida. Esse texto define uma carta ética e normas procedurais para os Estados que empregam esse tipo de empresas. Desde já, 35 Estados ratificaram-no: França, Estados Unidos, Grã-Bretanha, África do Sul, Afeganistão, entre outros. Algumas delas, como a britânica Aegis, também declaram subscrever às condições exigidas por esse documento, informando que sua instalação em Basileia, em 2010, coincide com sua intenção de dar mostras de transparência financeira e ética a seus clientes e às instâncias internacionais.[41]

Os candidatos aos empregos de *contractor* provenientes das Forças Armadas francesas teriam um percurso seguro. Tal modelo poderia seduzi-los rapidamente em detrimento das empresas anglo-saxãs, cujas práticas parecem ultraliberais. Enquanto os mercenários encarregados da segurança de Paul Brener, no Iraque, recebiam 18 mil dólares por mês, a realidade da renda parece hoje menos atrativa, pois, pelo modelo americano, esses contratos frequentemente não comportam seguros. Ora, uma cobertura para partir para uma região como o Iraque custaria dois mil euros por mês. Por outro lado, a empresa que os contrata nem sempre providencia sua hospedagem: conseguir uma moradia segura (por exemplo, na zona verde de Bagdá*) acarreta gastos extras para os mercenários contemporâneos. No final, Phillipé Chapleau conclui "que, tirando todos os gastos e pagando os impostos, um *contractor* ganhava menos do que um suboficial do Exército, o qual, além dos 2,8 mil dólares mensais, recebia abonos, auxílio-moradia e muitas vantagens em espécie".[42]

Se esse contramodelo francês fosse criado, seria ele viável, já que estabelece uma postura de "patriotismo econômico" na distribuição dos mercados franceses de segurança, contrária ao espírito atual da globalização? Em

---

* N. T.: Zona que estava sob controle americano e que contava com forte aparato de segurança, devolvida às forças iraquianas em 2010.

contrapartida, ele parece representar a relação particular dos franceses com a atividade mercenária desde 1789. O país da "nação em armas" permanece muito apegado ao vínculo entre Exército e Estado centralizador. Mas será que a opinião pública aceitará uma nova articulação entre Defesa e setor privado após uma eleição presidencial que trouxe a esquerda de volta ao poder e, portanto, um discurso de preservação do espaço do Estado?

Notas

[1] B. de Bressy, La guerre zéro mort: um rêve américain?, em *Défense Nationale*, n. 4, abril 1999, apud *L'emploi des sociétés militaires privées...*, op. cit., p. 21.
[2] M. Klen, *L'Odyssée des mercenaires*, op. cit., p. 168.
[3] Apud P. Singer, *Corporate Warriors: The Rise of the Privatized Military Industry*, Cornell University Press, 2008, p. 101.
[4] Entrevista concedida à revista *Sciences Humaines*, n. 197, outubro de 2008.
[5] Relatório da 50ª sessão da Assembleia Geral da ONU de 29 de agosto de 1995, op. cit.
[6] Idem.
[7] Como parece mostrar o testemunho de um ex-agente de Informações do general Noriega: ele revela uma rede de mercenários israelenses em torno de Michael Harari, em apoio ao regime. A administração Reagan teria iniciado o recrutamento e o financiamento desse grupo a partir de 1982.
[8] Ver o artigo "L'Israélien qui protégeait Byia", no site de *Jeune Afrique*, por G. Dougueli, 2 de dezembro de 2010.
[9] Jane Hunter, *Israeli Foreign Policy: South Africa and Central America*, Boston, South End Press, 1987.
[10] "Amérique latine: 5 fois plus de meurtres qu'en moyenne dans le monde", em *Le Monde*, 8 de outubro de 2008.
[11] Apud B. Lebatut, L'Amérique latine, triste mine d'or pour le mercenariat, em J.-J. Roche (org.), *Des Gardes suisses à Blackwater*, op. cit., p. 66.
[12] Idem, p. 69.
[13] Blog de Eeben Barlow (eebenbarlowsmilitaryandsecuriyblog.blogspot.com).
[14] H. Jacquin, L'Emploi des sociétés militaires privées, em *Cahier de la Recherche Doctrinale*, Paris, CDEF-DREX Ministério da Defesa, 2010, 105 p.
[15] "Les mercenaires de Blackwater sous le feu des critiques", em *Le Temps*, 4 de outubro de 2007.
[16] Artigo de Sara Daniel "Profession: chiens de guerre", em *Le Nouvel Observateur*, 6 de maio de 2010.
[17] J. Scahill, *Blackwater: L'Ascension de l'armée privée la plus puissante du monde*, op. cit.
[18] Câmara dos Representantes dos Estados Unidos, Additional Information about Blackwater USA, 1º de outubro de 2007.
[19] P. W. Singer, *Can't Win with 'Em, Can't Go to War Without 'Em: Private Military Contractors and Counterinsurgency*, no site da Brookings Institution (www.brookings.edu).
[20] Relatório do Congresso Americano citado pelo site www.opex360.com.
[21] G. Carbonnier, Privatisations, sous-traitance et partenariat public-privé, em *Revue Internationale de la Croix-Rouge*, Génève, vol. 86, n. 856, dezembro de 2004, p. 725-743.
[22] Ver, por exemplo, o artigo de D. Lagarde, "Afghanistan Irak, des guerres très privées", em *L'Express*, 24 de maio de 2010.
[23] F. Hugo e P. Lobjois, Mercenaire de la République, op. cit., p. 14.
[24] P. Barril, *Guerres secrètes à l'Élysée 1981-1995*, Paris, Albin Michel, 1996, 367 p.
[25] Entrevista concedida ao semanário *Politis* em 2009.
[26] Ver a investigação do jornalista P. de Saint-Exupéry, *L'Inavouable. La France au Rwanda*, Paris, Les Arènes, 2004, 287 p.
[27] H. Védrine, *Les Mondes de François Mitterrand*, Paris, Fayard, 1996, 503 p.
[28] Les mercenaires de Paul Barril font la loi à Bangui, em *Le Figaro*, 19 de novembro de 2002.

[29] F. Hugo e P. Lobjois, *Mercenaire de la République*, op. cit., p. 342.
[30] J. F. Hogard, B. le Ray, P. Pacorel e T. Rousseau, *Les Nouveaux Mercenaires: la fin des tabous*, Paris, Stratégies Éditions-Cerem, 2008, 120 p.
[31] Artigo de G. Davet e F. Lhomme, Profession: mercenaire frnaçais en Irak, em *Le Monde*, 26 de novembro de 2005.
[32] A posição de Jacques Hogard no mercado da segurança enfraquece um pouco o alcance do engajamento de seu irmão, Jean-François, para uma nova articulação entre Defesa Nacional e combatentes privados. De fato, é possível questionar eventualmente um potencial conflito de interesses.
[33] Ver W. Bruyère-Ostells, Sociétés militaires privées, em A. P. Comore, *Dictionnaire de la Légion étrangère*, op. cit., no prelo.
[34] F. Boulot, *Mercenaires et sociétés militaire privées: l'Histoire est un éternel recommencement, Analyse juridique et propositions quant à l'externalisation dans l'armée française*, Paris, Publibook, 2010, 477 p.
[35] Idem, p. 71.
[36] H. Jacquin, *L'emploi des sociétés militaires privées*, op. cit.
[37] Idem, p. 44.
[38] Ver site da Secopex: www.secopex.com.
[39] Testemunho oral recolhido em 22 de novembro de 2010 para este livro.
[40] Idem.
[41] Ver site da Aegis: www.aegisworld.com.
[42] J.-J. Roche (org.), *Des gardes suisses à Blackwater*, op. cit., p. 110.

Epílogo

As mudanças dos anos 1990 e 2000 parecem abrir uma nova sequência na história dos mercenários. Aparentemente, ela viria fechar o ciclo contemporâneo que começou com a Revolução Francesa. Será esse novo período marcado pela volta dos *condottieri*, como temiam os mais alarmistas diante do desenvolvimento de poderosos exércitos privados como Executive Outcomes ou Blackwater? Com o retorno das guerras privadas, ou seja, organizadas e executadas por agentes não estatais? É pouco provável. Erik Prince não é Francesco Sforza! A história nunca se repete totalmente. Hoje em dia, as empresas militares privadas são certamente atores essenciais no teatro das operações, mas sua atuação continua sendo comandada pelos governos ou por instituições com autoridade (ONU, ONGs). A recente evolução tende sobretudo a delimitar melhor eticamente, e até mesmo juridicamente, seu campo de atuação.

Essa nova fase na evolução do modelo ocidental da guerra é resultado de uma tecnicidade crescente. Pode-se, assim, imaginar a articulação futura entre soldados governamentais, superequipados e supertreinados, no centro do combate, e empresas militares privadas apoiando ou resolvendo conflitos estagnados. Desse modo, o papel dos combatentes privados poderia ser ampliado às missões de intervenção ou de estabilização delegadas pela

ONU. Essa instituição internacional não ganharia flexibilidade na tomada de decisão dos Estados (livres das restrições financeiras, até políticas, que uma contribuição militar significa)? Ela não poderia intervir mais em conflitos localizados ou situados em regiões sem interesse geopolítico para as grandes potências? Ela não teria mais capacidade de reação ao apelar para estruturas privadas e ligadas prioritariamente a ela por contrato? É claro, imaginar tal revolução suporia uma profunda reforma da própria ONU com um funcionamento mais multilateral. Contudo, a real questão em jogo também reside na capacidade das empresas militares privadas para garantir uma deontologia rigorosa de suas contratações. As dúvidas sobre a instauração dessa nova articulação das forças internacionais incidem mais sobre as questões éticas do que sobre a busca de eficácia.

Por outro lado, se os soldados privados reaparecem com força nos conflitos atuais, devemos lembrar que eles nunca desapareceram completamente. É inegável que a Revolução Francesa leva a uma mudança de organização nas guerras europeias. Mas a guerra regulada entre dinastias, cujos combatentes podem ser mercenários pagos pelas forças em conflito, desaparece em proveito da guerra das nações. Essa forma renovada repousa em exércitos de soldados recrutados e, para alguns, abre o caminho à guerra total.[1] O vínculo entre arte militar e envolvimento ideológico leva, aliás, ao surgimento de uma nova figura, o voluntário internacional. *Mutatis mutandis*, esse novo tipo de combatente tem muitas semelhanças com o mercenário, cuja motivação financeira é superestimada com demasiada frequência. O desejo de glória e de reconhecimento social está bem presente no espírito dos garibaldinos. Ao contrário, as motivações tradicionais da atuação mercenária permeiam o período, dos regimentos estrangeiros napoleônicos aos aventureiros da colonização. Por fim, também os Cães de Guerra da Guerra Fria têm fortes convicções ideológicas. A sede de aventura e um imaginário cavalheiresco frequentemente os motivam tanto quanto o ganho pecuniário. Portanto, eles são, sob muitos aspectos, herdeiros dos antigos oficiais que foram vender seu talento a causas que compartilhavam em todos os continentes, no século XIX; são também herdeiros dos legionários liberais, pontificais ou dos homens da Legião dos Voluntários Franceses (LVF) na Europa.

Epílogo

Talvez o cinema tenha mostrado melhor essa continuidade de valores dos soldados da fortuna. Por trás dos clichês dessas obras de gênero, as múltiplas dimensões da atividade mercenária e a mistura entre interesses financeiros e real envolvimento pessoal são bem mostradas. Em *Uma aventura na Índia*, de Charles Vidor, em 1953, o mercenário americano sem escrúpulos conhece uma forma de redenção na pessoa de Deborah Kerr. A manipulação desses soldados irregulares pelos governos é o argumento do roteiro de *Os gansos selvagens*, com Richard Burton e Roger Moore, em 1978. Em *Os violentos vão para o inferno*, Sergio Corbucci nos faz mergulhar na revolução mexicana e faz do contexto ideológico o fio condutor de seu filme. No final, a sétima arte construiu um arquétipo, um tanto caricatural, mas ainda assim reflexo de realidades. De Chris Adams, o chefe de *Sete homens e um destino*, encarnado por Yul Brynner, a Nathan (Tom Cruise), do *Último samurai*, esses soldados de fortuna aceitam causas aparentemente perdidas.

De resto, tanto no plano sociológico quanto no das representações, é difícil distinguir o voluntário internacional do soldado da fortuna. Logo após a Segunda Guerra Mundial, a conscientização das grandes semelhanças entre essas duas figuras levou a um enquadramento jurídico preciso de cada uma delas no Direito internacional. Essa distinção jurídica segue a tendência da progressiva normatização da guerra total. No entanto, as leis internacionais que regem os mercenários estão longe de ser universalmente admitidas e de ter uma real eficiência. O envolvimento de combatentes internacionais nos conflitos dos Bálcãs, no final do século XX, pode ser lido sob os dois ângulos.

No mesmo momento, o surgimento das empresas militares privadas é um marco significativo. Os conflitos contemporâneos mais uma vez institucionalizam um espaço para o combatente privado em guerras entre os Estados. É essa institucionalização que compõe a ruptura do ciclo aberto em 1789, bem mais do que as motivações ou as práticas dos combatentes irregulares. Após uma fase de transição, constituída pelo período dos Cães de Guerra e da Guerra Fria, a instabilidade crescente do mundo parece prometer um futuro radiante para os mercenários. Mas a definição da "segunda profissão mais antiga no mundo" torna-se cada vez mais complexa. O *contractor* moderno opera em teatros de conflito, como o

Iraque ou o Afeganistão. Entretanto, o mesmo homem pode amanhã formar policias na Colômbia. Um de seus colegas pode ser desativador de minas para uma ONG no Sri-Lanka ou na África. Com a mesma denominação, um terceiro será consultor de inteligência militar para os Estados do Sahel às voltas com a Al-Qaeda no Magreb islâmico. Paralelamente, a atuação mercenária clássica sobrevive e até se proletariza (América do Sul, ex-URSS, África...). Outros escolhem o nicho da segurança. O leque desses combatentes ampliou-se enormemente.

Seja como for, no momento atual, nas zonas de tensão e de conflitos, recorre-se constantemente aos soldados da fortuna. País fundador da "nação em armas" contemporânea, a França está provavelmente se preparando para recorrer a novas formas de *outsourcing*. Depois das tarefas técnicas, deverão proximamente ser assinados contratos com empresas de segurança (formação da Reserva Civil?) e até com empresas militares privadas, pois, apesar das restrições orçamentárias que atingem a compra de material e de recrutamento de homens, a França deve continuar a poder distribuir suas forças em todo o planeta. Aliás, a ação dos *contractors* em teatros de operações juntamente com forças ocidentais já está ratificada. Tanto no Afeganistão como em Kosovo, os soldados franceses confrontam-se com elas.

Embora o olhar da mídia focalize com frequência as grandes empresas militares privadas, o mercenário tradicional ainda é muito ativo. Encontram-se entre os combatentes dos dois campos que se enfrentam na Costa do Marfim em 2011. As novas forças parecem beneficiar-se do apoio internacional com a presença em Bouaké de soldados provenientes de Burkina-Faso, do Senegal ou da Nigéria. No mês de janeiro de 2011, corre na internet o boato de um ataque ao palácio presidencial por soldados da fortuna, apoiados por forças da ONU. No campo adversário, Laurent Gbagbo dispõe de capangas recrutados no mundo inteiro há vários anos. Liberianos são os mais citados em ambos os campos.[2] Ainda estamos assistindo ao espetáculo da Primavera Árabe. Em Bahrein, "na Polícia e no Exército, há pouquíssimos soldados locais e xiitas. As forças da ordem são compostas de mercenários estrangeiros [...], as forças armadas servem para proteger o regime de sua própria população", diz Laurence Louër. Segundo ela, não se deve alimentar a esperança de ver cenas em que o exército compactua com os manifestantes, como na Tunísia ou no Egito. "Esses mercenários são ultraleais e

Epílogo

não têm nenhum interesse em simpatizar com os manifestantes."³ Em fevereiro e março de 2011, a repressão sangrenta na Líbia, orquestrada pelo coronel Kadhafi, apoia-se igualmente em soldados irregulares recrutados principalmente entre as populações tuaregues da faixa do Sahel. No século XXI, os mercenários podem proclamar mais do que nunca desde 1789: *Orbs patria nostra.*

Notas

[1] D. Bell, *La Première Guerre totale: l'Europe de Napoléon et la naissance de la guerre moderne*, Paris, Champ Vallon, 2010, 402 p.
[2] Ver a página na internet de RFI, "Ces mercenaires libériens qui se battent en Côte d'Ivoire".
[3] Entrevista com Laurence Louër, *Le Monde*, 22 de fevereiro de 2011.

Bibliografia

Foram utilizadas algumas fontes manuscritas para a primeira metade do século XIX. As notas de fim dos capítulos indicam os detalhes.

FONTES IMPRESSAS

Memórias

Barlow E., *Executive Outcomes: Against all Odds*, Alberton, Galago, 2008, 552 p.
Beauchef G., *Mémoires pour servir à l'indépendance du Chili* (1re édition traduite et annotée par P. Puigmal), Paris, La Vouivre, 2001, XVI-186 p.
Borcke H. von, *Memoirs of the Confederate War for Independence*, Philadelphia, J.B. Lippincott, 1867, 2 vol.
Brooke J., *The Private Letters of Sir James Brooke, Rajah of Sarawak Narrating the Events of his Life from 1838 to the Present Time*, London, Richard Bentley, 1853, 3 vol.
Chennault C.L., *Way of a Fighter: the Memoirs of Claire Lee Chennault*, New York, G.P. Putnam's Sons, 1949, 375 p.
Denard B., *Corsaire de la République*, Paris, Robert Laffont, 1998, 436 p.
Garibaldi G., *Memorie*, Udine, Paolo Gaspari Editore, 2004, 257 p.
Garibaldi R., *Memorie eroiche di Ricciotti Garibaldi*, Milano, Fratelli Treves Editori, 1915, 204 p.
Guillain N., *Le Mercenaire: carnet de route d'un combattant rouge en Espagne*, Paris, Fayard, 1938, 226 p.
Hugo F., Lobjois P., *Mercenaire de la République*, Paris, Nouveau Monde éditions, 2009, 429 p.

Ollivier P., *Commandos de brousse*, Paris, Grasset, 1985, 275 p.
Persat M., *Mémoires du Commandant Persat de 1806 à 1844*, publiés par G. Schlumberger, Paris, Plon, 1910, in 8°, XXX-360 p.
Pesce G., *Un Garibaldino in Spagna*, Roma, L. Longo, 1955, 254 p.
Salomon E. von, *Les Réprouvés*, Paris, Bartillat (réédition), 2007, 421 p.
Steiner R., *Carré rouge, du Biafra au Soudan, le dernier condottiere*, Paris, Robert Laffont, 1976, 450 p.
Thénault (lieutenant-colonel), « L'escadrille La Fayette », *Les Grandes Conférences de l'aviation : souvenirs et récits contés le 4 janvier 1934*, Paris, Éditions du Comité des œuvres sociales du ministère de l'Air, 1934, 29 p.
Villebois-Mareuil G. de, *Carnet de campagne*, Paris, P. Ollendorff, 1902, XII-315 p.

Documentos oficiais

Documentação da ONU:
Nações Unidas, Resolução 3314 (XXIX) de 14 de dezembro de 1974.
Nações Unidas, Resolução 44/34 de 4 de dezembro de 1989.
Relatório da 50ª sessão da Assembleia Geral da ONU de 29 de agosto de 1995 (A/50/390/Add1).

Documentação da Cruz Vermelha:
Convenções de Genebra de 1949 e protocolos adicionais.
Documento de Montreux.

Documentação americana:
Câmara dos Representantes dos Estados Unidos, "Additional Information about Blackwater USA", 1º de outubro de 2007.

Documentação francesa:
Dasseux M., Relatório de informação sobre a externalização de certas tarefas atinentes ao Ministério da Defesa, Assembleia Nacional, 2002, 55 p.

Mídia e sites da internet

Rádio: Radio France Internationale (RFI).

Sites de empresas militares privadas: Secopex, Aegis.

Bibliografia

Sites especializados sobre os mercenários e/ou sobre a privatização da guerra:
Blog de Eeben Barlow: eebenbarlowsmilitaryandsecuriyblog.blogspot.com.
Blog de Jean-Dominique Merchet da revista *Marianne* sobre as questões de defesa: http://www.marianne2.fr/blogsecretdefense/
Site americano sobre empresas militares privadas: www.warprofiteers.com.

Periódicos (sites da internet na maioria):
Jornal alemão: *Die Zeit.*
Jornal americano: *The Washington Post.*
Jornal britânico: *Daily Telegraph.*
Jornais franceses: *Le Figaro, Le Monde, Libération.*
Jornal suíço: *Le Temps.*

Revistas semanais (versão impressa ou on-line): *Courrier international, Jeune Afrique, L'Express, Le Nouvel Observateur, Politis.*

Revistas: *Cahiers de la recherche doctrinale, Inflexions, Politique internationale, Sciences humaines, Revue internationale de la Croix-Rouge, Soldiers of Fortune.*

BIBLIOGRAFIA

Obras gerais e/ou cobrindo todos os aspectos e períodos

Chapleau P., *Les Mercenaires de l'Antiquité à nos jours*, Rennes, Ouest France, 2006, 127 p.
M. Klen, *L'Odyssée des mercenaires*, Paris, Ellipses, 2008, 335 p.
Roche J.-J., *Des gardes suisses à Blackwater*, Paris, Etudes de l'IRSEM, 2 vol., 2008 et 2010.
Sidos F.X., *Les Soldats libres, la grande aventure des mercenaires*, Paris, L'Aencre, 2002, 350 p.

Biografias

Barley N., *Un rajah blanc à Bornéo*, Paris, Payot et Rivages, 2009, 313 p.
Carr C., *Le Diable blanc*, Paris, Presses de la Cité, 1999, 388 p. (romancé).
Heyriès H., *Garibaldi, le mythe de la révolution romantique*, Toulouse, Éditions Privat, 2002, 155 p.

Estudos particulares

Primeira metade do século XIX (1789-1870):
Berguno Hurtado F., *Les Soldats de Napoléon dans l'indépendance du Chili*, Paris, L'Harmattan, 2010, 312 p.
Bruyère-Ostells W., *La Grande Armée de la Liberté*, Paris, Tallandier, 2009, 335 p.
Dempsey G.C., *Napoleon's Mercenaries: Foreign Units in the French Army under the Consulate and the Empire 1799-1814*, London, Greenhill Books, 2002, 350 p.
Dupaigne B., « Le "general" Paolo Avitabile, officier de Napoléon, originaire de Naples », *Cavalier et Roi. Les Amis du musée Murat*, n° 40, 2009.
Fahmy K., *All the Pasha's Men: Mehmed Ali, his Army and the Making of Modern Egypt*, Cambridge, Cambridge University Press, 1997, 334 p.
Gould R.W., *Mercenaries of Napoleonic Wars*, Brighton, Tom Donovan, 144 p.
Guenel J., *La Dernière Guerre du pape: les zouaves pontificaux au secours du Saint-Siège 1860-1870*, Paris, PUR, 1998, 196 p.
Hasbrouck A., *Foreign Legionaries in the Liberation of Spanish South America*, New York, 1928, 470 p.
Lafont J.M., *La Présence française dans le royaume Sikh du Penjab 1822-1849*, Paris, École française d'Extrême-Orient, 1992, 553 p.

Período colonial:
De Witte L., *L'Assassinat de Patrice Lumumba*, Paris, Karthala, 2000, 415 p.
Frémeaux J., *De quoi fut fait l'Empire: les guerres coloniales au XIXe siècle*, Paris, CNRS Éditions, 2010, 576 p.
Lugan B., *La Guerre des Boers (1899-1902)*, Paris, Perrin, 1998, 364 p.
Pélissier R., *Les Campagnes coloniales du Portugal 1844-1941*, Paris, Pygmalion, 2004, 344 p.
Venayre S., *La Gloire de l'aventure. Genèse d'une mystique moderne. 1850-1940*, Paris, Aubier, coll. « Historique », 2002, 350 p.

Primeira metade do século XX:
Bourlet M., « Les volontaires latino-américains dans l'armée française », *Revue historique des Armées*, n° 255, 2009-2, p. 68-79.
P. Giolitto, *Volontaires français sous l'uniforme allemand*, Paris, Perrin, 2007, 551 p.

Gisclon J., *Chasseurs au groupe La Fayette 1916-1945*, Paris, Nouvelles Éditions latines, 1994, 402 p.

Heyriès H., *Les Garibaldiens de 14. Splendeurs et misères des Chemises rouges en France de la Grande Guerre à la Seconde guerre mondiale*, Nice, Serre éditeur, 2005, 670 p.

Keene J., *Fighting for Franco: International Volunteers in Nationalist Spain during the Spanish Civil War 1936-1939*, London, Leicester University Press, 2001, 310 p.

Leleu J.L., *La Waffen SS*, Paris, Perrin, 2007, 1 237 p.

Skoutelsky R., *L'espoir guidait leurs pas. Les volontaires français dans les Brigades internationales*, Paris, Grasset, 1998, 410 p.

Venner D., *Les Corps francs allemands de la Baltique*, Paris, Le Livre de Poche, 1978, 509 p.

Waite R.L., *Vanguards of Nazism, the Free Corps movement in post-war Germany*, Cambridge, Harvard University Press, 1952, 344 p.

Guerra Fria e descolonização:

Pasteger R., *Le Visage des Affreux: les mercenaires du Katanga (1960-1964)*, Bruxelles, Éditions Labor, 2005, 229 p.

Verschave F.X., *La Françafrique, le plus long scandale de la République*, Paris, Stock, 2003, 379 p.

Período atual (pós-Guerra Fria):

Bricet des Vallons G.H., *Irak, terre mercenaire*, Lausanne, Favre, 2009, 268 p.

Scahill J., *Blackwater, l'ascension de l'armée privée la plus puissante du monde*, Arles, Actes Sud coll. « Questions de société », 2008, 430 p.

Singer P., *Corporate Warriors: The Rise of the Privatized Military Industry*, Cornell University Press, 2008, 348 p.

Tropas privadas:

Comor A.P., *La Légion étrangère*, Paris, PUF, coll. « Que sais-je ? »,1992, 127 p.

Comor A.P., *Dictionnaire de la Légion étrangère*, Paris, Robert Laffont, coll. « Bouquins », à paraître en 2011.

Porch D., *La Légion étrangère 1831-1962*, Paris, Fayard, 1994, 844 p.

Raj Singh Rathaur K., *The Gurkhas: a History of the Recruitment in the British Indian Army*, Jaipur, Nirala Publications, 1995, 124 p.

O autor

Walter Bruyère-Ostells é professor universitário de História contemporânea em Aix-en-Provence (França). Especialista em História militar dos séculos XIX e XX, foi agraciado com uma bolsa da Fondation Napoléon em seu trabalho de tese. É autor de diversas obras sobre história napoleônica – *La Grande Armée de la Liberté* (2009), *Souvenirs militaires du colonel Girard* (2011), *Napoléon* (2012) – e é coautor de *Campagnes du Second Empire* (que recebeu o prêmio La Plume et l'Epée de l'Armée de Terre de 2011). O livro *História dos mercenários* foi selecionado como uma das melhores obras de História Militar por diferentes júris na França.

GRÁFICA PAYM
Tel. (011) 4392-3344
paym@terra.com.br